災禍の時代の社会学

コロナ・パンデミックと民主主義

遠藤 薫／山田真茂留／有田 伸／筒井淳也 編

東京大学出版会

SOCIOLOGY IN THE AGE OF DISASTERS
The COVID-19 Pandemic and Democracy
Kaoru ENDO, Mamoru YAMADA, Shin ARITA
and Junya TSUTSUI, Editors
University of Tokyo Press, 2023
ISBN 978-4-13-053034-7

まえがき

1 災禍の時代に

二〇二三年一月、第一六八回直木賞が発表され、小川哲氏『地図と拳』と千早茜氏『しろがねの葉』が受賞した。その小川氏は、二〇二三年一月七日付けの朝日新聞で次のように書いている。

二〇二〇年代は新型コロナウイルスの流行から始まり、昨年にはロシアとウクライナの戦争が始まった。つまり二つの「災害」が重なったわけであり、僕たちが未来の「不確実さ」に心を悩ますのも仕方がないだろう。感染症も戦争も、それまで平時の僕たちが長年かけて築きあげてきたシステムや信頼関係を破壊してしまう。身内や知り合いを亡くしてしまった人だけでなく、仕事を失ってしまった人や、大きな環境の変化を強いられてしまった人も数多いだろう。そして、急激な環境の変化は往々にして人々の分断を招く。ワクチンやマスクや感染に対する考え方、戦争や国防に対する意見、国際情勢の捉え方、科学や国家への信頼度など、多くの場面で意見が分かれる。両親や兄弟、これまで親しくしていた友人や隣人などと、意見がぶつかり合ってしまう。そして時には深刻な対立に至る。そういった、傷つき傷つけ合う人々の様子を見て、「作家として何ができるのか」と頭を抱えてしまうこともある。

小川氏と同じように「頭を抱えてしまった」社会学者たちが、「社会学者として何ができるのか」を自問しつつ、書き上げたのが本書である。

思えば、二〇〇〇年代に入って、私たちは驚くべき災禍をいくつも経験してきた。

たとえば、二〇〇一年九月一一日に起きたアメリカ同時多発テロである。冷戦終結後、私たちは一瞬、ついに人類が「歴史のおわり」（F・フクヤマ）という予定調和の世界を実現したかのように錯覚した。しかし、9・11は、それがあまりにもナイーブな楽観であったことを世界に突きつけた。

二〇一一年三月一一日、先進国日本を襲った巨大自然災害と福島原発事故は、科学技術によってあらゆる災禍は防御できるという近代主義の確信を、日本だけでなく、全世界において大きく揺るがせた。

そして、二〇一九年末に始まった新型コロナウイルスの感染拡大は、あっという間に世界を覆い、パンデミック化した。各国でなすすべもなく柩が山積みされていく状況がメディアを介して伝えられる一方、人びとは他者との関係性を遮断され、孤立した。一四世紀に酸鼻を極めたペスト大流行の悪夢が甦るかのようだった。

追い打ちをかけるように、二〇二二年二月、ロシアがウクライナ侵攻を開始した。それは、市民革命以来、グローバルに共有されるべき理念として掲げられてきた「民主主義」が、あたかも「砂の城」のように崩れ落ちていくのではないかという不安を具現化する光景だった。

このような災禍の時代、私たちはどのように世界に対する信頼を取り戻しうるのか。

2　本書の構成

本書は、大きく三つの部から構成されている。

第Ⅰ部は、まさにコロナ・パンデミックという災禍によって、それ以前から社会問題化していた社会的格差や孤立の問題が、顕在化し、拡大するプロセスを、理論と実証の両面から分析したものである。

第1章「コロナ・パンデミックと雇用格差」（有田伸）は、コロナ禍が人々の雇用にもたらした影響とその格差状況をふまえ、ポストコロナ社会の雇用システムのあり方について、人々の職業的スキルに着目しながら検討し、人々の職業的スキルへの注目が高まっている近年の状況において、スキルの定義や認定・評価方法について社会的に議論していくことの重要性はますます高まっていると論じる。

第2章「コロナ・パンデミックとジェンダー格差」（筒井淳也）は、コロナ・パンデミックの初期において、大量の雇用が失われたが、その規模は顕著にジェンダー化された——男女で異なる——ものであったと指摘する。すなわち、職業生活では、女性が対人接触を伴い、かつ外出自粛による影響を受けやすい分野に就業していることが多く、また医療・福祉分野などで女性の就業者が多い。家庭生活では、家庭の作業の総量が増し、負担感は女性の方が多く抱えがちであること、などが指摘される。

第3章「コロナ・パンデミックと教育政策」（中村高康）は、コロナ禍への学校教育の対応として大きな注目を集めた「全国一斉休業」と「九月入学」を取りあげ、まったく異なったものであるかに見えるこれら二つの政策が、いずれも、専門的裏付けを欠いた情緒的議論――中村の言葉によれば「薄甘い教育理念」――に過ぎないと喝破する。しかも、この「薄甘い教育理念」は、コロナ禍によって初めて生じた問題ではなく、コロナ禍によって改めて可視化された問題であると指摘し、（1）専門的教育言説を愚直に発信すること、（2）データを構築し提示し続けること、の2点の重要性を説く。

第4章「コロナ・パンデミックと住宅問題」（村上あかね）は、コロナ禍の中で、二〇二〇年度の「住居確保給付金」新規支給決定件数は一三万四九四六件三〇六億円、件数は前年度の三四倍でリーマン・ショック後の二〇一〇年度の三・六倍に上ったことに焦点を当てる。日本は人口が減少しているため、住宅の供給は需要を上回り住宅価格が下落するとの予想もあったが、東京オリンピックが終わっても資材の高騰、労働力不足、そして円安でむしろ住宅価格は上昇した。コロナ禍における外国人労働者の入国制限はこの状態に追い打ちをかけたようである。住む場所があることはなによりも生活の基盤であり、住宅問題はもっと注目されるべき課題である。

第5章「コロナ・パンデミックと日本の自殺」（江頭大蔵）は、コロナ・パンデミックが世界的に問題となった二〇二〇年、減少傾向にあった日本の自殺者数が反転して増加し、特に女性や若者の自殺が増加した現象について検討する。その要因として感染拡大防止のための様々な規制が考えられるが、日本の自殺傾向にそれらがどのように影響したのかについて、自殺論の古典であるデュルケーム『自殺論』などを参照しつつ、読み解いていく。

第II部は、第I部で検討した格差拡大や社会の分断すなわち、社会的孤立問題とも関連しつつ、近年、まるで流行語のように「民主主義のゆらぎ」などと言われている現状について検討する。

第6章「コロナ禍は民主主義国への評価を低下させたか」(園田茂人)は、コロナ禍という危機的状況にあって、権威主義とデジタル技術の組み合わせ＝デジタル権威主義がその有効性を示したことで、民主主義にとって大きな脅威となったとする主張が生まれたと指摘し、犠牲者の少なさという点では共通していても、日本人の台湾のコロナ対応に対する評価は、中国に対する評価と対極をなしているという事実に着目し、それがデジタル民主主義——その内実が明らかになっているとは言い難いが——という、より魅力的なオプションに対する人々の意識を反映しているのではないかと論じている。

第7章「新しい介入主義に市民社会はどう対峙するか」(町村敬志)は、「今回のパンデミックという出来事が、すぐれて政府セクターによる『介入』過程としてあった」と鋭く切りこんでゆく。しかしそれは、「新自由主義と呼ばれてきた潮流とは相反するもののようにも見える」と指摘し、これを「新しい介入主義」と呼ぶことを提案する。「『新たな介入主義』が、新自由主義の『終わり』の始まりを告げるものなのか、それともその『深化』を意味するのか」。「ウクライナ侵攻」という事態を目の当たりにしているいま、その問いはきわめて深い。

第8章「危機に瀕する民主主義——ヴァイマル共和国の歴史から考える」（友枝敏雄）は、二〇〇一年九月一一日にニューヨークで起こった世界同時多発テロから二〇年以上経った二〇二二年二月二四日に、ロシアによるウクライナへの軍事侵攻が開始された事態を注視し、そこから、一九三一年の満州事変をきっかけとする満州国の成立や、一九三〇年代におけるヒトラーによる第二次世界大戦への道を想起する。近代以降、人々のたゆまぬ努力で作り上げられてきた民主主義は危機に瀕しているとの視座から、「ヴァイマル共和国からヒトラーの誕生へ」という歴史的事実を下敷きに、民主主義を実現するための道のりをさぐる。

第9章「民主主義の二つのかたちと日本の選択——小論文教育から考える価値観と市民像」（渡邉雅子）は、「コロナへの対応は民主主義と権威主義の対立として位置づけられることが多かった」と指摘した上で、民主主義も、「個人の自由と権利」を強調するリベラル民主主義と、個人の利益より「社会全体の公益」を優先させる共和主義の二つに分けられるが、「その違いが顕著に現れるのが教育」であると述べる。アメリカとフランスの教育の特徴を両国の「小論文」から読み解き、二つの民主主義の二項対立を超えた日本の民主主義の可能性と課題を探るユニークな試みである。

第10章「社会のゆらぎと社会理論のゆくえ」（山田真茂留）は、近年オペラ「アイーダ」やミュージカル「ウェストサイド物語」をめぐって起こった事件を例に、現代の文化衝突と社会分断を語り、このような時代に必要とされる社会理論とは何かを問う。コロナ・パンデミックがすでに始まっていた変化を加速したとして、その「変化」を山田は「新集団主義」とよぶ。それは「単なる属性やカテゴリーに強く紐づいている集団へのコミットメント」であり、ウクライナ侵攻もその一つの現れである。そして、新集団主義を食いとめるために、日本が経験してきた「文化デフレ」が有効性をもつかもしれないと示唆する。

第11章「文化戦争と文系学問の危機」（盛山和夫）は、「民主主義の危機」に関する多様な議論を、①SNSを中心とするITメディアを大きな要因とするもの、②一九七〇年代以降のアイデンティティ政治の高まりが分極化を促したという分析、③デマゴギー的な政治戦略に責任を求める研究、④分極化の基底として「文化戦争」を指摘する分析などに整理した上で、とくに「文化戦争」に着目する。「文化戦争」とは、「アメリカ社会における深刻な政治的対立と争点を『文化的にとらえた』概念」であり、そこには「文系学問」が深く関わっており、「今日の民主主義の危機の克服は文系学問の学術的な発展によってこそ果たされるものである」と主張する。

そして第III部では、第I部、第II部で検討した諸問題、諸状況を踏まえて、では、持続可能な未来をどのように構想し得るか、を考える。

第12章「〈生〉を包摂する社会へ——ケアとジェンダーの視点から」（落合恵美子）は、コロナ・パンデミックが、社会的ケアの休止や自宅療養、在宅勤務の拡大などにより、大規模な「ケアの再家族化」を引き起こしたと指摘する。しかし、「家族への過大な負担の集中は、環境問題と同じ論理で、人間の再生産に支障をきたし、人々の〈生〉を困難にする」。「今こそ社会的再生産に関する総合的な理論に取り組まねばならない」と落合は主張する。幸いフェミニスト社会科学がその先鞭をつけている。コロナを契機として、ポスト「二〇世紀体制」への移行を進め、〈生〉を包摂する社会」を引き寄せることの重要性を訴える。

第13章「モビリティーズと〈共〉の社会理論」（吉原直樹）は、グローバリゼーションの進展とともにヒト、モノ、コトの非線形的な流動が常態化し、国民国家を単位とするまとまりが盤石なものではなくなる一方、ローカルなものがそうした事態を向こうにして、ある種「非移動」の空間として立ちあらわれ、「移動の空間」と「非移動の空間」がせめぎあう「あらたな（あるいは別様の）近代」が立ちあらわれている状況を「モビリティーズ」とよぶ。パンデミックはコロノプチコンという監視文化をもたらすと同時に、〈共〉《コモン》へのまなざしを獲得し、統治体制の変容をうながす一大契機になる可能性を示唆する。

第14章「持続可能な民主主義へ向けて」（今田高俊）は、冒頭に「民主主義は人類が発明した最高の政治制度である」と言挙げした上で、①民主主義の衰退の兆候は一九八〇年代の国政選挙の投票率の顕著な落ち込みに現れており、②これと並行して権威主義が伸長し、③今必要なことは、民主主義のアップグレードであり、デジタル民主主義の構築であると論じる。そして「その要として、多数決制度の難点を克服するための『二次の投票』と合意形成のプラットフォームである『Pol.is』を取り上げ、民主主義の新たな地平を素描」して、未来への示唆とする。

第15章「ウィズコロナ、ウィズAI時代の民主主義と社会学5・0の誕生」（佐藤嘉倫）は、コロナ禍とAIの進出が異なる側面から社会的分断を促進し、結果として民主主義を危機的状態に陥らせていると指摘する。その対策としてオフライン社会でもオンライン社会でも橋渡し型ソーシャル・キャピタルを形成することの重要性を述べ、現実にそのようなことが可能であること（ないしは可能になるだろうということ）が示される。これを踏まえて佐藤は、分断した社会、それによってもたらされた民主主義の危機を克服するための処方箋を提示する社会学5・0を展望するのである。

最終章である第16章「災禍の時代を超えて——孤立から語り合う世界へ」（遠藤薫）は、具体的なデータを元に、本書第I部で見たような社会の分断や孤立の問題と第II部で検討された近代〜現代へといたる社会変動など異なるレベルでの現象が相互に作用しあうダイナミズムに長い歴史変動を捉え、コロナ・パンデミックやウクライナ侵攻を悠久の人類史の中に位置づけるとともに、改めて、日常的なコミュニケーションの地点から、〈他者〉との和解をめざそうと訴える。さらにその〈他者〉を、人間の範囲に止めず、動物や植物など生物種一般、機械や都市など人工物一般、そしてそれらを含む世界全体へと敷衍しようとするものである。

以上、本書に収められた各章を、駆け足で紹介してきた。ここには、日常的なリアリティに触れてくる議論から、激動する世界情勢、そして未来へと差し向けられるまなざしまで、まるで社会学テーマパークのようにぎゅっと凝縮されている。先にも書いたように、これら各章は、お互いに有機的に関連している。その関連を意識しながら、すべての章を訪問していただきたいけれど、まずは興味を感じたテーマから始めていただければと思う。さあ、社会学とともに「誰も取り残さない世界」へようこそ。

災禍の時代の社会学——目次

装幀・松田行正

I

災禍が拡大した格差と孤立

1章 コロナ・パンデミックと雇用格差

有田　伸

1　はじめに

コロナ禍は、社会における格差や貧困の問題を一層深刻なものとしてきた。その主要な経路の一つが、人々の雇用への影響を通じたものである。コロナ禍によって、多くの人々が仕事を失ったり、収入を大きく減らしたりしてきた。そしてこのようなコロナ禍のネガティブな影響は、もともと社会や労働市場において不利な立場にある人々で特に大きいため、社会の格差や貧困を一層深刻なものとしてしまうのである。

本章では、まず日本社会においてコロナ禍が人々の雇用に及ぼした影響を確認し、そのような影響を最小限のものとするために、私たちはいかなる雇用システムを構築すべきかを考える。コロナ禍の影響も受けつつ、日本の雇用システムはまさに今、重要な転換点を迎えている。このような状況の中で、格差や貧困問題の解決にも資するような雇用システムを築いていくためには、何が必要なのだろうか。またそのために、社会学の視点はどのように活かしうるであろうか。本章では、今後ますます重要性を増すことが予想される人々の職業的スキルの問題に焦点を当てながら、これらについて考えていく。

2　雇用への影響とその格差

まずは、コロナ禍が日本の雇用に与えた影響を確認しておこう。コロナ禍が生じて以降、多くの国々で人々の雇用機会が失われてきた。これは日本においても同様であるが、日本ではその影響が、非正規雇用に集中している点が大きな特徴と言える。各月の労働力調査のデータによれば、二〇二〇年四月に最初の緊急事態宣言が発出されてから数カ月の間、雇用者（会社などに雇われて働いている人々）の数は、前年の同月と比べて数十万人ほど、多い月には九〇万人近くも減少している。その変化を雇用形態別にみると、正規雇用の数は緊急事態宣言発出後も決して減少しておらず、むしろ前年より増加さえしている。その一方、非正規雇用の数は大きく減少しており、多い月では前年比で一三〇万人ほど少なくなっている(1)。

コロナ禍による休業などの影響はサービス業で特に大きく、またサービス業はもともと多くの非正規雇用に依存する産業であったことも、このような非正規雇用の減少の一因であろう。一方、高橋康二は雇用継続者のコロナ前後の労働時間の変化の分析を通じ、産業や職業などの影響を除いた上でも、非正規雇用者の労働時間は、正規雇用者よりも大きく減少していることを示す（高橋 2021）。高橋も指摘するように、日本では、非正規雇用が雇用の調整弁として用いられているために、雇用機会や労働時間の減少が非正規雇用に集中してしまっていると言えるだろう。当然ながら、このような労働時間や雇用機会それ自体の減少は、収入の減少をもたらすことになる。

また緊急事態宣言の発出以降、さまざまな施設や店舗に対して休業や営業時間短縮の要請がなされ、これにより多くの就業者が休業を余儀なくされた。太田聰一は、このような休業経験がもたらす影響を分析し、そもそも休業経験者は非正規雇用や女性ほど多いところに加え、休業経験がもたらす収入の減少も、非正規雇用や女性において特に大きいことを示す(2)（太田 2022）。これらの結果からも、コロナ禍の影響は、不利な立場にある人々にとってより深刻なものとなりがちであることが理解できる。もちろん、社会の中で誰が「不利な立場」に置かれ、コロナ禍の影響をより深刻に受けるのかも、それぞれの社会の背景条件によって左右されることになる。今回のコロナ禍は、日本社会における正規／非正規雇用間格差、そして男女間格差の深刻さを改めて浮き彫りにしたものと言えるだろう。

3 日本型雇用システムの下での雇用問題への対応策

さまざまな対応策

もちろん、コロナ禍が雇用にもたらした深刻な影響に対して、私たちは手をこまねいてばかりいたわけではない。これらの影響を緩和するために、これまでさまざまな対策が提起され、実際に政策として履行されてきた。政府が支給する各種支援金・給付金なども、その一例であろう。

一方、コロナ禍がもたらした雇用問題への対策としては、このような直接的な給付に加えて、人々の職業能力を高めることで雇用可能性や収入を高める、という方向のものもある。日本を含めた先進七カ国の人文社会科学を代表するアカデミーが共同で発出した「COVID-19からの回復――教育、技能、雇用」もそのような方向に基づくものである[(3)]。二〇二一年一月に発出されたこの声明は、コロナ禍における失業・収入減少や人々が持つスキルの価値低下などの問題に対処するために、各国政府に対して、よりアジャイル(機敏)で包括性の高い教育・訓練システムを構築することを要請している。このような教育・訓練システムの整備によって、人々、とりわけ社会的に不利な立場にある人々の職業能力を高め、流動的で変化が激しい労働市場により良く対応していけるようにすることがそのねらいである。このような政策が功を奏せば、失業や収入減少を経験した人々がスムーズに仕事に復帰し、順調に働き続けられるようになるなど、その長期的な効果は確かに大変大きい。

しかし、このような政策が実際に効果を持つかは、その社会の雇用システムや労働市場の仕組みにもある程度左右される。このような政策は、人々の雇用可能性や得られる収入は人々が持つスキルや職業能力の種類・水準によって決まり、また人々のスキルは、(政府のコントロールの範囲にある)教育・訓練システムを通じて十分に高めることができる、という前提に立つが、この前提がどれほど当てはまるかが特に重要な条件となる。

日本型雇用システムと職業能力形成

結論的に述べれば、日本型雇用システムの下では、このような前提が十分には当てはまらない可能性がある。人々が働くための技能や技術をどのように身につけ、どのように仕事に就くのかは、国によってかなり大きな違いがある（マースデン 2007）。たとえばドイツに代表されるように、学校での教育と職場での実習を組み合わせることで、労働市場に参入する前に、具体的な職業能力の習得が目指される国も多い。これに対して日本では、もちろん学校での職業教育も行われてはいるものの、全体としてみれば、やはり実際に仕事に就いた後に、職場での訓練を通じて職業能力を身につける程度が高いと言える。

もちろんこのような仕組みは、日本型雇用システムの特徴と強く関連している。まず正社員の場合、特に大企業に勤める男性従業員などは、一度雇われればほぼ定年まで勤め続けることができ、その前提の下、企業は長い時間をかけて従業員の職業能力の開発を行ってきた。こうして養われる能力には、その会社のみにおいて役立つ「企業特殊スキル」も含まれるが、長期間の勤続が期待できるため、従業員の側もその習得に積極的になることができた。こうして、正社員の従業員のスキルは、勤続年数に応じて高まっていくものと考えられ、このような想定が年功的な賃金体系のベースとなってきた。その一方、入社後のスキル形成への高い期待とは対照的に、入社前の学校等での職業教育、あるいはより一般的な職業訓練や学習の成果は、専門的なスキルが必要な分野を除き、相対的にはあまり評価されてこなかったと言えるだろう。日本の新卒一括採用において、求職者の潜在的な訓練可能性は重視されても、具体的に何をどの程度学んできたのかには、それほど関心が持たれないこともその一例だろう。

しかしこのような日本型雇用システムとスキル形成の仕組みは、近年、ほころびを見せ始めてもいる。人件費を節約し、雇用の流動性を高めるために導入された非正規雇用の増加は、順調なスキル形成と賃金上昇を享受できる機会を減らしている。また、雇用の流動化は転職の一般化にもつながるが、企業を超えた職業能力認定の仕組みは未だ十分には整っていない。さらに、近年日本では、賃金の上昇傾向が他国に比べて小さいことが指摘されているが、その原因の一端も、企業による従業員のスキル形成への投資や順調なスキル形成機会の減少に求められるかもしれない。いわゆる「ジョブ型雇用」への転換を含め、日本の雇用システムの変革についての議論も近年多くなされているが、これについて考える上では、就業者の職業能力の問題、すなわち職業能力をどのように涵養し、それをどのように評価するかという問題も大事な論点となる（濱口 2021）。言うまでもなく、この問題は、コロナ禍が雇用に及ぼした深刻な影響や、それによる社会の格差・貧困への対応策を考える上でも、きわめて重要なものとなる。

4　人々の職業的スキルをどのように捉えるか

理論的パースペクティブ

ここでいったん、人々の職業的スキルとそれが労働市場において果たす役割について、どのような理論的な説明がなされてきたのかを簡単に整理しておこう。

まずオーソドックスな経済学では、人々は教育や訓練を受けることでスキルを身につけ、それによって生産性が上昇するために、高い賃金を得られると考えられる。人的資本論は、このようなプロセスを「人的資本に対する投資」として、すなわち、人々は教育・訓練に費用を投じる（＝人的資本に投資する）ことで、将来の賃金上昇という収益を得る、という枠組みで捉える（ベッカー 1976）。このような理論的立場では、労働市場における情報の完全性により、人々が身につけたスキルはすぐに適切に評価され、それが個人の賃金にそのまま反映されるものと想定される。

これに対し、「個人のスキルや職業能力は、何らかのコストなく容易に評価することはできない」、あるいは「人々の賃金は個人のスキルによって決まるのではなく、どのような仕事に就くかによって決まる」と考える立場もある。その代表例がサローの仕事競争モデルである。サローは、人々が発揮する生産性はそれぞれがいかなる仕事に就くかによって決まり、またそれぞれの仕事を行うための能力は、主に各仕事に就いた後に職場での訓練（ＯＪＴ）を通じて習得されるものと考える。このようなモデルの下では、人々は高い収入を得られる仕事をめぐって競争することになり、また雇い主は、その中から高い訓練可能性を持つ求職者（しかしそれは簡単には判別できない）を、個人の「学歴」などを判断基準として選びだしていくものと考えられる（サロー 1984）。このようなサローのモデルは、日本の労働市場やそこにおけるスキル形成の説明になじみやすいものと言えるだろう。

社会学ではさらに、能力は「誰にも明らかな唯一無二のものとして普遍的に存在する」と考えるのではなく、その具体的なあり方は社会の歴史的条件や権力関係の中でさまざまな形をとり得るという、いわゆる構築主義的な見方がなされることが多い。スキルや職業能力についてもこれは同様であり、これまでの社会学では、それぞれの社会の中で具体的にどのような技能が「スキル」として認定されるのか、またそこにどのような不平等が潜んでいるのかに関して多くの研究がなされてきた（Warhurst *et al.* 2017）。このような社会学の視点を活かせば、それぞれの社会における職業的スキルのあり方やその認識も、社会によって大きく異なることになる。

社会学の視点からみる日本社会の職業的スキル

では以上のような社会学の視点に立った上で、日本社会の職業的スキルの特徴について考えてみよう。今井順は、社会学のスキル研究の成果に基づきつつ、「誰が技能・能力を定義し、その形成と供給に対して裁量を持つのか」という条件の重要性を示すが（今井 2021）、日本のケースに関して述べれば、これまで日本では、企業の側が技能・能力を定義する傾向が強く、またその形成と供給に対しても企業が大きな裁量を持ってきたと言えるだろう。

また人々のスキル観にも、特徴が見られる。筆者らの研究チームが二〇二一年から二二年にかけて、日本・ドイツ・スウェーデンで行った国際比較調査(4)の結果によれば、「ある人に仕事を行うためのスキルがどのくらいあるかは、採用時点でだいたい分かる」という意見に対し、スウェーデンとドイツでは、これを肯定する比率の方が、否定する比率よりも高いのに対し、日本では逆に否定する比率の方が高い

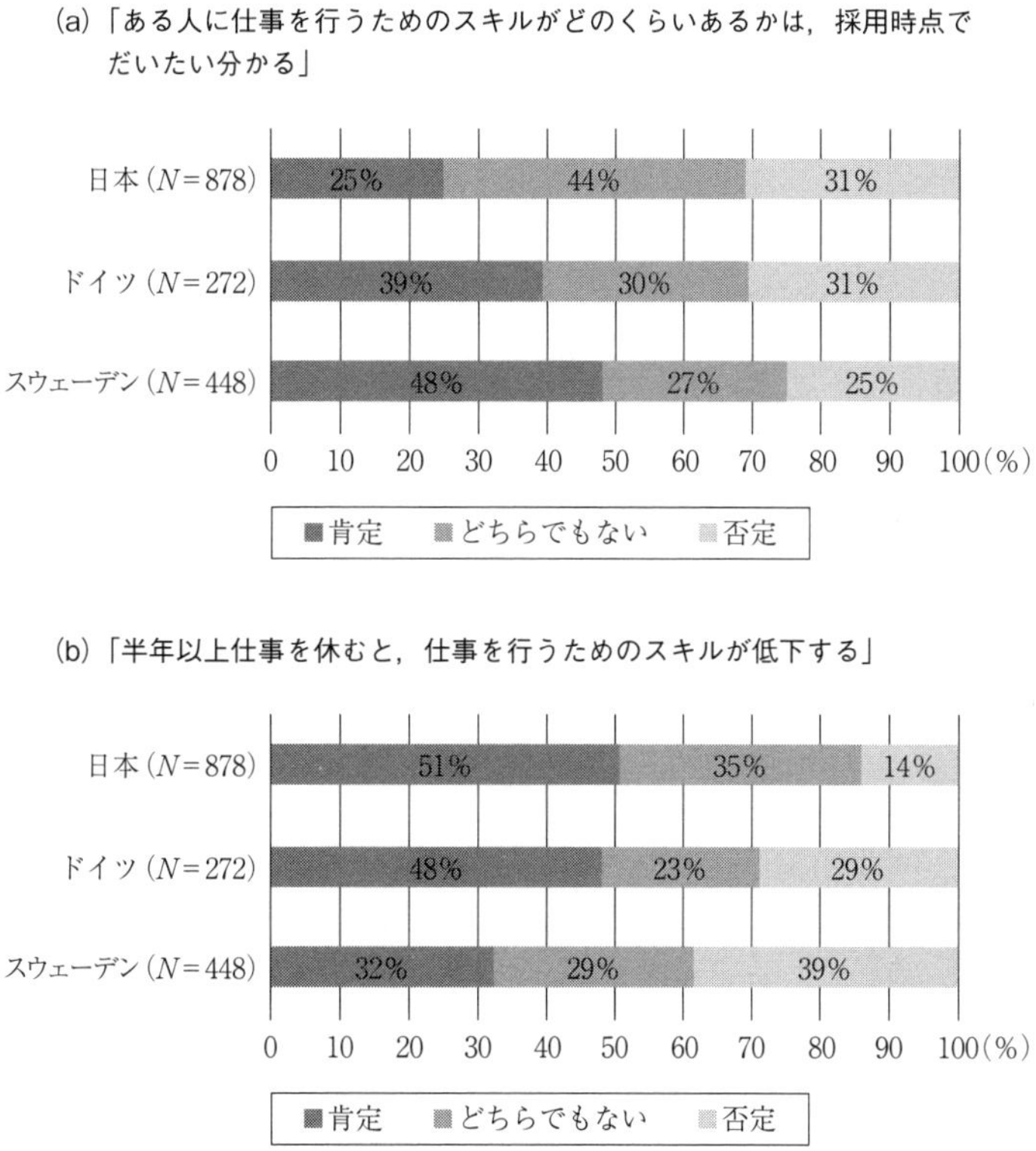

図 1-1　スキル観の日本・ドイツ・スウェーデン比較

（図1－1(a)）。日本では、実際に仕事に就いてみない限り、就業者のスキルの水準は評価できない、と考えられやすいことがわかる。

　また「半年以上仕事を休むと、仕事を行うためのスキルが低下する」という意見に対する回答を見ると（図1－1(b)）、スウェーデンではこれを肯定する比率よりも否定する比率の方が高いのに対し、日本とドイツではこれを肯定する比率の方が高く、特に日本ではその差が大きい。日本では職業的なスキルが、実際の仕事を行う中で養われると考えられているために、仕事から離れるとスキルが衰えてしまう、と認識されることになるのだろう。以上のようなスキル観は、企業が就業者の職業能力の開発に大きな役割を果たし、実際に仕事をしていく中で形成されるスキルが重視される、という日本型雇用システムの特徴を反映するものと考えられる。

しかしこのようなスキル観は、このたびのコロナ禍によって大きな影響を受けた日本の労働市場に、さらにネガティブな影響をもたらしてしまうかもしれない。先に確認したように、コロナ禍の中で多くの人々が労働市場を離れたが、これらの人々が再度働こうとしても、休職によってスキルが低下したものとみなされ、再就職の機会を得られなかったり、あるいは十分な収入を得られない可能性が高まってしまう。また、これらの人々が過去の就業経験や教育・訓練経験によって自身が十分なスキルを持っていることを主張しようとしても、「それは実際に働いてみないとわからない」と雇い主に考えられると、その試みは十分な成果を得られないことになる。

5 職業的スキルの認定・評価のための社会的取り組み

このように日本では、職業的なスキルの認定や評価が、個々の企業の就業機会の中に強く埋め込まれているために、コロナ禍による休職や転職のネガティブな影響が一層大きなものとなり、また政府等による職業訓練の効果も十分に表れない可能性が高い。果たしてこのような状況に対し、社会全体として何らかの対処が可能なのであろうか。

日本でもこれまで、ジョブ・カード制度のように、過去の就業経験を通じて習得されたスキルを明確に示し、それを次の就業やキャリア形成につなげようとする試みがなされてきた。一方他国では、さらに一歩進んで、人々の持つ（あるいはそれぞれの仕事に必要となる）職業的スキルを評価するための「ものさし」を社会的に築こうとする試みがなされてきている。その代表例が「国家資格体系（National Qualifications Framework）」の整備である。(5)

この国家資格体系は、社会のさまざまな資格を、それぞれのレベル分けとともに網羅的に登載し、体系化したものである。この対象には国家、あるいは民間の職業資格のみならず、大学院まで含めた学歴資格も含まれ、それぞれの関係性が明確に示される。この国家資格体系は二〇〇〇年代以降ヨーロッパを中心として制定の動きが始まり、その後は世界各国で同様の取り組みがなされるとともに、EU全体で共通の資格体系が作り出されるに至っている。なおEU全体での資格体系の整備は、EU内での労働移動のためには、各国で培われた人々のスキルを適切に認定・評価する枠組みが必要、との判断に基づくものである。労働市場の適切な作動のためにはそれを支える社会的制度の整備も不可欠である、との現実的な認識が示されていると言えよう。

日本では資格というと、何か試験を受けたり、正式な学校に通ったりして取得するものと感じられるかもしれないが、実際にはそれ以外に、もう少しカジュアルな形の職業訓練を受けたり、あるいは実際に働く中で培われたスキルの認定を通じて得られるものもその対象に含まれる。近年では隣国韓国でも国家資格体系の構築が進められているが、その韓国語の名称において、Qualificationsは「資格」ではなく「力量」と訳されている。これも人々の「働くための力」をより広く対象として含めようとするねらいに基づくものであろう。

一方、日本でも同様の試みは、「職業能力評価基準」や「キャリア段位制度」のような形でなされはしたものの、包括的な資格体系はいまだ構築されておらず、主要国の中でこのような資格体系が作られていないのは、日本とアメリカのみという状況となっている（岩田 2014）。もちろん、このような資格体系の構築のためには、まずそれぞれの職業・産業内での資格体系の整備も必要となり、そのためには企業の垣根を超えてそれがなされなくてはならない。労働組合が企業別に組織されてきた日本では、そのための場が設定されづらかったこともその一因だろう。さらには安定的な長期雇用の前提の下、それぞれの企業内で必要とされ、ＯＪＴに基づいて培われるスキルは、企業の垣根を超えた形ではなかなか認定されづらいという側面もあるだろう。

しかし前述のように、これまでの日本社会におけるスキル形成の仕組みにはほころびが見えはじめており、このたびのコロナ禍、ならびにそれによる雇用状況の変化はそのほころびを一層大きなものとしてしまう可能性がある。さらに「ジョブ型雇用」への変化の動きもみられる中、本田（2010）などにおいても主張されてきたように、これまで個々の企業に大きく依存し、ゆだねられてきた人々の職業的スキルの形成とその認定・評価の仕組みをどのように築いていくべきか、諸外国の最新の取り組みもふまえながら、社会的な議論を進めていく必要があるだろう。またその際には、それを社会の格差や貧困問題の解決にも資するものとするには何が必要であるのかについても、考えていくことが重要だろう。

6 おわりに

本章では、コロナ禍が人々の雇用にもたらした影響とその格差状況をふまえ、ポストコロナ社会の雇用システムのあり方について、人々の職業的スキルに着目しながら検討してきた。本章の考察からは、人々の職業的スキルのあり方、あるいはそれに関する認識は、社会の背景条件によって左右されること、そして労働市場を適切な形で作動させるためには、それを支える社会的制度が必要となり得ることが示された。またそのような制度の一つとして、人々の職業スキルを認定し、評価する「ものさし」を社会的に共有するための国家資格体系の例を取り上げた。

もちろん、このような国家資格体系は、それを設けさえすれば労働市場や雇用システムの問題がすべて解決されるという魔法の箱ではまったくない。このような資格体系の整備には、「同一労働同一賃金」の原則をより一層貫徹させ、雇用形態や性別による格差を縮小させる効果を期待できるが、その一方で、それによって職種や学歴による格差がさらに大きくなってしまう可能性があり、これについては新たな対応策が必要となる。また日本では、さまざまな仕事やそれを行う能力の順序付けに対する忌避感が強く、人々のスキルの高低を一元的に評価しようとする資格体系は、そもそも社会に受け入れられづらいという側面もあるだろう(6)。さらに日本では、公的に認められたスキルであっても、それが十分に賃金に反映されづらいという問題も指摘されている（惠羅 2021）。

それでも、「リスキリング」や「高度技能人材」などの語が示すように、人々の職業的スキルへの注目が高まっている近年の状況において、スキルの定義や認定・評価方法について社会的に議論していくことの重要性はますます高まっている[7]。逆に言えば、スキルについての社会的関心が高まっているものの、その具体的な中身については依然あいまいなままであるのが日本社会の現状と言えるのかもしれない。スキルの認定・評価のあり方について考えることは、当然ながらスキルの望ましい涵養の仕組みを考えることにもつながっていく。このたびのコロナ禍は、これらの問題について、さらにはそれを格差や貧困問題の解決へと結びつける方策について、社会的議論を行う必要性をより強く示したと言えるだろう。

【注】

（1） 「令和2年労働力調査結果」（総務省統計局）に基づく。

（2） 非正規雇用ほど休業による収入減少が大きい理由として、その多くが時間給であることが指摘されている（太田 2022）。

（3） この共同声明の原文、ならびに日本語訳は『学術の動向』二〇二一年一二月号に掲載され、オンラインでも公開されている。

（4） 科研費プロジェクト「国際調査を通じた報酬格差の受容・正当化メカニズムの比較社会学研究」（基盤研究（A）20H00084）による調査会社登録モニター（三〇—五九歳の被雇用者）対象の調査結果である。ただしこれは予備的な調査の結果であり、詳細な結果は二〇二二年度実施の本調査の結果をご参照頂きたい。
（5）以降の国家資格体系の説明は、本田（2010）、岩田（2014）、吉本（2020）を参考にしている。
（6）それぞれの職業を、必要とされるスキルや対応する学歴の水準に基づいて分類しようとする一九八八年版以降の国際職業分類が日本では浸透していないのもその一例と言える。
（7）特に海外からの労働力の受け入れがさらに進む状況において、日本以外の社会で身に付けられた職業的スキルをどのように適切に評価するかの検討が喫緊の課題となっている。ただし、筆者は、就業者の賃金のすべてが個人のスキル水準によって決定されるべきと主張するものではない。就業者の賃金には生活保障的な部分も当然含まれるべきであるが、スキル水準に基づく部分が一定程度存在する以上、その部分に対してどのように社会的ガバナンスを利かせていくべきかを考えようとするものである。

【参考文献】

ベッカー、G・S 1976（佐野陽子訳）『人的資本――教育を中心とした理論的・経験的分析』東洋経済新報社。
惠羅さとみ 2021『建設労働と移民――日米における産業再編成と技能』名古屋大学出版会。
濱口桂一郎 2021『ジョブ型雇用社会とは何か――正社員体制の矛盾と転機』岩波書店。
本田由紀 2010「ポスト近代社会化のなかの『能力』」本田由紀編『労働再審1 転換期の労働と〈能力〉』大月書店、一―五八頁。
今井順 2021『雇用関係と社会的不平等――産業的シティズンシップ形成・展開としての構造変動』有斐閣。
岩田克彦 2014「日本版資格枠組みの早期構築に向けて――資格枠組み構築は、人材育成上の多くの課題解決の結節点」『職業能力開発研究誌』三〇（一）、一三五―一四三頁。
マースデン、D 2007（宮本光晴・久保克行訳）『雇用システムの理論――社会的多様性の比較制度分析』NTT出版。
太田聰一 2022「休業が在職者にもたらした帰結とは――収入・満足度等への影響」玄田有史・萩原牧子編『仕事

から見た「2020年」——結局、働き方は変わらなかったのか?』慶應義塾大学出版会、一七一—一八八頁。
高橋康二 2021「コロナ禍の非正規雇用者——仕事と生活への影響を中心に」樋口美雄／労働政策研究・研修機構編『コロナ禍における個人と企業の変容——働き方・生活・格差と支援策』慶應義塾大学出版会、一七七—一九三頁。
サロー、L・C 1984（小池和男・脇坂明訳）『不平等を生み出すもの』同文舘出版。
Warhurst, Chris, Chris Tilly and Mary Gatta 2017 "A New Social Construction of Skill," John Buchanan, David Finegold, Ken Mayhew and Chris Warhurst, eds., *The Oxford Handbook of Skills and Training*, Oxford University Press, pp. 72-91.
吉本圭一 2020「教育と職業の界をつなぐ学位・資格枠組み——職業教育とその学の未来形」『職業教育学研究』五〇（二）、一—一八頁。

2章 コロナ・パンデミックとジェンダー格差

筒井　淳也

1　「ショック」とその影響

新型コロナ・パンデミックは、二〇〇八年における世界同時不況あるいは（日本ではしばしばそう呼ばれたように）リーマン・ショックと同じく、突然に私たちの生活を襲った「ショック」としてさしあたり理解できる。ただ、「ショック」と呼ばれうる出来事が、その語から引き出されうるように一時的な影響を及ぼすにとどまるのか、それとも持続的な変化のきっかけになるものなのかは、場合によるだろう。さらに、ショックによる影響のあり方自体は、持続的に存在する社会制度・社会構造によって異なるものになる。新型コロナ・パンデミックは、この観点からはどう位置づけることができるのだろうか。本章では、新型コロナ・パンデミックの影響には「ジェンダー化」されたものが目立った、という視角からこの問いに取り組む。

一九七一年のニクソン・ショック（ドル・ショック）は、アメリカ政府によるドル金兌換停止の発表が突如で、しかもその影響が広範囲に及ぶものであったことから「ショック」と呼ばれている。しかしその措置は長期的な世界経済動向の流れから理解しうるものであり、また戦後から続いたブレトン・ウッズ体制を終わらせるきっかけとなった出来事になった。その影響はしたがって、一時的なものでは決してなかった。

二〇〇八年の世界同時不況は、少なくとも発端となったアメリカ以外の国にとってみれば、ブレトン・ウッズ体制の崩壊によって促された資本移動の国際化を背景として生じた金融収縮のショックとして理解できる。ブレトン・ウッズ体制では、為替レートの固定と国内の金融政策の自律性を確保するために、資本の国際移動が厳しく制限されていた。ニクソン・ショックをきっかけに変動為替体制に移行したなかで自律的な国内金融政策を確保するためには、国際的な資本移動が自由化されなければならなかった。こうして、ある地域での金融危機が容易に他の地域に波及するようになった。

金融収縮による経済不況は、経済活動にとって全体的にマイナスの効果を及ぼすが、そのしわ寄せを受けるのは不安定な職に就いた人々であった。日本では、製造業において大量の派遣労働者が雇い止めにあい、二〇〇八年の年末には支援団体によって東京都の日比谷公園に生活困窮者向けの避難所が開設され、「年越し派遣村」と呼ばれて話題を集めた。この出来事に象徴されるように、経済の不調に伴う就業の問題の焦点は正規雇用か非正規雇用か、すなわち「従業上の地位」に集まるようになった。

では、二〇二〇年からの新型コロナ・パンデミックは、一連の「ショック」と比べてどのようなものであったのだろうか。

2　新型コロナ・パンデミックの影響の特徴とジェンダー

ブレトン・ウッズ体制下における需要不足、資本のグローバル化体制下における金融収縮といった出来事を「従来型」の影響要因だとすれば、新型コロナ・パンデミックは主に「人と人との接触の制限」に起因する影響をもたらしたところに特徴がある。もちろん、感染が世界のある地域から別の地域に急速に広がったことは、国境を超えた人の流れが活発であったからこそだが、一九一八年から始まった、全世界で五億人の感染者があったとされるスペイン風邪でも同様に世界的な感染拡大が見られたことからもわかるように、人の流れが現代において活性化したことで感染が世界に拡大したことが新型コロナ・パンデミック特有の出来事だ、というわけではない。

さて、接触制限は感染〈対策〉として行われたものであり、その意味ではコロナ禍とは「コロナ対策禍」であるともいえる。もちろん、新型コロナ感染症に実際に感染することによる影響も大きかった。アメリカでは、国内の労働力供給が不足する要因の一つとして、コロナ後遺症（long covid）があるのではないか、という見方もされている。

ここには、コロナ対策の影響とコロナ感染の影響についての、一種の「逆転」がある。つまり、二〇二〇—二一年では感染者数が二〇二二年と比べて非常に少ないにもかかわらず感染対策としての接触制限（移動や営業の自粛）は格段に厳しく、また広範囲に及ぶものであった。二〇二〇年の四月、第一回の緊急事態宣言が七都道府県に発出されたが、この間の感染者報告数は週平均で五〇〇人を上回ることは少なかった。

これに対して二〇二二年の二月以降は感染者数が爆発的に増加した。特に八月には週平均で二万人を超えるほど（最大の日で二万五〇〇〇人を超えた）にもなったが、行動制限は以前と比べて非常に緩いもので、緊急事態宣言も発出されていない。もちろんワクチン接種者の増加や治療法・治療薬の確立、ウイルスの弱毒化などによって重症化率・死亡率が低下したこともあるが、感染リスクの受け止めの許容度が上がったことも否定できないだろう。

新型コロナ・パンデミックというショックが、需要不足でも金融収縮でもなく、物理的な接触の回避によるものであるのなら、その影響はどういうものだと理解できるだろうか。

まず職業生活においては、接触を伴う業務がコアにあり、かつ「不要不急」とみなされる業界あるいは職業への影響が、そうではない業界・職業に比べて大きくなる。飲食業が代表的であろう。また、特にパンデミックの初期段階では接触制限よりは外出制限（人流の抑制）が強調されたこともあり、宿泊業も大きな影響を受けた。

これに対して、接触は必然的に伴うが、生活・生命の維持にとって本質的（エッセンシャル）であると理解された業界・職業については、雇用が失われる傾向が目立たないかわりに、感染のリスクを意識しながらの職務継続が要請される。医療分野がそれに当たる。

次の節で詳しく見るが、これらの分野では女性が大量に雇用されている。したがってその影響もまた、女性に偏ったものであった。

また、通常のオフィスワークでも通勤や事務的作業・会議における人的接触は避けられないため、一部ではリモートワークの導入が進んだ。飲食・宿泊や医療業務とは異なり、この場合には人的な接触は業務の中で必ずしも必須の要素ではないことが多く、リモートのやり取りへの置き換えが進みやすかったのだと言える。

リモートワーク経験は、先に見てきた一部の対人サービス業務とは異なり、男性の雇用者に偏ったものであった。単純化して言えば、女性は対人サービス業に就いている割合が高いため仕事を失いやすく、また医療業務などエッセンシャルな仕事に就いている割合も高いが、この場合には感染リスクにさらされやすい。対して男性はリモート作業が可能な業務に就いている割合が高いため、感染リスクを避けながら仕事を続けることができるケースが多い。こういった傾向が見て取れる。

こういった傾向がパンデミック収束後も持続するかどうかも論点になる。少なくとも対人サービスの雇用については回復がみられる。リモートワークが定着するかどうかはケース・バイ・ケースであろう。新型コロナ・パンデミックの持続的影響をジェンダーの観点からみた場合、リモートワークがどこまで進むのか、またその傾向がどれほどジェンダーによって異なるのかが重要な焦点になる。

以上は経済活動における接触制限の影響だが、経済活動以外ではどうだろうか。

接触・外出制限は当然、人々の在宅時間の増加を伴う。そうすれば家事や育児などの家庭内無償労働の総量が増加し、それをどう負担するのか、という課題が出てくる。この点については多数の調査がなされてきているが、後の節でそのなかから結果を見てみよう。

プライベート領域への影響については、家庭内無償労働の増加と配分の問題のほかにも、接触制限は人付き合いの変化をもたらすことが重要である。男性と女性では家族以外の人との付き合いの頻度や密度が異なることが考えられ、したがって接触制限の影響はここでもジェンダーによって異なることが予想される。

コロナ・パンデミックの影響がジェンダー化されているという認識は、世界でも早い段階から存在した。国連は二〇二〇年九月の報告書（Policy Brief: The Impact of COVID-19 on women）の冒頭において、次のように述べている。

二〇二〇年は、北京行動綱領（北京宣言）後二五年という画期の年であり、ジェンダー平等に向けての飛躍となることが期待された年であった。しかしCOVID‐19パンデミックの拡大とともに、過去数十年にもたらされた限定的な進歩でさえ、後退の危機にある。パンデミックは既存の不平等を深化させ、社会・政治・経済システムの脆弱性を露呈させ、このことが翻ってパンデミックのインパクトを増大させている。

この報告書では、特に以下の点（経済、健康、ケア労働、暴力）に注目すべきだとされている。

まずは経済的インパクトで、女性は相対的に低賃金かつ不安定な職に就いているため、影響が大きいとしている。次に、パンデミックにより医療資源が再配分され、性・生殖向けの保健サービスがマイナスの影響を受ける可能性が指摘されている。次に、学校に行けない子どもや高齢者のケアニーズにあわせて、無償ケア労働（unpaid care work）が増加すると述べられている。最後に、接触制限による社会的孤立により、虐待者と家庭内に「ロックダウン」されてしまうことの影響について注意喚起がなされている。

上記で指摘されたコロナ・パンデミックのジェンダー的影響は、基本的に日本においてもある程度あてはまっているといえる。日本の内閣府は上記の国連の報告書と同じタイミング、二〇二〇年九月に「コロナ下の女性への影響と課題に関する研究会」を立ち上げ、基本的なデータを集約・蓄積すると同時に、関連分野の有識者の意見を集めていた。以下、その研究会でまとめられたものを含めて、いくつかのデータを参照しながら上述した影響のあり方についてみていこう。

3 雇用とジェンダー

コロナ・パンデミックの初期において、大量の雇用が失われている。ただ、その規模は顕著にジェンダー化された――男女で異なる――ものであった。最初の緊急事態宣言による就業者数の減少（二〇二〇年三月から四月の変化）は、男性で三九万人であったのに対して、女性ではその二倍近い七〇万人であった。雇用者に限れば、男性で三五万人、女性で七四万人の減少であった。就業者と雇用者のこの変化の出方の違いは、雇用が失われた度合いは女性の方が目立つが、雇用を離れた女性が一部自営業等に吸収された可能性を示唆している。この失われた雇用は非正規雇用に集中しており、二〇二〇年を通じて女性の正規雇用は前年比での増加傾向がはっきりしている。そしてこの増加は、ほとんどが医療・福祉分野の雇用の増加で説明できる。逆に失われたのは宿泊業・飲食サービス業においてであった。就業者数は二〇二〇年を通じて徐々に回復に転じるが、以前の水準近くに回復するまでに半年程度を要している。

男性については、失われた雇用において宿泊業・飲食サービス業が占める割合は女性ほど大きくない。増加した雇用の多くは女性と違い、情報通信業における雇用である。

前節でみてきたように、コロナ・パンデミックの特性は、それが感染対策としての接触制限を引き起こし、したがってその影響が全体に及ぶというよりは一部の営業・活動に特に強くみられる。単純化して言えば、男性ではサービス業を中心に就業が減少し、その代わりに情報通信分野での就業が増加した。情報通信業はリモートワークが比較的やりやすい分野でもある。これに対して女性では（顧客側を含めて）接触・外出を伴う飲食・宿泊分野での雇用が大量に失われ、代わりに医療・福祉分野での雇用が増えた。

医療・福祉の分野は接触・感染のリスクにさらされやすく、またリモートワークが難しい業態である。このことを示すために、調査データを紹介しよう（**表2-1**）。

表 2-1　職種・業種ごとの各種ストレス源の大きさ

		不特定多数接触	特定多数接触	感染リスク	休み取りにくい	在宅しにくい
職種	看護師	0.74	0.42	0.49	0.42	0.41
	介護職	0.36	0.58	0.50	0.45	0.47
	運輸・通信	0.44	0.38	0.27	0.37	0.46
	サービス	0.62	0.23	0.27	0.22	0.33
	事　務	0.20	0.31	0.12	0.20	0.35
業種	医療・福祉	0.53	0.45	0.44	0.39	0.42
	運輸・郵便	0.37	0.39	0.20	0.33	0.46
	宿泊・飲食	0.58	0.23	0.29	0.25	0.37
	小　売	0.66	0.17	0.22	0.26	0.38
	教　育	0.22	0.54	0.25	0.21	0.37
	製造業	0.14	0.37	0.11	0.21	0.39
	情報通信	0.11	0.27	0.09	0.16	0.14

出典：内閣府「男女共同参画の視点からの新型コロナウイルス感染症拡大の影響等に関する調査」(2020 年 11-12 月実施，インターネットモニター 10,571 人（6,679 世帯）対象)．筒井（2022b）からの再掲．

表にも示されているが，回答者の半数以上が「あてはまる」と回答しているのは，「不特定多数との接触」においては看護師・サービス職および医療・福祉業，宿泊・飲食業，小売業である。「特定多数との接触」については介護職および教育業が，「感染リスク」については介護職がそれぞれ当てはまる。「休みが取りにくい」「在宅勤務がしにくい」については半数を超えるカテゴリーはなかったが，他の職種・業種との差でいえばやはり医療分野での不利が目立つ。これに対して情報通信業では，「特定多数の接触」を除くすべての項目で「あてはまる」の回答割合が最も小さいという結果であった。

以上から，コロナ・パンデミックによる就業状態の変化については，男性において増加が目立った情報通信業では，そもそも業態が対人サービスをあまり含まず接触を必須としないこと，リモートワークに適しているなどの理由から感染にかかわるリスクとストレスが比較的小さいが、女性において増加した医療・福祉業においては、高いストレスを抱えたままニーズに合わせて就業せざるを得ないという実情がみてとれる。

実際、「週一日以上在宅勤務・テレワークの割合」は、二〇二〇年七月時点では男性一四・九％に対して女性は七・五％にとどまっている（周 2020）。

4　家庭生活とジェンダー

コロナ・パンデミックの家庭生活への影響としてまず考えなければならないのは、（同居家族がいる人にとっては）家族の在宅時間が増えること、外食を自粛するなどの結果、家事の総量が増えることである。さらに、ケアが必要な家族に対しては、パンデミック下においてより鋭敏に意識せざるを得ない健康管理のための負担も増加する（筒井 2022a）。

ただ、この増加の認識においては若干のジェンダー差があるようだ。内閣府が実施した「男女共同参画の視点からの新型コロナウイルス感染症拡大の影響等に関する調査」の結果によれば、小学校三年以下の子どもと同居している有配偶男女については、家事時間が「増えた」と回答したのは女性で三〇・八％、男性で二四・六％であり、育児時間もほぼ同様の傾向がみられた。また、同様の対象者について、緊急事態宣言中の不安やストレスについて尋ねた結果、「家事・育児・介護の負担が大きすぎると感じた」という項目にあてはまる回答者は、女性が男性より一八ポイント高く、「健康を守る責任が大きすぎると感じた」という項目についても女性が男性より九ポイント高かった（コロナ下の女性への影響と課題に関する研究会 2021）。

ウェブ調査の利点を活かす形で、コロナ・パンデミックのさなかにさまざまな調査が行われたが、家庭生活については、男性の家事・育児参加が若干進んだという結果を示すものもある。ただ、増加する家事・育児の総量の負担を女性がより強く感じたのもまた確かである。

さらに注目すべきは、「みえにくい」ジェンダー差である（筒井 2023）。先程触れたように、食事準備・後片付け、掃除、洗濯といった「メジャー」で名付けやすい家事のほか、家族の健康管理といった名付けにくい家庭的作業もたくさん存在する。このうち、ケアに類した作業は女性が多く担っている可能性が高い。

実際、ＮＨＫ放送文化研究所が二〇二〇年及び二〇二一年に実施した調査によれば、「感染拡大の不安を感じているか」という質問に対して、「非常に不安だ」「ある程度不安だ」と回答した対象者の割合は、女性において男性よりも若干高めに出ている。女性が家族の健康管理・感染リスクへのケアを多く引き受けていることが推察される（小林・村田 2022）。

5 「つながり」とジェンダー

先述の国連の報告書でも述べられていたことは、女性が家庭に閉じ込められることの、暴力被害のリスクであった。これは、ロックダウンなどの強力な外出規制を念頭に置いた記述であろうが、日本のように強力な規制がなかった場合においても、接触制限が女性にとって持つマイナス面は強調されるべきである。

まずは暴力（ＤＶ）についてである。警察庁の「平成二七年におけるストーカー事案及び配偶者からの暴力事案等の対応状況について」によれば、配偶者からの暴力事案等の相談等件数のうち八八・〇％は男性から女性への加害事案であった。このような非対称性の認識のもと、内閣府は早くも二〇二〇年四月に新たな相談窓口として「ＤＶ相談プラス」を開設するなどの対応を行い、電話対応の他、ＳＮＳなどのオンラインツールを活用した相談を受け付けた。二〇二〇年四月から翌年二月までの（全国のＤＶ相談支援センターと合わせた）相談件数は、前年の一・五倍に達したことが報告されている（コロナ下の女性への影響と課題に関する研究会 2021）。そのなかには、コロナ下において実施された給付金を夫が渡してくれないなどの相談も含まれていた。

パンデミック下におけるＤＶの問題は、ＤＶ被害者が極端に女性に偏っていること、家庭生活がそもそもリスク源であり、ロックダウンや外出規制がそれに拍車をかけたことによって生じたものである。

つまり、マイナス要因の増幅である。

これに対して、同居人以外との接触の制限は、特に女性の私生活にとってプラス要因の減少をもたらした可能性もある。というのは、家庭外の人との「つながり」には比較的明確なジェンダー差があるからだ。

石田は、「情緒的関係の構築については、女性の方が強者だということを見落としてはならない」と指摘している（石田 2011: 146）。社会学分野でかねてから指摘されてきたように、近隣、（実親を含む）親戚、友人など家族以外の人とのつながりの豊富さの点では、女性が男性よりも上位にある。石田も指摘しているが、これは「男性が外で働き、女性が家庭領域にとどまる」という性別分業の帰結のひとつである。

しかしコロナ・パンデミックに伴う外部との接触制限は、女性がそこから情緒的な満足を受けていたサポートの源との接触を減じてしまうことにつながる。NHK放送文化研究所調査によれば、「親や友人など会いたい人に会えない」と回答した割合、コロナ下で「家族と一緒にいる時間が長くなっていること」がストレスだと回答した割合は、それぞれ有意に女性の方が高かった（小林・村田 2022）。

6 コロナ・パンデミックにおけるジェンダー問題から見えてくること

以上、コロナ・パンデミックが「ショック」として私たちの生活に対して持つ影響は、需要不足や金融収縮による従来型の経済ショックと比べてみたとき、さまざまな局面でジェンダー化された特徴を持っていることが示された。それは、パンデミックがその対抗措置として接触の制限、特に同居人以外とのコンタクトの機会を減らすことをさまざまな生活セクションで展開することに起因している。

職業生活については、女性が宿泊・飲食など対人接触を伴い、かつ外出自粛による影響を受けやすい分野に就業していることが多く、休業などで職を失うケースが女性に偏ること、情報通信業などリモートワークがしやすい分野での就業が男性に偏っていること、医療・福祉分野など、パンデミックによってニーズが高まり、感染リスクを伴いつつも就業数が継続あるいは増加するセクションにおいても女性の就業者が多いこと、といった影響を確認できた。

家庭生活では、外出自粛のほか、子どもの休校や配偶者のリモートワークなどによって家庭の作業の総量が増すが、負担感は女性の方が多く抱えがちであること、健康管理等の「みえにくい」家事の負担も女性に偏る可能性が高いことなどが指摘できる。

さらに、家庭に閉じ込められる、あるいは家族外との人的ネットワークを利用できないことなどから、女性が身体的・情緒的にマイナスの影響を受けていることが推察される。

最後に、これらの問題に、私たちはどう対応すべきなのかという点について考察してみよう。

まず、感染リスクをどこまで許容するかについては、しばしば政治家が語るように「経済との両立」という論点が強調されるが、家庭生活への影響の大きさも忘れるべきではない。子どもをはじめとして家族メンバーが「家にいる」ことがもたらす生活への影響は決して小さくはない。特に女性は、感染防止を優先し接触制限を強力に進めることによって、家庭内無償労働を多く負担し、身体的・情緒的にマイナスの影響を受ける可能性がある。

オンラインツールの発達は、リモートワークがやりやすい職種に就いている者（男性に偏る）にとっては福音だろうが、私生活において女性が直面する問題に対しては限定的な効果しか持たないかもしれない。DVの脅威にさらされる女性にとってみれば、リスク源である男性が自分とともに在宅していること自体が問題なのであって、オンラインツールはこれ自体を変えるものではない。それどころか、DV被害を受けている者にとってみれば、家庭の中では電話、スマートフォンを自由に使えないようなケースもあるだろう。

家族外の人との接触についても、オンラインというのは何らかの目的（用事）がないとつながりの機会を設けることが難しいものである。インフォーマルなネットワークの多くは、なにかの「ついで」に付随的に生じる会話によって維持されるという側面が強く、オンラインはこの点で若干の不利がある。

他方で、コロナ・パンデミックは私たちにいくつかの「気付き」を与えてくれたという側面もある。私たちは、あらためて日本の男性と女性が異なった職業に就いていること（性別職域分離）を認識した。また、エッセンシャル・ワーカーの処遇についても再考する機会を得た。ワーク・ライフ・バランスのひとつの切り札と考えられていたリモートワークについてまわるジェンダー差についても気付かされた。これらは、コロナ・パンデミック前から存在していた社会的な問題を指し示している。コロナ・パンデミックへの挑戦は、持続的にある社会的課題への挑戦でもある。

【参考文献】

コロナ下の女性への影響と課題に関する研究会 2021『令和2年度「男女共同参画の視点からの新型コロナウイルス感染症拡大の影響等に関する調査」報告書』内閣府男女共同参画局。
石田光規 2011『孤立の社会学』勁草書房。
小林利行・村田ひろ子 2022「コロナ禍は暮らしや意識をどう変えたのか――『新型コロナウイルス感染症に関する世論調査（第2回）』の結果から」『放送研究と調査』七月号。
周燕飛 2020「コロナショックの被害が女性に集中――現状と今後の見通し」『JILPTリサーチアイ』第三八回。
筒井淳也 2022a「家族と新型コロナ感染拡大におけるジェンダー問題」『学術の動向』二七（五）、二四―二八頁。
筒井淳也 2022b「新型コロナ・パンデミックとジェンダー・職業格差」『学術の動向』二七（九）、四七―四九頁。
筒井淳也 2023「コロナ下の家庭における生活の変化」『生活経営学研究』第五八号（近刊）。

3章 コロナ・パンデミックと教育政策

中村　高康

1　それは突然起こった——二〇二〇年の一斉休校

コロナ・パンデミックの及ぼした社会的影響には様々なものがあるだろう。感染への対応に追われる医療現場や介護福祉現場の問題、在宅勤務やオンライン会議の普及に見られる労働の問題、飲食業や観光業に代表されるような経済問題、そこから引き起こされる財政問題、活動自粛や三密の回避などの行動に伴う人々の心の問題、等々。そうした問題の一角を占める大きな問題の一つとして、いまだかつてない対応を強いられることになった学校教育の問題を挙げることができるだろう。

学校教育がコロナ禍において従来と全く異なる対応をしなければならなかったことは多々ある。学校で備品などの消毒をすることが求められたり、児童・生徒の机に衝立が設けられたり、あるいは検温やマスク着用が日常となったり、突然オンライン授業や自宅学習のための教材作成をしなければいけなくなったり、給食の時間に黙食が励行されたりもした。部活動や学校行事も、地域差や学校差はあるが、ずいぶんと中止や縮小を余儀なくされた。だが、コロナ拡大の初期において、多くの人たちを驚かせたのは、学校の全国一斉休校だったといってよいだろう。

全国一斉休校は、首相の意向を受けて二〇二〇年二月二八日付の文部科学省通知（「新型コロナウイルス感染症対策のための小学校、中学校、高等学校及び特別支援学校等における一斉臨時休業について」）により、三月二日から突如として始まった。当座は春休みまでと考えられていた休校期間は、感染状況の悪化から延長され、多くの学校では五月まで休校を続けることになる。この間の対応は文部科学省も含めてまさに手探りであった。

この当時の教育委員会や学校の様子は、末冨芳編著（2022）で活写されている。準備期間がまったくない形での一斉休校要請であり、文科省通知が金曜日だったこともあり、教育委員会や学校は休日返上で対応に追われることになった。同書では、これに対応しようとする現場の混乱や緊張感が描かれている。同時に、現場の状況が見えていた教育長など関係者の臨機応変な対応で救われていた面があったこともまた見えてくる。

この一斉休校がなにをもたらしたのかということについては、目下世界中で研究がなされており、今後さらに明らかになっていくことと思われるが、ここでは日本国内の対応に関して気になったことを二点だけ指摘しておきたい。

第一に、誰がどこまでの権限を持って教育行政の方向性を決めていくのかについての問題を再提起したということである。首相の意向が「要請」であったことからもわかるとおり、教育行政は一定の自律性が理念として認められており、だからこそ教育委員会が各自治体に設置されているわけである。実際、コロナ対応は自治体によってかなり異なっていた。しかし、各自治体が中央政府の意向にしたがっていく傾向も同時に存在している。それは、ほとんどコロナ感染者がいなかった自治体までもが一斉休校措置にしたがったことにも表れている。それに加えて、意志決定主体がいくつもあるために複雑な状況も存在していた。文科省と教育委員会の関係も地域による温度差があるように見えるが、教育委員会と学校との関係もまた、多様な状況がある。さらには、官邸や他省庁と文科省の関係もある（青木（2021）の間接統治論など）。画一的なトップダウン政策が昨今のはやりのようにも見えることも少なくないが、現実の多様性と主導アクターの見極めは国レベルの政策を考えるうえでは再認識すべきことのように見えたのが、この一斉休校案件であった。

第二に、学校が社会で果たしている役割（社会的機能）の再認識をもたらしたかもしれないということである。突然の一斉休校によって、ダメージを受けた児童・生徒はたくさんいたはずだが、同時にこの一斉休校は多くの保護者たちも大いに困惑させた。それは、休校になることによって（特に学齢が低い小学生などの場合には）自宅を離れることができなくなり、働いていたりその他に外で果たしたりしていた役割を保護者が果たせなくなる不安を引き起こしたからである。末冨らの調査では、そうした指摘が随所に見られる。例えば同書のインタビュー調査で北九州市の田島裕美教育長は「福祉的要素が学校現場では非常に大きいということが如実にわかった」と述べている（末冨編著 2022: 30）。私たちは、学校を「学ぶ場所」だと思っている。だから、休校期間中に学力が下がっていなかったかどうか、学習状況に格差はなかったかどうか、などに関心を持つ。しかし、多くの保護者が実際には感じているように、学校は日中に子どもたちを預かってくれる保育所的な役割を果たしている。それがあるからこそ、子育て世帯の保護者たちは労働を含むその他の活動の時間を確保しやすくなっている面がある。教育社会学でも学校の福祉機能を重視した研究は少ない。この点への再認識も、コロナの思わぬ副産物だったかもしれない。

2 「九月入学論」を振り返る

一斉休校は現在でも教育関係者には語り草となるほど印象の強い出来事であった。一方で、現在ではもはや忘れ去られた観があるが、当時たいへん大きな話題となった教育関連の議論があった。それは「九月入学論」である。

ＮＨＫの報道によれば、九月入学の議論は一斉休校が続く二〇二〇年四月末に多くの知事の意向が出されることで具体化していったという[(1)]。目的は、「入学や始業の時期をずらすことで、授業の時間を確保し、学習の遅れを取り戻す狙いがあった」とされる。つまり、一斉休校で失われた学習機会を、一気にリセットできる魔法のようなプランとして、九月入学が議論されたのである。並行して、学習のみならず一斉休校で様々な機会を失った現役高校生からの悲鳴ともいえるツイートや署名運動が話題となった。折しも、三月に予定されていた春のセンバツ高校野球が中止されるなど、コロナ禍による児童・生徒の被害が印象的に語られる状況も報道されてきたタイミングであった。そのうえ、九月入学は欧米諸国の入学時期に合わせることで留学や交流がやりやすいとの論理のもとで、教育のグローバル化を実現する象徴的な大改革として、一九八〇年代の臨時教育審議会をはじめ政治的にもたびたび取り上げられてきた経緯があった(一〇年ほど前に頓挫した東京大学の秋入学構想も同じ議論の延長線上で出てきたものといえる)。その意味で「九月入学論」は、世論的にも政治的にも、一時はリアルな改革プランになりえたのである。

しかしながら、実際には九月入学は実現しなかった。今から振り返ればあまりに多くの具体的障壁があり、現実的政策とはなりえなかったのである。

九月入学の論点は多々ある。詳細は、この時期に出された日本教育学会の提言がインターネット上で公開されているので興味のある方は参照していただきたいが(日本教育学会「9月入学・始業制」問題検討特別委員会 2020)、大きなポイントだけ挙げると以下のようになる。

・半年ほど入学や始業を遅らせても、児童・生徒は時期が後ろ倒しになるだけでは学びの回復や階層的・地域的格差、心理的ダメージがすべてリセットされるわけではない。入試や就職の時期もすべて半年遅れることになれば、それは個人的・社会的コストとして跳ね返ってくる。一時的とはいえ、学校は定員がふえ、教員配置や設備の対応から財政負担も膨大になる。

・入学が半年遅れるということは、入学前の待機期間が半年増えるということである。待機児童を現在以上に大量に発生させることになる。また現行同年次の幼稚園児や保育園児を二つの学年に分断してしまう可能性もある。

・グローバル化が進むと考えるのも期待しすぎであり、春始業のインドや韓国からの欧米留学は多く、また秋始業の中国からは日本に多くの留学生がやってきている。時期の問題以上に社会的・文化的・言語的障壁が大きい。

最終的には、政府与党からも反対の声が上がるようになり、自民党の「秋季入学制度検討ワーキングチーム」が「直近の導入は困難」等とする提言をおこなった。それを受ける形で六月二日に首相が導入を見送る考えを示し、この問題は当面終息することになった（竹内 2020）。

この九月入学騒動を通じて、私たちは何を学ぶことができるだろうか。ふだんは当たり前のように迎えている四月の入学・始業を変更することの困難さは、あらためて浮き彫りになった。四月はじまりの一年間のタイムスケジュールは私たちを強く拘束している。これは学校だけではない。だからこそまた、このタイムスケジュールは学校だけによって決めることができるものではないという、当たり前の事実を私たちにつきつけたといえる。

ただ、そうした個別的な教訓の話を超えて、以下で考えたい問題が一つある。それは、コロナ禍という特殊事情によって生じたことであるけれども、そうした突発的な災禍だからこそ露呈した、私たちの社会がもともと持っていた特質についてである。

3 「薄甘い教育理念」と政治、そして専門知

一斉休校と九月入学論を今、並列して論じてみたが、そこに共通点があることに気づいただろうか。日ごろから教育論にアンテナを張っていると気づくことなのだが、実は多くの人たちが支持しがちな教育論の多くは、ほとんど理論的・科学的背景がない情緒的ロジックで成り立っている。たとえば「個性を尊重しよう」とか、「詰め込み暗記教育はもうやめよう」とか、「生きる力を育てよう」とか、「グローバル時代に対応する教育を」等々、である。

そうした情緒的教育論の思想を、ここでは「薄甘い教育理念」と呼んでおこう。それほどしっかりとした味（論理や根拠）がついているわけではないが、だれにでもちょっと口当たり良く感じられる教育言説群だからである。誤解のないように急いで付け加えておくと、これは専門的な議論のなかでの教育論（教育学）を批判しているわけではなく、むしろその逆である。教育学は、時として理論やデータを冷静に強調する教育社会学と対峙して語られることもあるが（中村 2012）、専門的に研究されている教育学の議論は、さすがに様々な時代的・社会的環境のなかで教育が行われていることを知っているので、薄甘い情緒的ロジックの政策や政治的言説に軽々には乗らないし、むしろそうした動きを批判・けん制する役割を担うことさえ多い。さきほどの九月入学論議での日本教育学会の反応が典型的である。そし

て、教育を研究してきた筆者から見れば、一斉休校についても、九月入学についても、専門的裏付けを欠いており、どちらも「薄甘い教育理念」に基づいた議論だったのである。

「感染のリスクから子どもたちを守ろう」「遅れた学びを一気に取り戻そう」「失われた学校体験をリセットしてあげたい」といったように、その部分だけを取り出せば、多くの人が「そうしてあげたい」と思うようなロジックで、政策論議の俎上にのっていく。「薄甘い教育理念」は「薄甘い」だけに、短期的には一般の支持を集めやすいのである。一斉休校については突然具体化したために事前に行われた信頼できる調査はあまり見当たらないが、参考データとしては、河北新報が二月二八日に実施した緊急オンラインアンケートでは賛成回答が多かったとされており[2]、また佐賀テレビが二月二八日に実施したネットアンケートでも五三%が賛成だったと報じられている[3]。また九月入学に関しては、NHKの世論調査が二〇二〇年五月に実施されている。これによると、賛成が四一%、反対が三七%で、賛成がやや上回っていたのである[4]。もちろん、その後で世論の空気は変わっていくことになるのだが、このように「薄甘い教育理念」は短期的には支持されやすいため、それに乗った政策については、一気に寄り切られるとそのまま実現してしまう。それが一斉休校と九月入学の違いでもあった。

おそらくどちらにおいても政治的な思惑が絡んでおり、教育理念をめぐる真っ当な論争という面ばかりを考えるのはミスリーディングであろう。むしろそうした政治的思惑を災禍のどさくさの中で実現しようとする力学も働くのが普通と考えたほうがよい。問題はそうした動きをどのように私たちの社会が調整できるかということであるが、実はそれは現代社会においてはそれなりに難しい課題なのではないかと思える。特に、世論が「薄甘い教育理念」を支持する場合には簡単ではない、というのが筆者の実感である。

確かに、専門知による一定のフィードバックはどちらの案件にもかかっていたはずである。だから、専門知は一定の「薄甘い教育理念」に基づく政策の適度なブレーキ役を担うことが可能といえる。しかし、コロナ禍のような未曽有の災禍のなかでは、緊急対応が求められる。じっくり議論している場合ではないというロジックもしばしばみられる。そうしたなかで、専門的知識が十分なフィードバックをかけることができない条件が見えてくる。一つは、さきほど述べた時間的制約、そして二つ目は、現代社会の再帰性の問題である。後者について、節を改めて簡単に述べてみたい。

4 教育論議と後期近代の再帰性

政策的論議に対して専門的知識がフィードバックされていくというのは、社会においてはごく普通に行われていることである。イギリスの社会学者であるアンソニー・ギデンズは、近代社会の特徴の一つとして抽象的システムが作動することを挙げているが、実はこの抽象的システムの一つとして、専門家システムを挙げている（Giddens 1990=1993）。つまり、近代社会において人々は伝統的農村社会に見られるようなローカルな共同体の具体的関係から解き放たれ、時間や場所に依存しない抽象的な性質のシステムが機能するようになるとした。そして、その抽象的システムの一つが貨幣に代表される象徴的通標、そしてもう一つを専門家システムだと指摘しているのである。だから、ギデンズにしたがえば、専門家システムへの依存は近代社会の必然ということになる。ところが、近代社会は定常的な伝統社会とちがって常に不安定であり、様々な知識を振り返ってその妥当性を問い直してしまうことが日常化する。こうした近代社会の性質をギデンズは制度的再帰性と呼ぶ。とりわけ、後期近代においては、こうした再帰性がいっそう激しく作動し、専門家の知識にまで及ぶようになるのである。

筆者はすでにこうした再帰性の理論を現代の能力主義の議論に適用する可能性を示したが（中村2018）、これは上述のような教育論議一般にも広げて考えることが可能である。つまり、前節までに述べた「薄甘い教育理念」は、通常なら専門家の知識によって修正される側なのだが、後期近代に代表される社会の不安定度が極度に高まった状況下では、専門的知識による議論を逆に一般世論が数の力でかき消してしまう力を持ちうると考えられるのである。そしてそれは、コロナ禍のような突発的災禍という不安定な状態と同じ条件であり、一斉休校も九月入学も、まさに現代社会の再帰性という特質が災禍のもとで作動しやすくなった帰結、とみることもできるのではないか。

問題は、さきほども述べたように、こうした再帰性の働く条件下で、すなわち専門家システムが相対化されてしまう条件下で生じる、政治的思惑の混入にどのように対峙していくかということである。これはきわめて困難な課題であり、筆者のように狭い範囲で仕事をしてきた者に簡単に解が見出せるほどやわなものではない。ただ、手をこまねいていては暴走する「薄甘い教育理念」の首に鈴をつけることはできない。さしあたり、筆者が考えた二つの暫定的手段をここでは書き記しておきたい。

5　ソフト・アカデミズムとエビデンス

一つは、「薄甘い教育理念」を相対化しうる専門的教育言説を愚直に発信することである。なぜなら、この「薄甘い教育理念」こそ、多数派を味方につけて政治的意図を実現する温床になっているからである。効果のほどは文脈にもよるのでわからないとしかいえないが、昨今の教育界において、こうした専門的教育言説の発信によって事態にブレーキがかかるケースは実は少なくない。例えば、九月入学論議の際の日本教育学会の提言、学校における柔道や組体操のリスクを批判的に論じた内田良の一連の教育言説（例えば、内田 2015）などがこれにあたるだろう。筆者自身も大学入試改革に関わって社会的発信を様々行ってきたが（例えば中村 2020 など）、こうした研究者による研究論文や専門書という形式をやや逸脱した社会的情報発信は、やり方によっては問題も生じやすいし、研究の世界からは逆に批判されることもある。しかし、それでもそうした発信をアカデミズムの一つの役割ととらえることを今は前向きに受け止めている。西洋史学者の高山博は、アカデミズムのあり方を「知の創造」と「知の伝承」に分類し、前者を「ハード・アカデミズム」、後者を「ソフト・アカデミズム」と呼んでいる。ソフト・アカデミズムとは、すでに存在している知を、人々にわかりやすく伝え、教授する態度であり、教壇に立つ大学教授、啓蒙書を執筆する大学教授、テレビで最先端の研究を紹介する研究者が、ソフト・アカデミズムの典型的イメージであるという（高山 1998: 85）。アカデミズムの役割の中心はハード・アカデミズムであることに変わりはないが、ソフト・アカデミズムも決して軽視できないのが現代社会ということになる。このコロナ禍においてその意義は一層明確になってきたように思われる。

もう一つ私たちにできそうなことは、データを構築し提示し続けることである。データといってもそれは数値データである必要はない。専門的研究活動に裏打ちされたエビデンスを示すことは、専門的知識に向けた再帰的眼差しを一定程度抑制することができる数少ない方法の一つだからである。

実は、九月入学論議の際に、かなり議論の趨勢に影響を与えたと思われるデータの提供がなされている（相澤ほか 2020）。これは九月入学が実施された場合の就学前教育（主に保育）・放課後児童クラブ・教員数確保・地方財政に対する影響・個人の放棄所得と逸失税収などを統計データを使って推計したものである。多くのメディアの注目するところとなり、九月入学論への一つのブレーキの役割を結果的に果たした。ただし、この研究報告は九月入学導入を止めるために行われたわけではない。あくまでも現在進行中の政策論議に冷静な視点を持ち込むための問題提起と見ることができる。呼びかけ人である苅谷剛彦は報告書の「はじめに」で次のように述べている。

私たち研究グループとしては、9月入学に対して、賛成の立場にも反対の立場にも立っていない。即ち、賛成のための推計でも、反対のための推計でもない。そうではなく、こうした地域間の違いを考慮に入れたエビデンスの提示によって、冷静な議論が行われるための、さらにはエビデンスに基づく議論の呼び水として、こうした研究プロジェクトを立ち上げた（相澤ほか 2020: 2）。

エビデンスという語が行政用語として定着している今日においても、こうしたエビデンスに必ずしも基づかない政策論議は未だに多い。結論がどのようになろうとも、裏付けを持った冷静な議論をうながす意味で、ひいては「薄甘い教育理念」による再帰的眼差しが冷静な専門的議論を飛び越えて政治的思惑に結びついてしまうことを予防する意味で、こうした手続きは重要となるだろう。そして、さらに欲をいえば、議論が始まってからあわててデータを整理するのが困難である以上、日常的にデータを集めて検討する土台が、本来は政策論議の場に（すなわち行政機関に）備え付けられている必要があるのではないか。

この苅谷を中心とする研究チームには筆者も加わっていたが、現在はメンバーやテーマを変えながらも同じコンセプトで文部科学省の委託調査に関わり、まさにコロナ禍の学校教育の実態を検証する調査と分析を行ってきている(5)。しかし、残念ながら、最初の調査が実施できたのは二〇二一年初めであり、一斉休校開始から一年弱ほど経った後であった。それでも、文部科学省と協力しながら全国調査を行った意義はある。今後のエビデンス・ベースの教育政策に繋がることを期待したい。

6　おわりに

この小論で、コロナ禍の学校教育からの教訓を網羅的に指摘することは難しいが、ここでの考察から、

（1）平時には十分に理解されていなかった課題が、有事には明らかになることもあること、（2）災禍時には情報も錯綜し、対応する側にも焦りが生じやすく、そこで慌てて動くと、一斉休校や九月入学論のように冷静さを欠いた「薄甘い教育理念」が多数を占めて前に出てきやすいこと、（3）後期近代の不安定な状況下で専門知への再帰的眼差しが災禍時には強くあらわれること、などが見えてきた。

こうしたリスクを回避するための方策を編み出すことは容易ではないが、さしあたり（1）専門的教育言説を愚直に発信すること、（2）データを構築し提示し続けること、の二点を記しておいた。

現在もまだコロナ禍は完全な収束を見せていない。その中でおそらくまた様々な「薄甘い教育理念」が登場して教育政策論議を支えていく可能性が高い。後期近代の再帰的眼差しの中で私たちはそうした論議に対峙する心構えを持ち続けなければならないのである。

【注】

（1）https://www.nhk.or.jp/politics/articles/feature/39141.html（二〇二二年一二月一五日アクセス）。

（2）https://kahoku.news/articles/20200228khn000022000c.html（二〇二二年一二月一五日アクセス）。

（3）https://www.sagatv.co.jp/news/archives/2020022802111（二〇二二年一二月一五日アクセス）。

（4）https://www3.nhk.or.jp/news/html/20200519/k10012435331000.html（二〇二二年一二月一五日アクセス）。

（5）文部科学省「新型コロナウイルス感染症と学校等における学びの保障のための取組等による児童生徒の学習面、心理面等への影響に関する調査研究」（https://www.mext.go.jp/a_menu/coronavirus/index_00023.html）および多喜ほか（2021）、中村ほか（2023）、香川（近刊）を参照。

【参考文献】

相澤真一・岡本尚也・荒木啓史・苅谷剛彦 2020「9月入学導入に対する教育・保育における社会的影響に関する報告書」〔改訂版〕(http://www.asahi-net.or.jp/~vr5s-aizw/September_enrollment_simulation_200525.pdf)。

青木栄一 2021『文部科学省——揺らぐ日本の教育と学術』中公新書。

Giddens, Anthony 1990 *The Consequences of Modernity*, Stanford University Press: Stanford, California(松尾精文・小幡正敏訳 1993『近代とはいかなる時代か?』而立書房)。

香川めい 近刊「ウィズ・コロナの学校生活はどのように構築されたのか——学校行事に注目して」『社会学評論』七四(二)、日本社会学会。

中村高康 2012「テーマ別研究動向(教育)——教育社会学的平衡感覚の現在」『社会学評論』六三(三)、日本社会学会。

中村高康 2018『暴走する能力主義——教育と現代社会の病理』ちくま新書。

中村高康 2020「理念先行の改革から学校現場の支援へ——『入試を変えれば教育が変わる』という発想こそ変えよ」『中央公論』二〇二〇年一月号。

中村高康・苅谷剛彦・多喜弘文・有海拓巳 2023「コロナ禍の教育調査とEIPM——行政と研究者の相互学習によるエビデンス形成」『教育社会学研究』第一一二集、一一—二四頁。

日本教育学会「9月入学・始業制」問題検討特別委員会 2020『9月入学よりも、いま本当に必要な取り組みを——より質の高い教育を目指す改革へ』日本教育学会(http://www.jera.jp/wp-content/uploads/2020/05/JERA20200522SpecialCommitteeTeigen.pdf)。

末冨芳編著 2022『一斉休校——そのとき教育委員会・学校はどう動いたか?』明石書店。

高山博 1998『ハード・アカデミズムの時代』講談社。

竹内健太 2020「9月入学導入の見送り——新型コロナウイルス感染症拡大を契機とした議論を振り返る」『立法と調査』四二六号、参議院常任委員会調査室・特別調査室、一七八—一九五頁。

多喜弘文・中村高康・香川めい・松岡亮二・相澤真一・有海拓巳・苅谷剛彦 2021「コロナ禍のもとで学校が直面した課題――文部科学省委託調査の概要と小中学校調査の基礎分析」数理社会学会『理論と方法』第三六巻二号、二二六―二四三頁。
内田良 2015『教育という病――子どもと先生を苦しめる「教育リスク」』光文社新書。

4章 コロナ・パンデミックと住宅問題

村上 あかね

1 新型コロナウイルス・パンデミックが明らかにした公的家賃支援のニーズ

この章では二〇二〇年に実施された全国調査のデータを用いて、コロナ・パンデミックが浮き彫りにした日本の住宅問題について考えたい。新型コロナウイルス・パンデミックのために、家賃や住宅ローンの支払いが困難になった人はどのくらい存在したのだろうか。正確な数字ははっきりしないが、家賃については住居確保給付金の申請件数が実態把握の手がかりとなる。

二〇二〇年度の住居確保給付金新規支給決定件数は一三万四九四六件、三〇六億円。件数は前年度の三四倍でリーマン・ショック後の二〇一〇年度の三・六倍に上った（二〇二一年九月一四日『読売新聞』）。制度の詳細は厚生労働省のウェブサイトを参照されたいが、この制度が創設されたのは、リーマン・ショックがきっかけである。大みそかから新年にかけて東京・日比谷公園に設置された「年越し派遣村」

では、NPOや労働組合が炊き出しや毛布の提供などの支援を行った。支援の対象となったのは、会社の寮に住んでいたため仕事と住まいを同時に失った製造業の派遣社員が中心だったという。二〇二一年度に入っても住居確保給付金の申請・支給は続いており、コロナ・パンデミックの影響は依然として大きい(1)。

今回の住居確保給付金申請・支給件数の増加は、人口が減少し、空き家が増加しているにもかかわらず、住宅問題を抱えている人がかなり存在するという矛盾を明らかにした。戦後の住宅政策は多くの人が住宅を所有することを可能にしてきたため（平山 2009）、住宅問題は持ち家を持たない高齢者や公営賃貸住宅に居住する一部の人にのみ当てはまるものとみなされてきた。

しかし、日本においても雇用が不安定な人が増え、持ち家を持つことが難しい人も増えるなど社会経済的格差が目立つようになった。それにもかかわらず日本では住宅は個人の努力によって確保するものと考えられがちである。かつては「一国一城の主」「男の甲斐性」と言われてきたし、現在では「子どものため」にできるだけのことをするのが親の務めであり、そのなかにはマイホームを含むと考える人は多い（村上 2014）。他方、世界的にみれば「安全な環境にある適切な住宅に、適正な価格で住むことは、多くの人に基本的な人権の一つ」であり、「この基本的なニードを保証し、貧困を緩和させることは（中略）重要な政策課題」である（大津 2021）。

この章では、賃貸か持ち家かを問わず住居費負担が人びとの生活満足度に及ぼす影響を分析し、今後の日本社会のありかたを考えるきっかけとしたい。

2　持ち家社会の光と影

戦後、多くの国は深刻な住宅不足を経験した。日本で持ち家率が上昇した背景には、持ち家には安心して住むことができ、資産を形成することもでき、老後の住居費も節約できることがある。さらに親が子どもに持ち家を継承したり、子どもの持ち家取得を援助したりすることで、子どもから老後のケアを受けるといった慣習も持ち家率を高める効果があった。新築持ち家は経済成長の手段でもあった。

海外ではかつては持ち家率が低い国もあったが、近年では多くの国で持ち家率が上昇するようになった。このような状況をもたらしたのは、一九七九年に登場し「財産所有民主主義」を継承したイギリスのサッチャー政権である。同政権は社会保障を削減したり、公営賃貸住宅居住者にその住宅を格安で売却したりした。そして、持ち家は住むための場所であるだけではなく、住宅ローンの追加借り入れや売却益によって若年期から高齢期までのリスクに備えたり、必要な商品やサービスを購入したりするための手段となった。住宅を所有することは「制度化」「標準化」され、持ち家所有は「経済合理的な」選択になる。それと同時に、家庭というプライベートな領域は自己のアイデンティティを再確認するものであり、存在論的な安住の地を提供する。このような心理的な要因も持ち家の取得を促す（Lowe 2011=2017; Ford *et al.* 2001）。

持ち家率が上昇すると公営賃貸住宅の戸数は減少し、低所得者向けの住宅としての性格を強めた。その結果、住宅を持つ者と持たざる者とが分断されるようになる。そして、リスクを計算しながら人生の諸問題に対処する責任が国家ではなく個人に課せられるようになった。住宅を購入しなければ、住宅ローン延滞のリスクはない。しかし、たとえ延滞のリスクがあったとしても多くの人が住宅ローンを組んで住宅を購入する。無理をして住宅を購入してゆとりのない生活に陥る現象もみられる（Bourdieu 2000=2006; Bourdieu *et al.* ed. 1993=2019-2020）。住宅ローンを延滞したり、その結果として持ち家を失ったりする人にはもともと不利な社会経済的属性があるにもかかわらず、住宅ローンの延滞・持ち家の喪失は「自己責任」とみなされる。ローンを組んで住宅を購入することは経済の活性化には寄与するが、人々の連帯は損なわれる（Ford *et al.* 2001; Lazzarato 2011=2012）。「財産所有民主主義」はむしろ人々を分断する結果をもたらした。このようなリスクに対する個人の態度、そして「自己責任」が強調される風潮は、現代の私たちが生きる後期近代の特徴である。

日本ではイギリスのような大規模な社会保障の削減は実施されていない。しかしながら、企業が提供してきた住宅関連の福利厚生の対象から外れる非正規雇用者が一九九〇年代以降増加しており、その影響は社会保障の削減に匹敵する可能性がある。

住宅問題というと、メディアでは空き家の増加、老朽マンションの管理、持ち家と賃貸のどちらが得か、あるいは住宅資金の準備・返済方法などが取り上げられることが多い。これらの問題が多くの人にとって重要であることは否定しないが、「自らの資力で住居を確保できない個人に対してどの程度の費用をもって社会的に住宅を確保すべきであろうか。もしくはどのような機能を持つ住宅を社会的に確保すべきであろうか」といった問題提起は、格差・分断・貧困が問題となっている現代において重要である（泉田・岡田 2021）。

この政策課題を解決するため、ＥＵやＯＥＣＤでは住居費負担率・住宅の質・住環境を定期的に調査している。大津（2021）によれば、日本の住居費過重負担率はＥＵ加盟国に比べて高く、とくに低所得者の住居費負担が過重であること、日本では住宅の狭小さよりも建物の状態のほうが深刻であること、一方で住環境は国際的にみて良好であるという。住宅困窮は高齢者だけの問題ではなく、近年では現役世代にも拡がってきているとの指摘もある（渡辺 2021）。これらの知見はいずれも日本の居住保障に課題があることを示すものである。

3　住居費負担率の高さが生む生活満足度の低さ

以下では、住宅に関する三つの指標（住居費負担率・住宅の質・住環境）のうち住居費に注目し、住居費負担率と生活満足度との関係を明らかにする。

分析に用いるデータ

東京大学社会科学研究所が二〇〇七年から実施している「働き方とライフスタイルの変化に関する全国調査」（Japanese Life Course Panel Survey ＪＬＰＳ）の「若年調査」と「壮年調査」、さらに二〇二〇年八―一一月に実施された「ウェブ特別調査」を用いる。

この調査は二〇〇六年に日本全国に居住する二〇―三四歳、三五―四〇歳の男女を母集団として、住民基本台帳または選挙人名簿から層化二段無作為抽出法により対象者を選び、以後、毎年実施しているものである。同じ対象者に繰り返し調査を実施することで、人々の生活や意識の実態だけではなく変化もとらえることができる。

「ウェブ特別調査」ではコロナ禍、とりわけ第一回緊急事態宣言時とその後の生活に関する事柄も尋ねている。コロナ・パンデミックに焦点を当てた社会調査は他にも存在するものの、コロナ前後の情報をも活用できる調査は多くないため貴重なものである。

分析結果

住居費負担率を分析する前に、回答者が住居確保給付金を申請したかどうか確認しておく。「ウェブ特別調査」回答者（n=3,354）のうち、住居確保給付金などを含む「その他の給付金を申請した」と答えた回答者は八・二%であった。もっとも多かった回答は「一人あたり一〇万円の特別定額給付金を申請した」（九七・一%）であり、その次に多い回答は、「支出をふだん以上に切り詰めた」が一〇・三%、「貯蓄を取り崩した」が八・二%であった。その他の対処方法（銀行への借金・家族や友人への借金・社会保険料や光熱費などの減免申請・生活保護申請など）は五%以下と極めて少なかった（複数回答可）。「一〇万円の特別定額給付金」以外に利用した手段が少ない理由は、回答者が比較的若く現役世代であること、そのほか、同一個人に継続して実施する調査の特性上、社会経済的に安定している人たちが調査に回答しやすいといった要因もある。

(a) 住居費負担率の実態

次に、住居費負担率の実態について確認しておきたい[(2)]。ここでは、回答者が年間に負担する住居費(ボーナス払い分は除く)を個人年収で割って住居費負担率を計算した。負担率がゼロのケースもあるため、ゼロを含めた平均値(ゼロあり平均)とゼロを除いた平均値(ゼロなし平均)の両方を示す。

回答者全体(n=2,779)のゼロあり平均値は七・四%、ゼロなし平均値は一七・七%である。居住地の都市規模別にみると、一六大都市居住者ではそれぞれ八・八%と一八・九%、人口二〇万人以上の都市居住者では八・一%と一七・六%、その他の都市居住者では五・八%と一六・四%、町村居住者では五・二%と一五・九%である。男女別では男性の一一・〇%と一六・八%に対し、女性は四・六%と一九・五%である。世帯状況別では単身世帯が一五・三%と一九・一%であるのに対し、世帯員が二人以上の世帯では六・二%と一七・三%と大きな違いがある。

大都市に住んでいる人、男性、単身者は住居費負担率が高い。都市部では人口も多く住居費が高い傾向があること、男性のほうが一般に女性よりも収入が多いことが住居費負担率を高くする要因である。単身世帯はほかに住居費を分担できる世帯員がいないため、住居費負担率が高い。ただし、住居費負担率がゼロと答えた人を除くと、むしろ男性よりも女性のほうが住居費負担率は高い。女性は収入が低いにもかかわらず、安全な立地や設備が充実している住宅に住む必要が高いことも一因であろう。

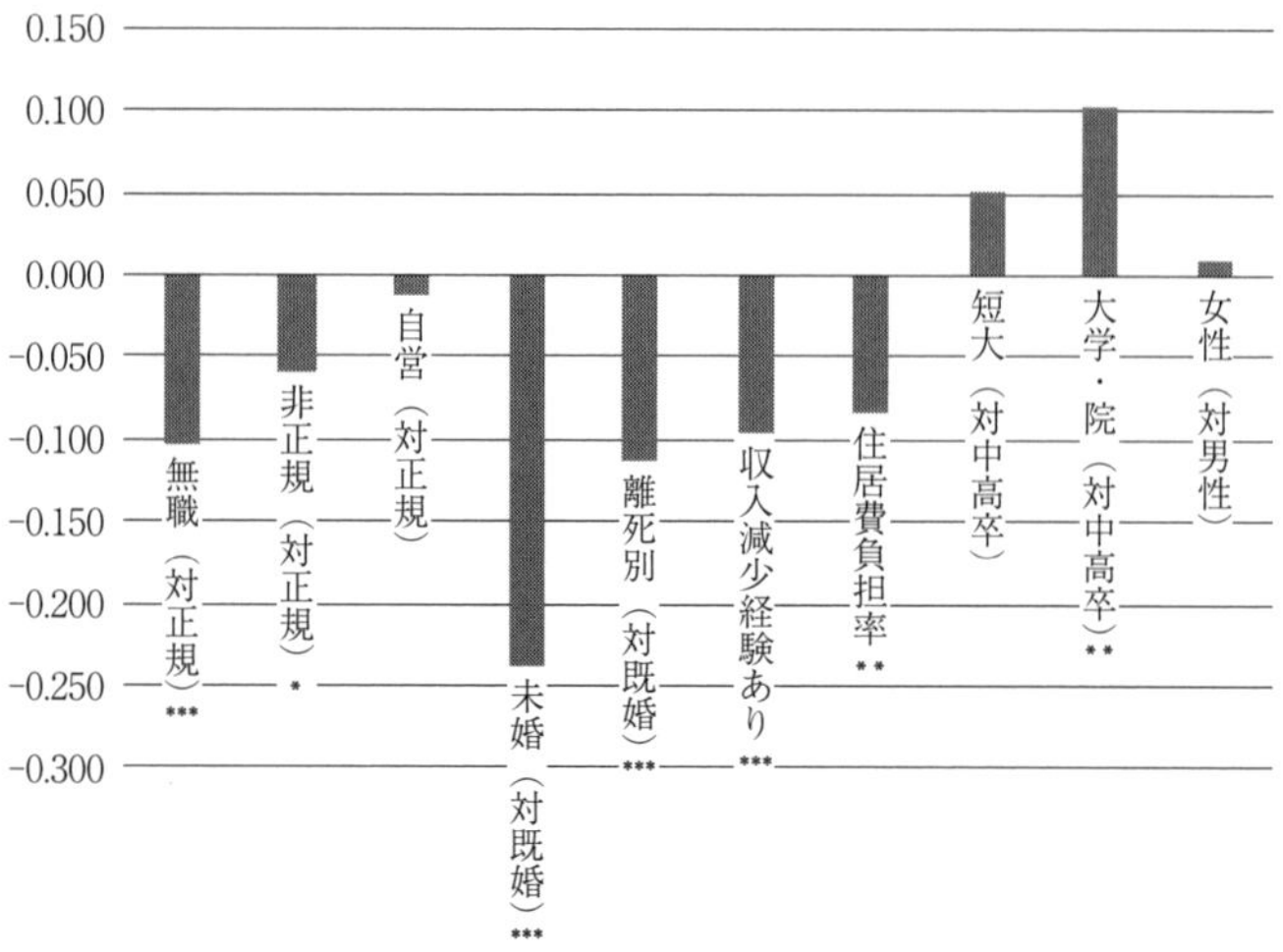

図 4-1　生活満足度に影響する重回帰分析の結果

注：*** 0.1％水準，** 1％水準，* 5％水準．
n＝1,702．モデルの F 値は 11.212***．決定係数は 0.096．グラフの数字は標準化偏回帰係数．回答者の年齢と年齢の 2 乗，世帯人数，居住地都市規模，家事量，持ち家か賃貸かの変数は省略．

(b) 住居費負担率と生活満足度

前節でみたように、住居費負担率には居住地、性別、世帯の状態などさまざまな要因が相互に関連している。世帯人数の違いは結婚の有無も反映している。このような複雑なメカニズムをふまえたうえで、住居費負担率が生活満足度に及ぼす影響を分析した。図4-1はそれぞれの要因が生活満足度に及ぼす影響の方向と大きさを表す。各要因の数字がプラスであれば生活満足度が高く、逆に数字がマイナスであれば生活満足度は低いように作用する。影響の大きさは、プラスマイナスの符号を無視した数字の大きさからわかる。

図4-1は、生活満足度に対して統計的に有意な効果を持つ要因は、働き方、配偶状態、学歴、コロナによる収入減少、そし

て住居費負担率であることを示している。まず働き方については、正規職に就いている回答者に比べ無職の回答者のほうが生活満足度は低い。同様に、正規職に就いている回答者に比べて非正規職についている回答者のほうが生活満足度は低い。つぎに家族形態については、既婚者よりも未婚者のほうが生活満足度は低く、既婚者よりも離死別者のほうが生活満足度は低い。コロナで収入が減少した経験があることは生活満足度の低さをもたらす。そして、住居費負担率が高いほど生活満足度は低い。住居費負担率の数字はマイナス〇・〇八五であり、ほかの数字に比べて大きくはないが小さくもなく、生活満足度に影響する重要な要因であるといえる。一方、中・高卒者に比べて大卒者は生活満足度が高いといった学歴の影響もあった。回答者の性別による生活満足度の違いはなかった。

正規雇用者よりも非正規雇用者の生活満足度が低い理由であるが、非正規雇用者は実際にコロナで働き方が変わったとの回答も少なくなく、雇用の不安定さが背景にあるようだ。無職者の生活満足度が低いことは経済的な不安の高さによるのではないか。一人あたり一〇万円の特別定額給付金が支給されたとはいえ、コロナ禍ではマスクや消毒液、リモートワーク・オンライン授業への対応などこれまでは必要のなかった支出が増えた。節約をしたり、貯蓄を取り崩して対応したりする回答者もいたが、事態の収束がみえないストレスが生活満足度の低さをもたらしたと考えられる。コロナ禍による収入減を経験した回答者は生活満足度が低い。収入が減少すればいままで購入していた商品やサービスへの支出を控える必要があるし、貯蓄も難しくなるために、生活満足度の低さにつながったといえる。

住居費負担率が高いほど生活満足度が低い理由としては、住居費の負担が多ければ他の消費ができなかったり貯蓄が難しかったりするために将来への不安が高くなり、その結果として生活満足度が低くなるといえそうだ。未婚者および離死別者が既婚者よりも生活満足度が低いことは、家族からのサポートが得られにくいためと解釈できる。

4 誰もが安心して生活できる社会を目指して——人口減少社会における住宅問題の処方箋

本章では二〇二〇年に実施された全国調査のデータから、住居費負担率の高さは生活満足度の低さにつながることを確認した。

なぜ住居費負担率と生活満足度には関係があるのだろうか。賃貸住宅の家賃であっても持ち家購入に伴う住宅ローンであっても、住居費は長期間にわたって払い続けなければならず、家計にとっては負担である。賃貸住宅の場合は生涯にわたって住居費が高い状態が続く。住宅ローンの繰り上げ返済も計画通りにはいかない。結婚年齢が上昇していることもあり、家計には意外に余裕がなく、妻の追加就労も容易ではない（村上 2014）。低金利が続いているため住宅ローンは借りやすいが、収入が増加しなければローン残高は減らない。

日本は人口が減少しているため、住宅供給は需要を上回り住宅価格が下落するとの予想もあったが、東京オリンピックが終わっても資材の高騰、労働力不足、そして円安でむしろ住宅価格は上昇した。コロナ禍における外国人労働者の入国制限はこの状態に追い打ちをかけたようである。そして「衣食住」

の中でも住居費の節約には限界がある。持ち家を売却しようとしても売れる保証はなく、さらに負債を抱える可能性すらある。持ち家から賃貸住宅に、あるいは賃貸住宅でもより家賃が安い物件に住み替えようとしても敷金・礼金・保証人探しのコストがかかる。公営賃貸住宅の入居条件は厳しくなっている。そもそも、住宅は子どもの学校、職場、近隣関係のなかに埋め込まれており、住み替えや引っ越しは大きな生活変化を伴うため容易ではない。

第1節でみたように新自由主義と金融のグローバル化は持ち家を普及させ、住宅に関するリスクを個人や家族に負わせることで人々を分断してきた。日本のように家族が福祉の重要な担い手である社会では、家族との同居によって住居費を節約する慣習が一般的である。それによって人々の分断も隠されてきた。しかし、親子の同居は家族に大きな負担を強いるものであり、親子双方にとって望ましい結果になるとは限らない。

ではどのような社会が望ましいのだろうか。一言でいえば、新築持ち家が主流である社会からの脱却である。まず、中古住宅市場を整備して中古住宅の取得を促すことである。それにより住居費を下げる効果と空き家の抑制が期待できる。次に、持ち家か賃貸住宅かの選択を中立的なものにすることである。現状では生活の質が高くなるとして持ち家が好まれているが、持ち家の取得は経済力に左右される。持ち家に暮らしても賃貸住宅に暮らしても生活の質が大きく変わらない社会になれば、住宅の選択における経済力の影響力は弱くなるため、人々の社会的分断も小さくなるだろう。家を持たざるをえない心理的負担も家計負担も減少するはずだ。そのためには家族向けの良質の民間賃貸住宅の供給を増やし、入居者の家賃負担能力とのギャップを公的な家賃補助で埋めることが一つの方法である。これは、現時点では受給条件に制限が設けられている住居確保給付金を恒久化し、支給対象を拡大することといえよう。

この章で分析した回答者のなかでは住居確保給付金を利用したケースは多くはなかったが、日本全体をみればコロナ禍で住居確保給付金の申請・支給件数が大幅に増加したことは公的な家賃補助の必要性を示すものである。会社からの家賃補助は、非正規労働者は対象外であるし、正規労働者でも仕事を辞めれば受給できなくなるからだ。そのための制度が住居確保給付金であった。

住居確保給付金のポイントは現金給付であることだ。現金給付に対しては、遊興費や嗜好品のために遣われたり、貯蓄や投資目的に遣われたりすることへの批判もあり、クーポンや現物支給が望ましいとの意見もある。しかし、クーポンや現物支給はかならずしも人々のニーズにあうとは限らないし、さまざまなコストを増やすため、現金給付の意義は大きい。

さらに大胆な提言をするならば、オランダのように一定の基準を満たせば自動的に家賃補助が口座に振り込まれるようにする方法も一案である（村上 2019）。このようなシステムが有効に機能するためには情報漏洩を防ぐ仕組みづくりと政府に対する人々の信頼が前提となるが、家賃補助を申請する側のコストとスティグマ（周囲からの差別・偏見）が減り、受給者の自尊心や自己肯定感が高まり社会参加につながるであろう。

第3節では単身者や女性の住居費負担率が高いことも明らかになったが、高い負担率をためらって親元にとどまるケースも多いだろう。住居費の問題は進学や離婚などその後の人生にも影響する。公的な家賃補助以外にもハウスシェアの慣習がもっと広がってもよいだろう。学生寮も整備されるべきである。

持ち家が主流の社会ではライフステージの若い段階で多額の住宅ローンを抱えるため、福祉国家による格差是正策を支持しなくなる（Kemeny 1981）。しかし、多くの人が良質で適正な価格の住宅に住めることは基本的人権の一つであり、社会全体で取り組む課題であるとの共通認識を持ち、人々が連帯して国に公的な家賃補助の拡充や格差是正策を働きかけるルートを作る必要がある。住む場所があることはなによりも生活の基盤であり、そこから社会へとつながっていくからであり、住宅問題はもっと注目されるべき課題である。

ワクチンの普及もあり感染リスクはある程度落ち着いたものの、二〇二二年九月をもって公的な特例貸付が終了し民間のコロナ保険給付も見直されたため、コロナによる経済的影響はむしろこれから深刻になる可能性がある。本章が格差・貧困・分断を緩和させるための住宅のあり方をめぐる議論に一石を投じるものになれば幸いである。


【注】

（1）一方、住宅ローンの延滞率はリーマン・ショック時に比べて微増にとどまったが、その理由は雇用調整助成金の支給があったこと、そして仕事を失ったのは被扶養者の女性が中心であったためと分析されている（藤原 2021）。被扶養者の女性は住宅ローンを借り入れることが少ないからである。
（2）なお、以後の分析では、調査自体には協力しているものの一部の質問に無回答であるケースを除いているため、分析対象者数が減少する。

【参考文献】

Bourdieu, Pierre 2000 *Les Structures Sociales de l'economie*, Paris: Seuil.（山田鋭夫・渡辺純子訳 2006『住宅市場の社会経済学』藤原書店）。

Bourdieu, Pierre *et al.* eds. 1993 *La Misère du Monde*, Paris: Seuil.（櫻本陽一・荒井文雄監修・翻訳 2019-2020『世界の悲惨Ⅰ・Ⅱ・Ⅲ』藤原書店）。

Ford, Janet, Roger Burrows and Sarah Nettleton 2001 *Home Ownership in a Risk Society: A Social Analysis of Mortgage Arrears and Possessions*, Bristol: Policy Press.

藤原翼 2021「家計の住宅ローンを点検する——近年の動向とコロナショックによる現時点での影響」（https://www.dir.co.jp/report/research/capital-mkt/securities/20210122_022038.pdf 二〇二二年一一月三〇日確認）。

平山洋介 2009『住宅政策のどこが問題か——〈持家社会〉の次を展望する』光文社。

泉田信行・岡田徹太郎 2021「住宅政策と社会保障——日本の課題と国際的課題」田辺国昭・岡田徹太郎・泉田信行監修／国立社会保障・人口問題研究所編『日本の居住保障——定量分析と国際比較から考える』慶應義塾大学出版会、一—一七頁。

Kemeny, Jim 1981 *The Myth of Home Ownership: Private versus Public Choices in Housing Tenure*, London: Routledge Kegan & Paul.

厚生労働省「住居確保給付金 制度概要」（https://corona-support.mhlw.go.jp/jukyokakuhokyufukin/index.html 二〇二二年一一月三〇日確認）。

Lazzarato, Maurizio 2011 *La Fabrique de l'homme Endetté: Essai sur la Condition Néolibérale*, Paris: Éditions Amsterdam.（杉村昌昭訳 2012『〈借金人間〉製造工場——〝負債〟の政治経済学』作品社）。

Lowe, Stuart 2011 *The Housing Debate*, London: The Polity Press（祐成保志訳 2017『イギリスはいかにして持ち家社会となったか——住宅政策の社会学』ミネルヴァ書房）。

村上あかね 2014「住宅所有とライフスタイル」『桃山学院大学総合研究所紀要』三九（二）、三三—五〇頁。

村上あかね 2019「オランダの住宅政策と規制緩和・民営化の影響について」『家族社会学研究』三一（一）、七二―七七頁。
大津唯 2021「国際指標で見た日本の居住水準――低所得者への居住保障の脆弱性」田辺国昭・岡田徹太郎・泉田信行監修／国立社会保障・人口問題研究所編『日本の居住保障――定量分析と国際比較から考える』慶應義塾大学出版会、八七―一〇二頁。
東京大学社会科学研究所附属社会調査・データアーカイブ研究センター「東大社研パネル調査 プロジェクトの概要」(https://csrda.iss.u-tokyo.ac.jp/socialresearch/project/ 二〇二一年一一月三〇日確認)。
渡辺久里子 2021「住宅費負担と貧困――現役世代へと広がる住宅困窮」田辺国昭・岡田徹太郎・泉田信行監修／国立社会保障・人口問題研究所編『日本の居住保障――定量分析と国際比較から考える』慶應義塾大学出版会、四三―五九頁。

【謝辞】 本研究は、日本学術振興会（ＪＳＰＳ）科学研究費補助金・特別推進研究（25000001, 18H05204）、基盤研究（Ｓ）（18103003, 22223005）、基盤研究（Ｂ）（20H01578）の助成を受けたものである。東京大学社会科学研究所（東大社研）パネル調査の実施にあたっては、社会科学研究所研究資金、株式会社アウトソーシングからの奨学寄付金を受けた。パネル調査データの使用にあたっては東大社研パネル運営委員会の許可を受けた。

5章 コロナ・パンデミックと日本の自殺

江頭　大蔵

1　中高年男性の問題から女性と若者の問題へ

新型コロナ・ウイルスの感染拡大が世界的に問題となった二〇二〇年、減少傾向にあった日本の自殺者数が反転して増加し、特に女性や若者の自殺が増加したことは報道などによってよく知られている。コロナ禍における感染拡大防止のための様々な規制がその要因として考えられるが、それらは日本の自殺傾向にどのように影響したのだろうか。このことを把握するために、日本の自殺を取り巻く近年の状況について振り返っておこう。

社会学的自殺理論の嚆矢となった『自殺論』（Durkheim 1897=2018）でデュルケームは、各社会集団は固有の自殺率をもち、それは長期間にわたり安定していると指摘した。しかしながら、近年の日本の自殺傾向は、ダイナミックな変化をその特徴とするといってもいいだろう。日本における自殺者数は、一九九七年の二万四三九一人から一九九八年の三万二八六三人へと一年間で三四・七%も増加した。この増加以前の約一〇年間は二万人から二万五〇〇〇人の間で推移していた自殺者数は、その後一四年間にわたり年間三万人以上を数えたが、二〇一〇年からは減少傾向に転じる。二〇一二年に二万七八六八人と三万人を下回った後も減少は続き、二〇一九年には二万〇一六九人と二万人を割り込む直前までとなったが、二〇二〇年には二万一〇八一人と反転して増加した。そして、この反転現象は、二〇一九年の六〇九一人から二〇二〇年の七〇二六人へと九三五人（一五・四%）の増加を示した女性の自殺によるもので、男性の自殺者数は減少傾向を維持したままであった。女性の増加と男性の減少の傾向は、二〇二一年も続いている（厚生労働省自殺対策推進室・警察庁生活安全局生活安全企画課 2022）。

コロナ禍に見舞われる前の変化、すなわち一九九八年の急増と二〇一〇年以降の減少傾向については、次のような背景が考えられる。まず、自殺者急増直前の一九九七年には、バブル経済による不動産投資の過熱とその後のバブル崩壊により、不動産を担保とした融資が不良債権化し、北海道拓殖銀行、日本長期信用銀行、山一証券などの金融機関が経営破綻した。そのあおりを受けて日本経済が混乱に陥ったことは、ある年代より上の者にとってはまだ強い印象の記憶が残っているだろう。注意深く見る必要があるのは、一九九七年から一九九八年にかけて、日本においては特に自殺リスクの高い無職者の自殺も増加したが、被雇用者や自営業者のみならず管理職といった、勤労世代有職者の自殺者数も四〇%前後の増加を見たということである。また、増加数の七七・九%は男性の自殺の増加によるものであり、人口一〇万人当たりの自殺率の増加幅も男性が一〇・五（二六・〇→三六・五）に対し女性が二・八（一一・九→一四・七）と男性の自殺増加が主な要因であった。

そして、この時期の自殺傾向の大きな特徴としては、男性の年齢別自殺率の形状があげられる。一九九八年の男性の年齢別自殺率は、一〇—一四歳の一・八から五五—五九歳の七〇・二まで直線的に増加し、その後七〇—七四歳の四二・四まで低下、そして後期高齢期以降はまた急上昇するという特異なパターンを示している。これに対して女性の自殺率は、年齢が高くなるにつれて徐々に自殺率も高くなっており、年齢と自殺率の関係は通常のパターンであった。このように男性中高年の有職者という属性に集中して自殺傾向が強まっていることは、当時法律実務家が指摘した過労自殺の特徴（川人 1998）と合致する。男性の五〇歳代に自殺率の最初のピークがあるという構造は、その程度は一九九八年以降と比べて弱いものの、実は一九九七年以前からも存在していた。過労自殺をもたらすほどの中高年男性の長時間労働が、経済危機が引き金となってより激烈化したことが、一九九八年の自殺急増のひとつの要因と考えられる（江頭 2007）。

二〇一〇年以降の自殺減少傾向については、政府の施策の効果も考えられる。年間三万人を超える自殺者数の高止まりに対して、二〇〇六年には自殺対策基本法（二〇一六年に改正）が施行されて自殺対策の基本理念と基本事項が定められ、その対策実施のための自殺総合対策大綱が二〇〇七年に策定（二〇一二年、二〇一七年、二〇二二年に改訂）された。二〇一二年の大綱改訂に際しては、全国一律の対策ではなく、地域の実情に沿った取り組みを中心とするように自殺対策を転換し、各都道府県が自殺対策計画を定め、その計画に沿って市町村が自殺対策計画を策定することとなった。国からは自殺対策を実施するための交付金が支給され、対面や電話による相談、自殺の兆候を発見して未然に防ぐゲートキーパーなどの人材養成、自殺者の遺族や自殺未遂者への支援などのさまざまな事業が展開されている。このような施策の効果であることを検証するのは難しいが、二〇一二年に自殺者が三万人を割り込んで以降も二〇一九年までは自殺者数は減少傾向が続いた。

この間、劇的に減少したのは男性自殺率の五〇歳代の第一ピークの高さである。五五―五九歳の一〇万人当たりの自殺率は、二〇〇〇年の七二・五から、二〇〇五年の六一・三、二〇一〇年の五三・七、二〇一五年の三五・七、二〇二〇年の二八・三と、ピーク時の三分の一近くになり、二〇歳代から七〇歳代まで自殺率がほぼフラットな形状となっている（後述の図5-1参照）。フラット化は女性もほぼ同様で、さらには、もともと自殺率の高い男女高齢者の自殺率も目に見えて低下していることから、自殺対策の政策効果が現れているのだろう。

そして、二〇二〇年には自殺の減少傾向は反転して増加に転じた。前述したように、それは女性の自殺数の増加によるもので、特に若い世代の自殺が増加している。また、人口一〇万人当たりの自殺率で、二〇一九年の九・一から二〇二〇年の一〇・五へと一・四ポイントの増加を示したのは、主要国では日本の女性だけであった（厚生労働省 2022a: 72）。一般的に男性の自殺率は女性の自殺率の数倍高いが、日本においてはその差が比較的小さく、女性の自殺率そのものも韓国に次いで世界で二番目に高い（同：33、ちなみに日本の男性の自殺率は世界で一六位となっている）。その他、学生・生徒の自殺者数も男女を問わず二〇一八年以降増加傾向にあり、二〇二〇年も前年比で一七・三％増加している。このように日本の自殺は中高年男性の問題から女性、若者の問題へと注目点がシフトし、二〇二二年一〇月に閣議決定された最新の自殺対策総合大綱では、前回の大綱で加えられた「子ども・若者の自殺対策を更に推進する」とともに「女性の自殺対策を更に推進する」が新たな重点施策に加えられている（厚生労働省2022b）。

2　二〇二〇年における自殺傾向の変化

新型コロナ・ウイルスの感染拡大前の二〇一九年と比べて、二〇二〇年にはどのような自殺傾向の変化があっただろうか。まず、自殺者数の減少傾向が続いた男性と反転して増加した女性の年齢別自殺死亡率を比較してみよう。**図5-1**に示すように、男性は年齢によって微妙な増加と減少がまちまちであるが、二〇歳代での増加が目立つ。女性は、八〇―八四歳をのぞくすべての年齢層で増加しており、特に二〇―二四歳では人口一〇万人当たり一〇・一から一四・三へと四〇%以上も増加した。

男性の自殺者数は減少傾向が続いているが、パンデミックの影響を受けなかったわけではない。月別の自殺者数を比較すると、男女ともに、屋形船での新年会やクルーズ船での感染が注目を集めた二〇二〇年二月から四―五カ月間、前年二〇一九年の同月よりも自殺者数が減少し[1]、女性は七月から、男性は八月から前年を上回る自殺者を数えるようになる。月別では一〇月の増加が顕著で、男女合わせると、二〇一九年一〇月の自殺者数が一五三九人であったものが、二〇二〇年一〇月には二二三〇人と、四五

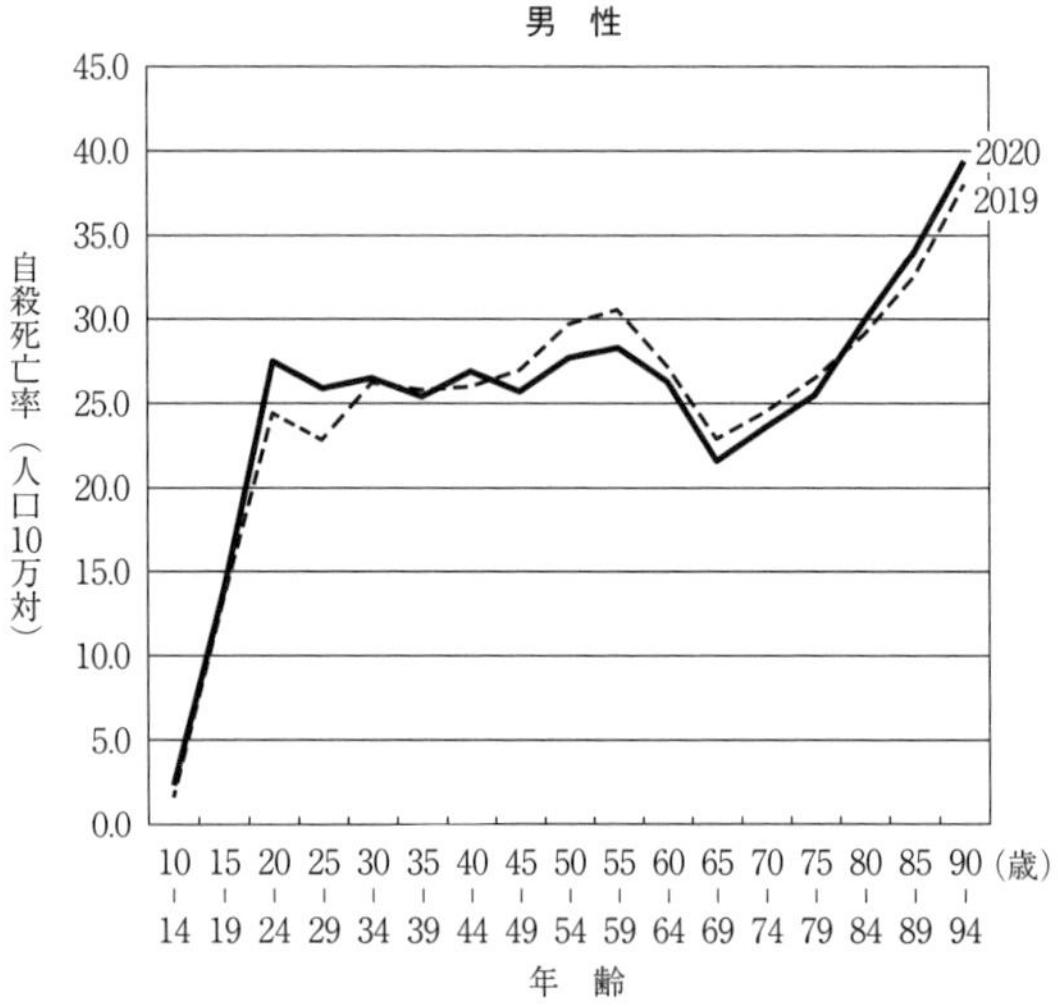

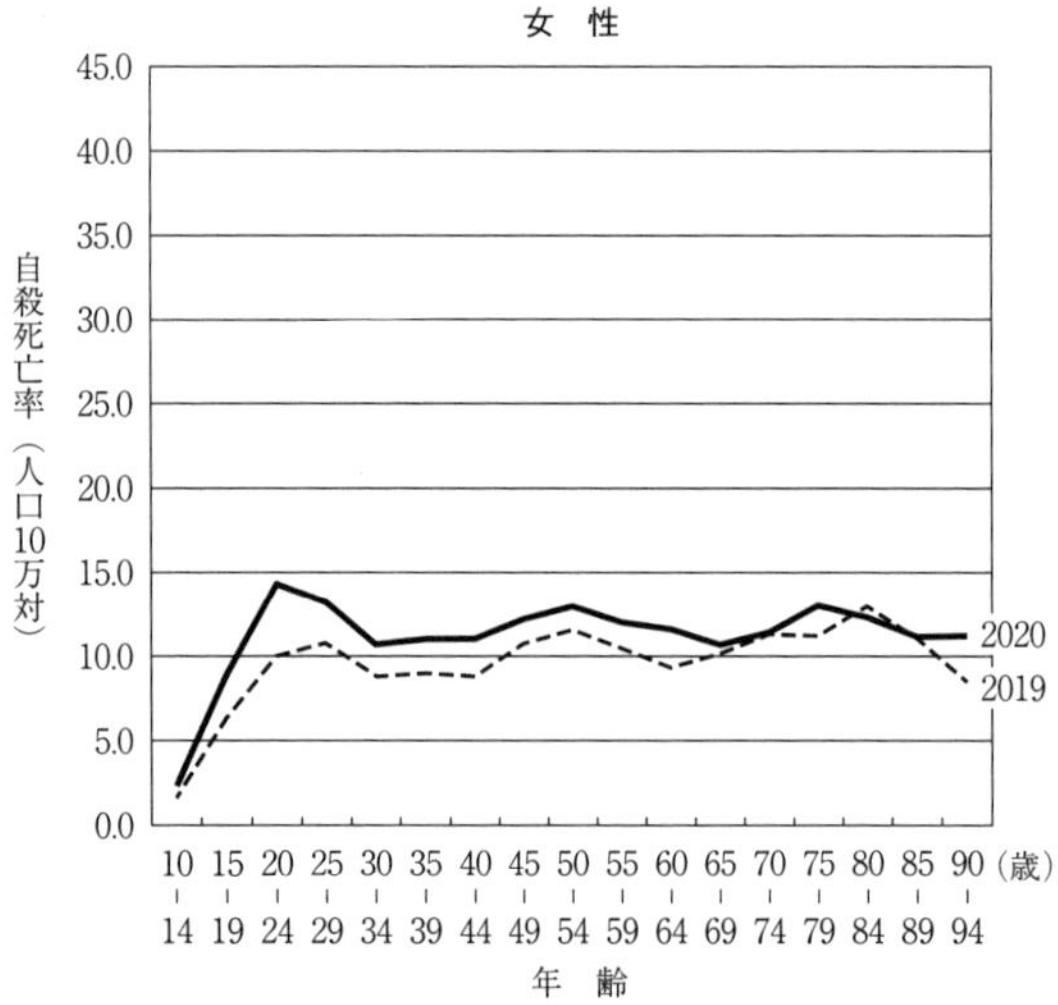

図 5-1　年齢階級別自殺死亡率の変化（2019-2020）

出典：厚生労働省（2022c）より作成.

%の増加を示し、性別では女性の増加のほうが著しかった（厚生労働省自殺対策推進室・警察庁生活安全局生活安全企画課 2021）。二〇二一年になると男性の毎月の自殺者数は二〇一九年と同水準に回帰するが、女性については各月とも二〇一九年を上回る状態が続いている（同 2022）。二〇二〇年の前半において、月別の自殺者数が女性は男性ほど減少せず、後半において女性のほうが男性よりも増加したことが、年間を通した自殺者数で女性が前年を上回る結果につながった。行動制限の影響が二〇二〇年の後半になって現れてきたといえるが、七月中旬と九月下旬に自殺で亡くなった男性俳優と女性俳優についての報道は、自殺増加の引き金になった可能性がある。

では、どのような属性の女性に自殺の増加が見られたのであろうか。厚生労働省（2021）では、警察庁の自殺統計原票を集計し、過去五年間の平均と比較した二〇二〇年の自殺者数の増減を算出している。女性自殺者数の増減を職業別に比較すると、最も増加したのが「被雇用者・勤め人」の三八一人増、次に「学生・生徒」の一四〇人増と続く。「自営業者・家族従業者」や「失業者」はそれぞれ五人減、二人減とほぼ変わらず、「主婦」と年金受給者など「その他の無職者」はそれぞれ七〇人減、九八人減と、むしろ減少している（厚生労働省 2021: 82）。同様にして年齢階級別・同居人の有無別に算出すると、増加が最も多いのが二〇歳代で、同居人ありとなしがそれぞれ一二六人増と九〇人増、続いて二〇歳未満で同居人あり一一〇人増、なし一〇人増となっている。その他増減が大きい層としては、四〇歳代と五〇歳代の同居人ありがそれぞれ九〇人増と六一人増であり、六〇歳代以上の同居人ありはむしろ減少していて、六〇歳代では七九人減、八〇歳代以上で八三人減となっている（同: 84）。

このように見てくると、過去五年間の平均と比較して二〇二〇年に自殺者数が増えた女性の属性は、家族と同居しているかどうかにかかわらず、平日に職場や学校に通勤・通学している比較的若い年齢層であるということができるだろう。

3　なぜ女性の自殺が増加したのか？

二〇二〇年から特に自殺が増えたことの原因については、感染拡大を防止するための移動制限やリモートワークの促進、飲食店への営業自粛要請など、雇用環境が大きく変化したことはしばしば指摘されている。とりわけ営業自粛の影響が大きかった宿泊・飲食などのサービス業には非正規の女性労働者が数多く就労しており、手当を支払われない休業や失業によって多くの女性が苦境に立たされたことが深く懸念された。高橋は、パネル調査のデータ分析から、このような雇用調整が正規雇用の労働者には影響が少なかったのに対し、非正規雇用の労働者は労働時間を大きく短縮され、収入が減少するという影響を受けたと指摘している（Takahashi 2022）。山田は、家庭内の性別役割の観点もふまえ、リモートワークが推奨されて在宅勤務者が急増したため、従来の職住分離から職住非分離の状態へと急転換せざるをえず、特に日本の子育て世帯の有職女性に過度な負担と混乱がもたらされたことが女性の自殺率上昇と関係していると見る（Yamada 2022）。また、自殺に関するデータの分析結果としては、岡ほか（2022）は一七三五の市区町村について、二〇二〇年の自殺率上昇を表す指標と産業別就業率を男女別に算出し、女性の自殺率が上昇した市区町村群では宿泊業・飲食サービス業の女性就業率が高いことを示し、同業種における女性就業率の高さと女性の非正規雇用率の高さが自殺リスクを高めた可能性を指摘した。

このように女性の労働環境の悪化とコロナ禍における女性の自殺増加とには関連があるだろうし、またそのことを裏づける研究も今後現れてくるだろう。ただ、図5-1に示したように、女性のほぼ全年代で自殺率が上昇したこと、とりわけ二〇歳代前半や中学・高校生といった若い世代での上昇率が高いことは、特定の職業やライフステージのある段階の影響だけでは十分に説明できないのではないだろうか。それらとはまた別の、女性全体に関連のある要因の存在についても考えてみよう。それは、男性と女性とでは、社会生活における位置づけの違いから、自殺に影響する要因に違いがあるのではないかということである。

江頭(2014)は、日本で自殺者数が最も多かった二〇〇三年当時のデータを用いて、社会関係資本(ソーシャル・キャピタル)と自殺の関連を検討した。社会関係資本とは、社会において良好な人間関係の網の目を築き、お互いを信頼して助け合う状態を保っていることで、犯罪率などの地域社会の安定や健康状態にも関係するとされている。内閣府がこの社会関係資本の各種指標を全国規模で調査し、ソーシャル・キャピタル指数として四七の都道府県ごとに定量的に算出した数値を、男性と女性の自殺率と関連づけたところ、男女で逆の関係が現れた。すなわち、ソーシャル・キャピタル指数が高い都道府県ほど男性の自殺率が高く、逆に女性の自殺率は低いという異なる傾向が現れたのである。どうしてこのように逆の関係が現れるのかについては、社会統合と自殺の関係について理解する必要がある。

4　自殺の社会統合理論

デュルケームは前述の『自殺論』で、社会によって自殺率が異なることを説明するために、社会的要因によって自殺を四つの類型に分類した。この類型は、社会が個人を自らに結びつけ「統合」しているかどうか、そして、社会が個人の欲望など情念を「規制」しているかどうかという、社会状態の二側面に関連している。「統合」が弱すぎる状態と強すぎる状態に起因するのが、それぞれ自己本位的自殺と集団本位的自殺であり、「規制」が弱すぎる状態と強すぎる状態から、それぞれアノミー的自殺と宿命的自殺が生じる。これらのうち、社会統合にもとづく自己本位的自殺と集団本位的自殺は、現代の日本社会における自殺の傾向についての説明にも当てはめることができるだろう。

自己本位的自殺は、社会集団の統合が弱まり、個人的自我が過度に主張されている状態に起因する。この状態において、自分以外の他者との結びつきが弱いと、自らの「生」に意味が感じられなくなり、何らかの苦難に直面したときには、容易に自らの命を絶つ。家族との結びつきが弱い独身者が家族に包摂された既婚者よりも高い自殺率を示すのは、この理由による。孤独・孤立状態の人々もこの理由から自殺リスクが高くなる。逆に、社会の統合が強すぎる状態では、個人が集団に完全に埋没し、個人の人格・生命が無に等しくなる。このため、古代社会やいわゆる部族社会で、個人の生に執着しない価値観のためささいな理由から自殺し、近代社会においても軍人の自殺率が高い傾向にあるというのが、集団本位的自殺である。日本で近年問題となった過労自殺は、日本の男性労働者が、自らの職務や職場と非常に強く一体化していることも働きすぎにつながっていたことから、集団本位的自殺と同様の社会状態に起因するものと思われる。

このように自殺と社会統合の関係は、統合が弱すぎる場合も高すぎる場合も自殺のリスクが高くなるということになり、ほどよい中間の統合度においてリスクが底を打つ、U字型のモデルを想定することができる。すなわち、社会統合の強弱を横軸に、自殺率を縦軸にとれば、社会統合が弱すぎるU字の左側（自己本位的自殺）と強すぎるU字の右側（集団本位的自殺）で自殺率が高く、U字の中間点では自殺率が低くなる。社会関係資本が豊富でソーシャル・キャピタル指数が高い地域は、社会統合も強いといっていいだろう。あるいは、社会関係資本と社会統合は概念的に重なり合う部分が大きい。

社会関係資本が男女の自殺率に逆の効果をもたらす理由は、次のように考えることができないだろうか。すなわち、女性がU字の中間点より左側に、男性がU字の中間点より右側に位置していると仮定すれば、社会統合を強める社会関係資本は、女性をU字の中間点に近づけ自殺率を低下させ、男性を中間点から遠ざけることで自殺率を上昇させ、男性と女性で反対の効果を生みだすことになる。日本人女性は非正規労働者やパートタイム労働者の割合が大きいこともあり、中高年男性のようには仕事を通して社会に深く組み込まれていない。このような位置関係から、社会関係資本がもたらす統合は女性には利益をもたらすが、男性には集団本位的な過剰な結束をもたらす(2)。これに対して、行動制限により日頃接触している同僚や友人と対面での交流を遮られることは、これとは逆方向の作用を意味するだろう。二〇二〇年に過去五年間平均と比べ自殺数が大きく増加した女性の属性が、通勤・通学で外に出ていた若い世代の「被雇用者・勤め人」や「学生・生徒」であることは、このことを傍証するのではないだろうか。

5　賃金、労働時間と自殺率

つづいて、経済的要因が男性と女性の自殺率に異なる効果をおよぼす事例を示そう。自殺率は地域的な格差が大きい。自殺者数が最も多かった二〇〇三年についてみると、四七の都道府県別の人口一〇万人当たりの男性の年齢調整自殺死亡率（各県の人口構成が一九八五年の全国の年齢構成と同じになるように調整して算出した死亡率）は、南関東一都三県、中京圏、関西圏など大都市圏において二六・五―三〇程度と相対的に低い。逆に高いのは、五〇を超える青森、岩手、秋田の北部東北地方のほか、四〇を超える山形、新潟、島根、高知、佐賀、長崎、宮崎、鹿児島、沖縄など、周辺的な地域においてであった（厚生労働省大臣官房統計情報部編 2005）。このような男性の自殺率と関係が深い指標を調べたところ、各都道府県の男性の平均給与額との関係が強く、相関係数も負の値（－.761）をとり、給与が低い都道府県ほど自殺率が高い傾向があった。これは単純に貧しいから自殺しやすいということではなく、現代においてはもっぱら職業生活を通して他者や社会と結びつき統合されるので、経済発展が遅れた地方部ではその機会に恵まれず社会的に孤立しやすいからだと説明される(3)。

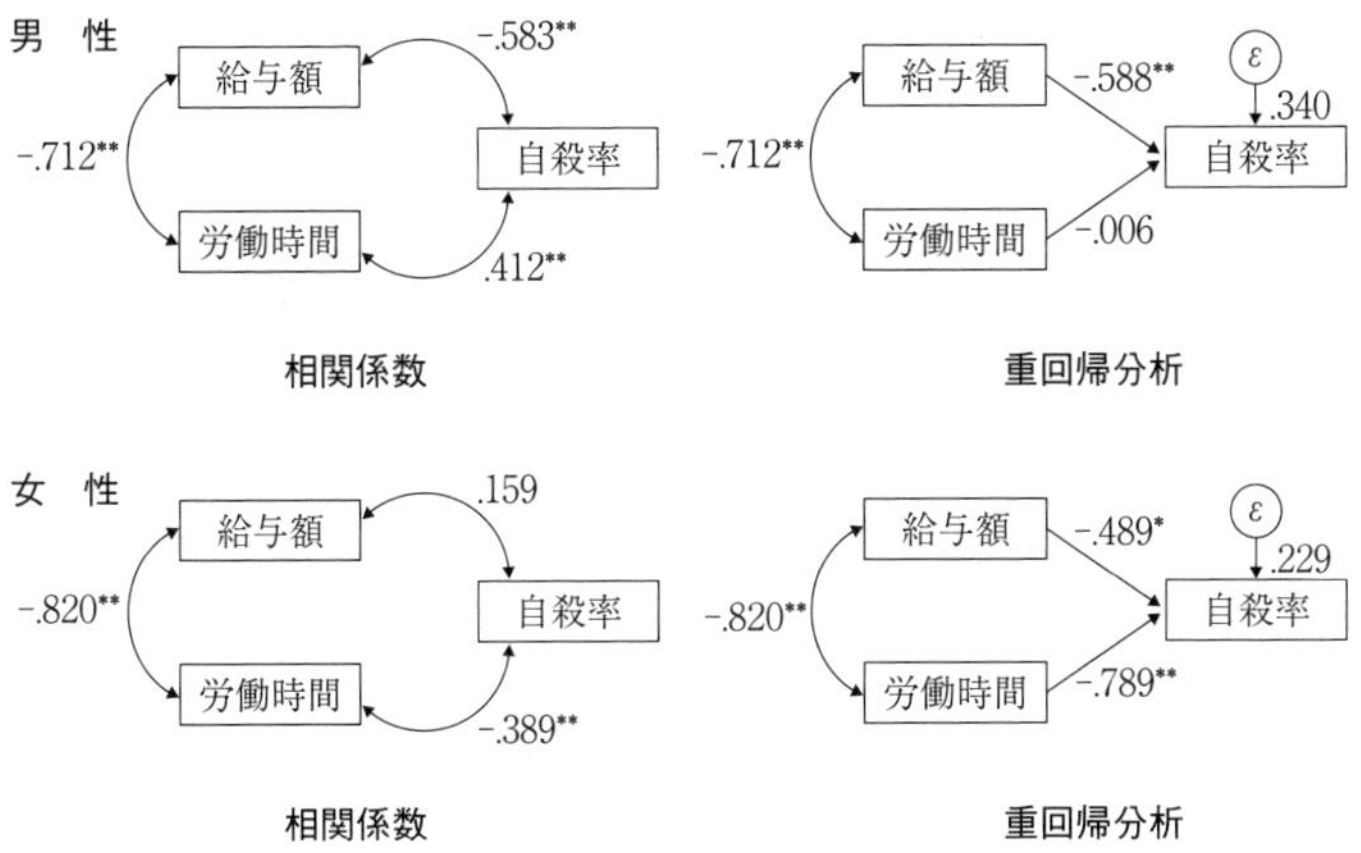

図 5-2 自殺率（2015 年）と給与額，労働時間の関係（2014 年）

注：** p< .01，* p< .05

出典：厚生労働省大臣官房統計情報部編（2017），厚生労働省政策調査部編（2015）より作成.

このような職業生活と自殺の関係も男性と女性では異なるようだ。図５－２は、自殺率と給与額、労働時間の相互関係を、相関係数と重回帰分析のモデルで示したものである。自殺率は都道府県の年齢調整自殺率、給与額と労働時間は都道府県別の正規労働者の平均給与額と平均労働時間を表している。二〇二〇年の年齢調整死亡率のデータは本章執筆時点ではまだ入手できなかったので、自殺率については五年前の二〇一五年、給与額と労働時間はその前年の二〇一四年の時点のものである(4)。

相関係数からは、男性は給与額が高い地域ほど自殺率が低い関係（－.583）とともに、労働時間が長いほど自殺率が高い傾向（.412）があることが示されている。しかし、給与額が高い地域ほど労働時間が短いという関係（－.712）もあるため、相互に影響し合って本来の関係を覆い隠しているかもしれない。そこで、重回帰分析のモデルに当てはめて、他方の値が一定だった場合の効果がわかるようにすると、給与額が一定ならば、労働時間と自殺率の関係（－.006）はほぼないということがわかる。女性についても給与額と労働時間の関係（－.820）は男性より強いので、同じように重回帰分析に当てはめると、自殺率と給与額および労働時間との関連がより強く現れる。給与額と労働時間が強い逆相関関係で効果を打ち消し合っているためか、決定係数（.229）は小さいが、労働時間の影響を示す係数（－.789）はより大きくなり、女性の場合は労働時間が長い地域ほど自殺率が低い関係が強く示されている。すべての労働に当てはまるわけではないが、女性の場合は職場で他者と関わり合い関係を持つ時間が長いほど、自殺のリスクを減らしている可能性がある。これらは地域特性の関係を分析したもので、個々人についても同様の関係があるかは慎重な検討が必要である。また、パンデミックが起きる五年前の状態からの推測となるが、行動制限が仕事仲間や友人など他者との交流を遮ったことが、女性全般の自殺リスクを高めたのではないだろうか。

これまでの四半世紀の間、日本の自殺傾向は大きく変化してきた。自殺の原因は非常に複雑であり、偶然の出来事や個人的な資質、社会構造とその中におけるポジション、失業や疾病などの生活上のリスクなどが相互にからみ合っている。経済活動のグローバル化やデジタル化など近年の社会の変化は、このような自殺原因複合体の様々な局面に影響をおよぼし、日本の自殺の様相を変えてきたのだ。そのため「自殺総合対策大綱」で進められる自殺対策は幅広く網羅的となり、自殺原因の複雑さをカバーし尽くそうとするかのようである。そして当然ながら、その自殺対策を効力のあるものにするには、自殺傾向に影響する諸要因をデータに基づいて絶えず多面的に検証しなければならない。コロナ・パンデミックが日本の自殺におよぼした影響を解明することも、その一助となるはずである。

【注】

（1）この時期の自殺の減少については、戦争や大災害などと同様の社会的危機に際して人々の結束が強くなったことや、行動抑制により個別の自殺の原因との接触が避けられたことなどいくつかの原因が考えられる。本橋（2021）は三つの仮説を検討している。

（2）社会関係資本と自殺の関係に関する文献や資料については、江頭（2014）を参照。

（3）日本社会における社会統合と自殺の関係はやや複雑なところがあるので、より詳しくは江頭（2014）の分析を参照されたい。

（4）地域別の自殺率が当該年度よりも前年の経済指標との関連が強い傾向は恒常的なものではないが、二〇一五年の自殺率については同年よりも二〇一四年の給与額および労働時間との関連がより明瞭に現れた。

【参考文献】

Durkheim, É. 1897 *Le suicide: étude de sociologique*, Nouvell édition, Press Universitaires de France, 1983.（宮島喬訳 2018『自殺論』中公文庫、改版）。

江頭大蔵 2007「危険社会の理論と日本の自殺」『日仏社会学会年報』一七、二一―三九頁。

江頭大蔵 2014「社会関係資本と現代日本の自殺傾向について」『社会分析』四一、四七―六六頁。

川人博 1998『過労自殺』岩波新書。

厚生労働省 2021『令和3年版 自殺対策白書』。

厚生労働省 2022a『令和4年版 自殺対策白書』（https://www.mhlw.go.jp/stf/seisakunitsuite/bunya/hukushi_kaigo/seikatsuhogo/jisatsu/jisatsuhakusyo2022.html 二〇二二年一一月二七日取得）。

厚生労働省 2022b「自殺総合対策大綱——誰も自殺に追い込まれることのない社会の実現を目指して」(https://www.mhlw.go.jp/stf/taikou_r041014.html 二〇二三年一一月二七日取得)。

厚生労働省 2022c「令和3年人口動態統計 上巻 死亡 第5・15表 死因(死因年次推移分類)別にみた性・年齢(5歳階級)・年次別死亡数及び死亡率(人口10万対)」(https://www.e-stat.go.jp/stat-search/ 二〇二三年一一月二七日取得)。

厚生労働省大臣官房統計情報部編 2005『第5回 自殺死亡統計 人口動態統計特殊報告』厚生労働省大臣官房統計情報部。

厚生労働省大臣官房統計情報部編 2017『平成27年度 都道府県別年齢調整死亡率 人口動態特殊報告』厚生労働協会。

厚生労働省自殺対策推進室・警察庁生活安全局生活安全企画課 2021「令和2年中における自殺の状況」(https://www.npa.go.jp/safetylife/seianki/jisatsu/R03/R02_jisatuno_joukyou.pdf 二〇二三年一一月二六日取得)。

厚生労働省自殺対策推進室・警察庁生活安全局生活安全企画課 2022「令和3年中における自殺の状況」(https://www.npa.go.jp/safetylife/seianki/jisatsu/R04/R3jisatsunojoukyou.pdf 二〇二三年一一月二六日取得)。

厚生労働省政策調査部編 2015『賃金センサス〈第4巻〉 平成26年賃金構造基本統計調査』(平成27年版)労働法令協会。

本橋豊 2021「コロナ禍における自殺の増加」『臨床精神医学』五〇(六)、五五三—五六〇頁。

岡檀・久保田貴文・椿広計・山内慶太 2022「日本におけるCOVID-19パンデミック後の自殺率上昇の地域差及び性差に関する分析——全国市区町村の産業構造に着目して」『統計数理』七〇(一)、一一五—一二六頁。

Takahashi, K. 2022 "COVID-19 Pandemic and Non-standard Employees in Japan," *Japanese Journal of Sociology*, 31: 23-41.

Yamada, Y. 2022 "Living with suicidal feelings: Japanese non-profit organizations for suicide prevention amid the COVID-19 pandemic," *Japanese Journal of Sociology*, 31: 42-66.

【謝辞】本稿はＪＳＰＳ科学研究費 JP21K01900 の助成を受けたものです。

【付記】本章は Edition Garnier Classiques（Paris）から二〇二三年九月出版予定の Andolfatto, Dominique ed., *Citoyens face au covid-19* 所収 Egashira, Daizo, "L'augmentation du suicide des Japonaises à la suite de la pandémie de covid-19" におけるデータと議論の展開にもとづくものである。

II

民主主義社会のゆらぎと危機

6章 コロナ禍は民主主義国への評価を低下させたか

園田　茂人

新型コロナウイルス感染症の世界的拡大は、多くの議論を巻き起こした。中でも注目されるのが、デジタル権威主義の優位性をめぐる議論である。

二〇一九年一二月八日に中国の湖北省武漢で最初に発症例が見つかったとされるが、これが世界保健機関（ＷＨＯ）によって「国際的に懸念される公衆衛生上の緊急事態」として認知されるのが翌年の一月三〇日。同年三月一一日には「世界的大流行（パンデミック）」と認定・宣言されるに至る。この間、武漢では長期にわたるロックダウンが実施された。中国は当初、重要情報の秘匿やその強権的な管理体制に国内外から強い批判を受けたが、同年半ば以降、感染者がほとんど出ない状況が生まれる一方で、世界各地で感染が拡大すると論調が一変する。コロナ禍という危機的状況にあって、権威主義とデジタル技術の組み合わせ＝デジタル権威主義がその有効性を示したことで、民主主義にとって大きな脅威となったとする主張が生まれたのである（Khalil 2020; Mérieau 2020）。

1　デジタル権威主義の優位性？

こうした主張が生まれたのには、伏線がある。

第一に、権威主義体制、とりわけデジタル技術を利用したガバナンスの頑強性をめぐっては、以前から指摘されていた。今回、たまたま新型コロナウイルスの感染拡大で注目されるようになっただけで、それ以前から、権威主義的政権がデジタル技術を利用して人々に「安心・安全」を提供することで、その正統性を獲得している——そのため、デジタル技術の普及が権威主義体制の崩壊と民主化への進展をもたらすとする議論は当たらない——とする議論が存在していた。特に中国に関しては、そうした指摘がなされることが多かった（Greitens 2013; Kabanov and Karyagin 2018; 梶谷・高口 2019）。

第二に、二〇〇〇年代後半の「中国モデル（中国模式）」をめぐる議論の際とは異なり[1]、折からの米中対立の激化の中で、中国が自らの「ゼロコロナ」政策の優位性を主張するとともに、ワクチン外交を展開してアメリカや台湾に対抗するなど、民主主義陣営への挑戦と受け取られかねない行動をとった。また中国人研究者にも、権威主義体制であったからこそ果断な決断がなされ、コロナ禍を最小限に食い止めることができたと主張している者がいる（Gao and Zhang 2021）。

コロナ禍による犠牲者の数を比較してみると、確かに中国の数値は低い。本章執筆時（二〇二二年九月二四日）時点の数値を比較してみると、アメリカ合衆国が一〇四万四一二七名と圧倒的に多く、イギリスが一八万九九一九名で七位、フランスが一五万一二九一名で一〇位、ドイツが一四万九三六八名で一一位と続く(2)。これに対して中国は二万五八六八名で、データがある二三七の国・地域で三八位。人口一〇〇名あたりの犠牲者数でみると、こうした傾向はより顕著になる(3)。

こうした経緯から、デジタル権威主義による民主主義への挑戦というフレームが受け入れられ、米中対立に引き付けてアメリカの凋落=民主主義の危機として理解する枠組みが流通するようになった。以下のような議論が、その典型である。

民主主義の価値を強く支持する人々は、過去一年間の期待外れの事態を真剣に受け止めることが必要だ。失敗の深刻さから目をそらそうとしても、二つの重大な問題は今後数十年にわたり世界の民主主義に付きまとうことになるだろう。その一つ目は評判の問題だ。見かけはどうあれ、パンデミックへの対応で独裁国家の方が民主国家よりうまくやったとはいえない。……だが評判を形成するのは統計ではなく物語だ。今回のパンデミックで多くの人が思い出す物語は世界の二つの超大国の対比だろう。世界で最も人口の多い独裁国家である中国は、当初の失敗の後ウイルスを制御できている。一方、民主国家のリーダーである米国は、その気すらないようにみえる。……

二つ目は能力の問題だ。コロナ危機前までは、米国のように鋭く二極化した民主国家も、フランスのように危険なほど停滞した民主国家も、いざとなれば本来の強みを発揮できると信じられていた……が、残念ながら民主国家に強みなど片りんもないことが判明した。相互の敵意の抑制や停滞の克服どころか、何十万もの市民の命が奪われているのに、相変わらずその場しのぎが続いている（モンク 2021）。

2　コロナ対応をめぐる日本人の評価

でも、本当だろうか？　アメリカ合衆国のコロナ禍への稚拙な対応と中国の効果的な対応は、人々の民主主義への幻滅と権威主義への支持を生み出しているのだろうか。そもそも、人々は今回のコロナ禍への対応をどのように評価しているのだろうか。

こうした問いに答えるには、この論文の筆者が想定している国――文章からは民主主義国を想定しているように思えるが、そこははっきりしていない――を対象にした意識調査がなされていないといけない。しかし現時点で、これらの問いに部分的に答えることができるのはピュー・リサーチ・センターによる一九カ国を対象に二〇二二年春に実施されたグローバル・アティテューズ・サーベイのみで[4]、しかも設問は自国のコロナ対応への評価に限られている（Silver and Connaughton 2022）。そこで二〇二〇年五月一六日、一七日の二日間にかけて行われたオンライン調査「コロナ後の世界秩序に関する意識調査」第一波調査及び二〇二二年二月七日から一八日にかけて行われた第二波調査のデータを用い[5]、同じ調査対象者がこの間、コロナ対応をめぐって自国や他国をどのように評価しているか――そしてその結果、民主主義への幻滅と権威主義への支持が見られるようになっているか――を確認してみたい。

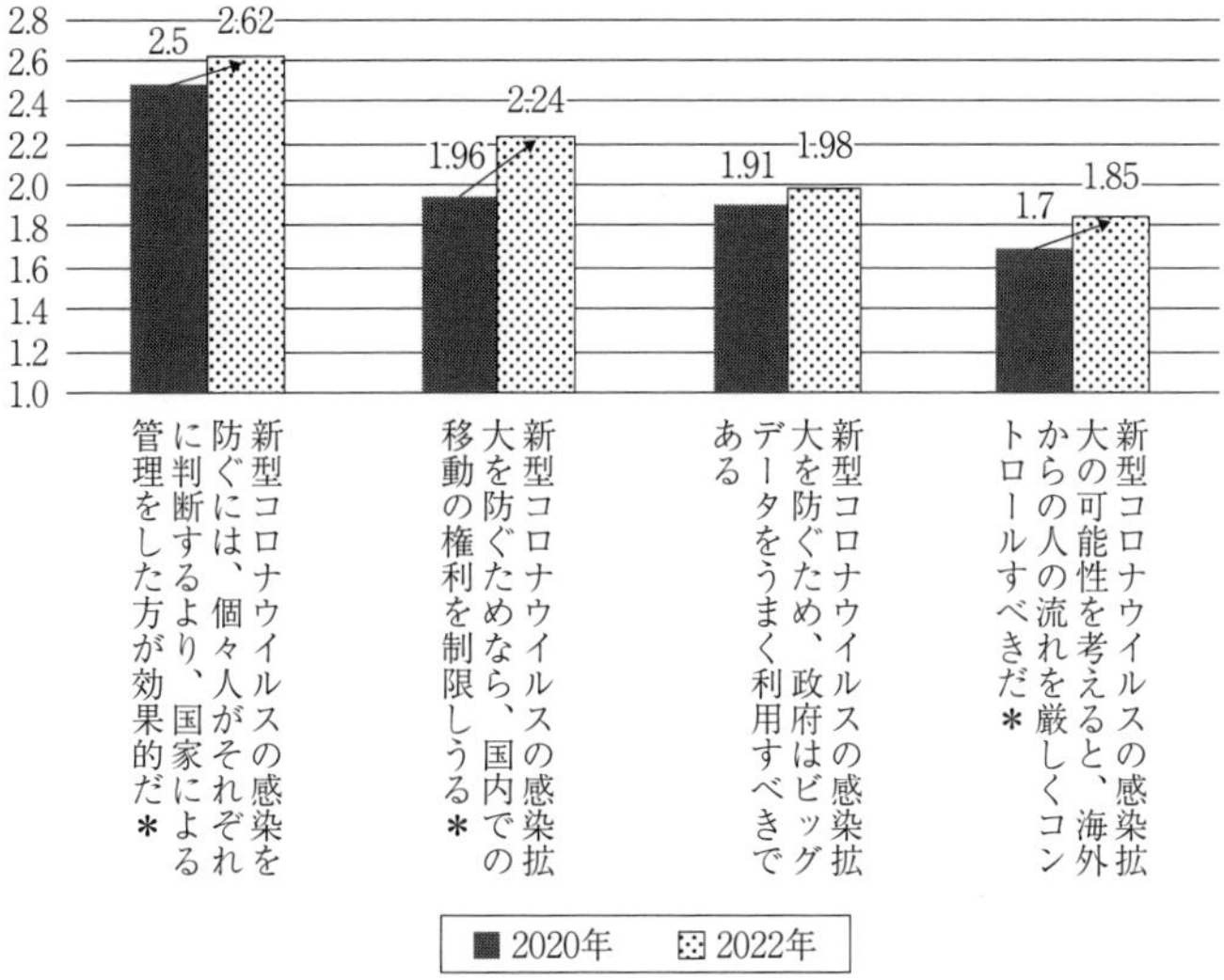

図 6-1　コロナ対応をめぐる評価：2020-2022 年

注：1 が「大いに賛成」, 4 が「大いに反対」の 4 ポイントスコアで，数値が大きくなるほど反対意見が多いことを示している．また＊がついている項目は，2020 年と 2022 年の回答の差が統計的に有意であることを示している．

出典：「コロナ後の世界秩序に関する意識調査」第 1 波調査（2020 年），第 2 波調査（2022 年）から筆者作成．

他国のコロナ対応への評価を見る前に、まずは、調査対象者がコロナ対応全般について、どのような評価や期待をしているかを見てみたい。**図6-1**は、（1）「新型コロナウイルスの感染を防ぐには、個々人がそれぞれに判断するより、国家による管理をした方が効果的だ」、（2）「新型コロナウイルスの感染拡大を防ぐためなら、国内での移動の権利を制限しうる」、（3）「新型コロナウイルスの感染拡大を防ぐため、政府はビッグデータをうまく利用すべきである」、（4）「新型コロナウイルスの感染拡大の可能性を考えると、海外からの人の流れを厳しくコントロールすべきだ」という四つの文言に、それぞれどの程度賛意／反対が表明されたかを可視化したものである。これらはみな、どの程度政府の強い関与を期待しているかを聞いたものだが、1が「大いに賛成」、4が「大いに反対」の四ポイントスコアで、数値が大きくなるほど反対意見が多いことを示している点を念頭に置いて、結果を眺めていただきたい。

この図から、以下のいくつかの知見を得ることができる。

第一に、新型コロナへの対応として（国内外の）人の移動を政府が制限することに対しては、総じて肯定的である。人の移動が感染拡大を引き起こす可能性があることを知っているためか、政府による人流のコントロールはおおむね支持されていたといってよい。

第二に、政府によるビッグデータの利用についても、総じて肯定的である。デジタル権威主義の前提となる政府によるビッグデータ活用に否定的な声は少なく、第一の知見からも、一見すると日本の市民がデジタル権威主義を支持しているようにも思える。

ところが第三に、「個々人がそれぞれに対応するより、政府による管理をした方が効果的だ」とする文言をめぐっては意見が分かれており、政府主導のコロナ対応が強く望まれたとは言いがたい。しかも第四に、二〇二〇年から二〇二二年にかけて、政府による強い規制を支持する声は総じて弱まっている。新型コロナウイルス感染症への対応が徐々に落ち着くようになると、人々は以前ほど政府による強権発動を許容・容認しなくなったのである。

3 日本人は各国のコロナ対応をどう評価したか

では、肝心の海外、とりわけ権威主義国と民主主義国のコロナ対応に対する評価はどのようなものか。「コロナ後の世界秩序に関する意識調査」では、**表6-1**にある国／地域を対象に、日本人回答者に「あなたは、以下の国／地域における新型コロナウイルスの感染拡大に対する対応を、どのように評価していますか？」として、1「大変悪い」から5「大変よい」まで五ポイントスコアで回答してもらっている。**表6-1**は第一波調査と第二波調査が実施された時点での各国における犠牲者の数を示し、**図6-2**は海外諸国と日本の評価の違いを可視化したものである[6]。

これら二つの結果を見比べてみると、以下のような知見を得ることができる。

第一に、アメリカ合衆国への評価は相対的

表6-1　主要国／地域におけるコロナ禍の犠牲者数　（単位：人）

	(1) 2020.5.16	(2) 2022.2.7
中　国	4,644	5,700
フランス	27,378	129,513
ドイツ	8,892	123,234
インド	2,649	501,979
日　本	710	19,257
ロシア	2,418	335,414
シンガポール	21	868
韓　国	262	6,873
台　湾*	7	851
イギリス	33,981	159,274
アメリカ合衆国	86,491	901,312

注：数値はWHOによる集計値．ただし，台湾はWHOに加盟していないため，ジョンズホプキンス大学が集計した数値を代用している．
出典：WHOのホームページから筆者作成（https://portal.who.int/report/eios-covid19-counts/　2022年9月24日アクセス）．

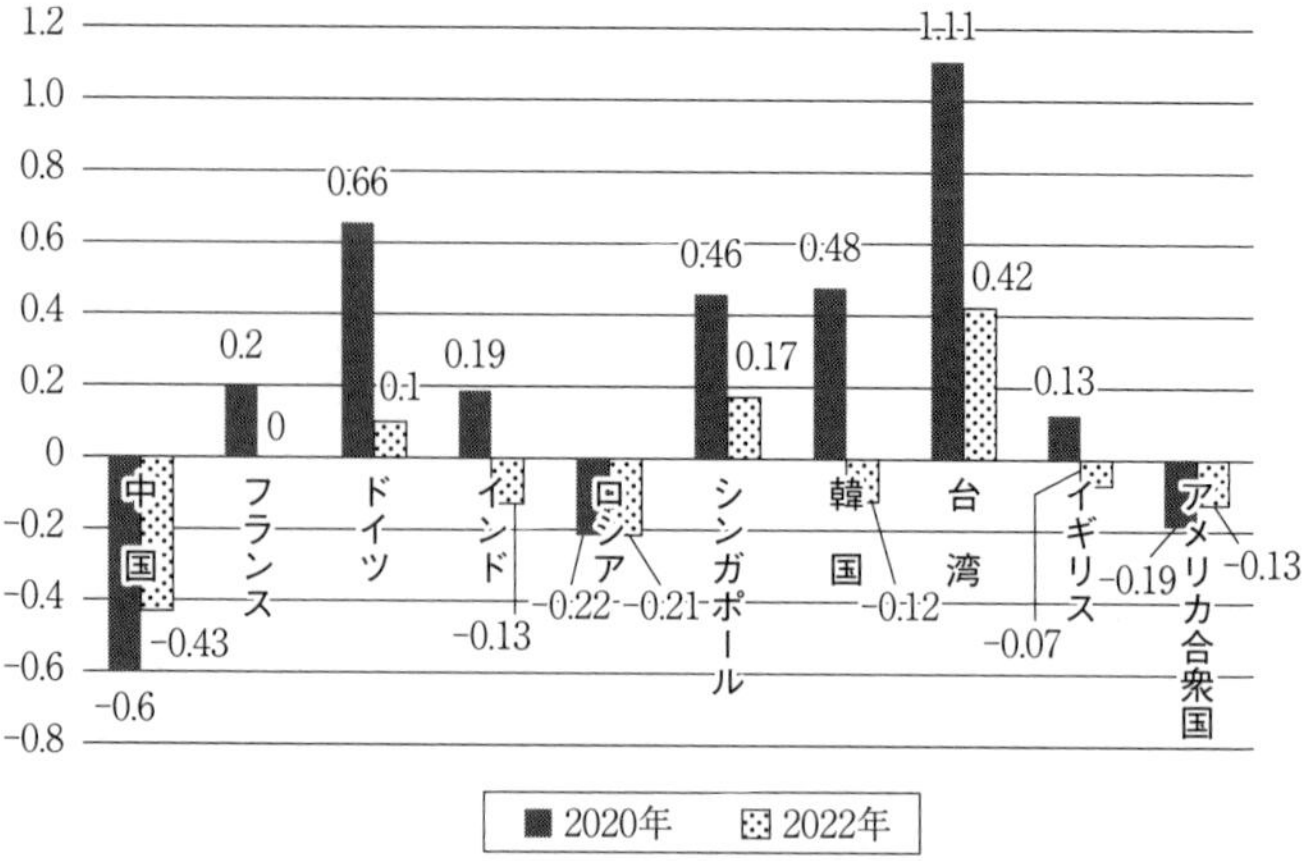

図 6-2　他国のコロナ対応に対する評価：2020-2022 年

注：5 ポイントスコアで，各国に対する評価から自国（日本）に対する評価を引いた値．スコアがプラスだと，自国以上にその国のコロナ対応を肯定的に評価していることを意味している．

出典：「コロナ後の世界秩序に関する意識調査」第 1 波調査（2020 年），第 2 波調査（2022 年）から筆者作成．

に低いものの、それ以上に中国のコロナ対応が低く評価されている。これは、デジタル権威主義の優位性をめぐる議論とは相容れない結果となっている。

第二に、シンガポールや韓国、台湾といった、実際に犠牲者数も少ないアジア諸国のコロナ対応が高く評価される傾向にある。特に台湾への評価は突出しているが、この点についてはまた後で触れる。

第三に、民主主義／権威主義という二分法に近づけていえば、ロシアへの評価が低く、ドイツやイギリスへの評価が相対的に高いなど、デジタル権威主義の優位性をめぐる議論とは真逆の結果が得られている。[7] 実際の犠牲者数からはこうした結果が予想できないにもかかわらず、である。

人の移動の制限や政府によるビッグデータ

利用を肯定する日本人は、それゆえ中国のコロナ対応を肯定的に評価しているかといえば、そうではない。二〇二二年の評価は二〇二〇年の評価よりは少し改善したとはいえ、依然として否定的な評価が支配的である。アメリカ合衆国のコロナ対応に対する評価も低いが、このように、少なくとも日本にあって、米中のコロナ対応への評価は（一方を肯定すれば他方を否定する）トレードオフの関係になっていない。

4　中国のコロナ対応への評価を規定する要因

そもそも、海外のコロナ対応への評価は何によって決まっているのか。図6-1で見たコロナ対応全般に対する評価の、どの基準から海外のコロナ対応を評価しているといえるのか。

こうした問いに答えるには回帰分析を行い、特定の変数の効果を推定してみるのがよいが、ここではモデルを作るにあたり、（1）当該国のメディア報道に対する信頼度と、（2）当該国に対する好感度といった二つの変数を加えてみたい。

今回のコロナ禍にあって、ウイルスの発生源や対策などをめぐって多くの虚偽情報が流れ、一部重要情報が市民に開示されないといった事態が生じた。中国共産党の「喉と舌」として機能することが求められている中国国内の公式メディアは、そもそも民主主義諸国におけるそれとは異なる特徴を持つ。民主主義／権威主義という二分法に引き付けていえば、前者ではメディア報道の透明性・公平性が重視され、権力へのチェック機能が期待されているのに対し、後者ではその（正しい）政治利用が意識されている。(8) こうした情報管理の在り方は、当然、コロナ対応への評価にも影響を与えるものと予想される。また、どんなに政策的に有効な策を打ち出していても、これを実施している国に対する好感度が低ければ、自国にとっての学ぶべき対象と見なす力は働かないだろう。

そこで以下のようなモデルを想定し、二〇二〇年と二〇二二年の二時点における分析結果をまとめてみたのが**表6－2**である。

Y（中国のコロナ対応に対する評価）＝（定数）＋a_1X_1（国家主導の感染対策）＋a_2X_2（国内移動の制限）＋a_3X_3（政府のビッグデータ利用）＋a_4X_4（国際人流の制限）＋a_5X_5（中国メディアへの信頼度）＋a_6X_6（中国の日本への影響評価）

この回帰方程式による説明力（R^2の値）は総じて弱い。六つの説明変数の中で二〇二〇年、二〇二二年の二時点でともに有意な影響を与えている変数は中国の日本への影響評価のみで、日本に対して悪い影響を与えていると評価する者ほど（実際、そのように評価している者が二時点ともに過半数に達している）、中国のコロナ対応を低く評価する傾向にある。またコロナ禍が世界に広まった二〇二〇年のみ、中国メディアへの信頼度が中国のコロナ対応に負の影響を与えているが、二〇二二年になると、こうした影響も見られなくなる。

表 6-2　中国のコロナ対応に対する評価の決定要因：2020-2022 年

2020 年

	B	標準誤差	ベータ	t 値	有意確率
(定数)	2.96	0.235		12.569	0.00
X_1 新型コロナウイルスの感染を防ぐには，個々人がそれぞれに判断するより，国家による管理をした方が効果的だ	0.05	0.05	0.03	0.95	0.34
X_2 新型コロナウイルスの感染拡大を防ぐためなら，国内での移動の権利を制限しうる	−0.09	0.05	−0.07	−1.65	0.10
X_3 新型コロナウイルスの感染拡大を防ぐため，政府はビッグデータをうまく利用すべきである	0.13	0.07	0.08	1.75	0.08
X_4 新型コロナウイルスの感染拡大の可能性を考えると，海外からの人の流れを厳しくコントロールすべきだ	−0.06	0.07	−0.04	−0.82	0.41
X_5 中国メディアへの信頼度	0.09	0.03	0.12	3.38	0.00
X_6 中国の日本への影響評価	0.18	0.03	0.21	5.74	0.00

R^2=.075

2022 年

	B	標準誤差	ベータ	t 値	有意確率
(定数)	3.42	0.27		12.81	0.00
X_1 新型コロナウイルスの感染を防ぐには，個々人がそれぞれに判断するより，国家による管理をした方が効果的だ	0.03	0.05	0.03	0.66	0.51
X_2 新型コロナウイルスの感染拡大を防ぐためなら，国内での移動の権利を制限しうる	−0.03	0.06	−0.02	−0.40	0.69
X_3 新型コロナウイルスの感染拡大を防ぐため，政府はビッグデータをうまく利用すべきである	0.07	0.07	0.05	1.05	0.30
X_4 新型コロナウイルスの感染拡大の可能性を考えると，海外からの人の流れを厳しくコントロールすべきだ	−0.16	0.07	−0.09	−2.20	0.03
X_5 中国メディアへの信頼度	0.02	0.02	0.03	0.71	0.48
X_6 中国の日本への影響評価	0.22	0.03	0.26	6.76	0.00

R^2=.077

注：X_1 から X_4 は 1 が「大いに賛成」，4 が「大いに反対」の 4 ポイントスコア，X_5 は 1 が「まったく信頼していない」，4 が「大いに信頼している」の 4 ポイントスコア，X_6 は 1 が「悪い影響」，5 が「よい影響」の 5 ポイントスコアで，従属変数の中国政府のコロナ対応に対する評価は 1 が「大変悪い」，5 が「大変よい」の 5 ポイントスコアとなっている．
出典：「コロナ後の世界秩序に関する意識調査」第 1 波調査（2020 年），第 2 波調査（2022 年）から筆者作成．

興味深いのは、X_1からX_4のコロナ対応に対する四つの評価が、実際の中国のコロナ対応を評価する際に、有意な影響を与えていない点である。中国における「ゼロコロナ」政策の基礎にある政府による情報管理と人流の徹底した制御、政府によるビッグデータ利用については、これらが中国への肯定的な評価を生み出しておらず、中国への好感度の低さ（とメディアへの信頼の低さ）が、そのコロナ対応への評価を低くしているのである。

5　デジタル民主主義というオプション

興味深いことに、犠牲者の少なさという点では共通していても、日本人の台湾のコロナ対応に対する評価は、中国に対する評価と対極をなしている。

しばしば指摘されるように、台湾は二〇〇三年のＳＡＲＳ（重症急性呼吸器症候群）を経験しており、人々の防疫意識が高かった[9]。政府の対応も果断で、ＩＴ利用の仕方もユニークだった。こうした施策を主導したのがデジタル担当大臣のオードリー・タン（唐鳳）で、タンはその後、日本のマスコミで時代の寵児として扱われることになる。

中国政府は、自国のコロナ対応を日本（のマスコミ）に正当に評価して貰えていないことに苛立ちを覚えているようだが[10]、これには、中国の統一工作に抗い民主主義体制のもとで効率的にコロナ対応を行った台湾の対応を、日本が高く評価していることも関係している。

日本のように犠牲者が相対的に少ない国にあっては、中国のコロナ対応は高く評価されにくいのかもしれない。また、台湾の事例が知られていない国・地域にあっては、コロナ対策の「中国モデル」に熱いまなざしが向けられているかもしれない。しかし、日本におけるコロナ対応をめぐる中国と台湾に対する対極的な評価は、デジタル民主主義――その内実が明らかになっているとは言い難いが――という、より魅力的なオプションに対する人々の意識を反映しているように思えるが、これを本格的に議論するには別の論考が必要となる。

【注】

(1) 「中国モデル」とは、混合経済体制と権威主義的政治体制によって特徴づけられる、主として発展途上国の模範となりうるモデルとして提起された概念であり、二〇〇〇年代の後半に、中国の経済発展が顕著になる中でしばしば議論された。もっとも、その定義や評価は様々で（唐 2012）、中国政府の指導部は、こうしたモデルに明確な判断を示さなかったばかりか、中国の社会主義的発展がもつ歴史的な固有性を根拠に、その優位性を主張することに逡巡していた（趙・呉編 2010: 4）。

(2) https://portal.who.int/report/eios-covid19-counts/（二〇二二年九月二四日アクセス）。

(3) しかし、後で扱う日本、韓国、台湾、シンガポールといった東アジアの諸地域は、人口一〇〇名あたりの犠牲者の数が〇・二以下と中国よりも数値が低く、世界でも最も数値が低い地域となっている。

(4) ピュー・リサーチ・センターは、二〇二〇年の新型コロナウイルス感染症の拡大に強い関心をもち、従来の世界規模での調査項目に、政府のコロナ対応に対する人々の評価を世論調査で継続的に明らかにしようとしている。公衆衛生での失敗はあっても、社会科学的アプローチによるコロナ対応という点では、アメリカは依然として世界的に大きな影響力を持っている。https://www.pewresearch.org/topic/coronavirus-disease-covid-19/

（二〇二二年九月二四日アクセス）。

(5) 第一波調査は全サンプル数三〇〇〇で、地域、年齢、性別の三つの変数によって目標サンプル数を決める割当法で実施。第二波調査は、第一波調査で回答してくれた対象者全員を対象に、同じ質問票への回答を求めた。第二波調査で比較的長い調査時間が用いられているのは、できるだけ協力を得ようとしてのことである。その結果、一七一六サンプルが得られ、同じ対象者が第一波調査で回答したデータとマージして、データセットを作り上げた。本章における分析は、このデータセットをもとに行われている。

(6) 海外諸国の対応を絶対的評価から眺めるのではなく、あくまでも自国の対応と比べての評価にした方がより妥当な測定ができると判断してのことである。

(7) 二〇二一年時点のエコノミスト・インテリジェンス・ユニット研究所による民主主義指数（democracy index）によると、本章が扱う国・地域は、以下のような分類になっている。完全な民主主義：ドイツ、イギリス、韓国、日本、台湾／欠陥のある民主主義：フランス、インド、シンガポール、アメリカ合衆国／独裁体制：中国、ロシア。https://ja.wikipedia.org/wiki/%E6%B0%91%E4%B8%BB%E4%B8%BB%E7%BE%A9%E6%8C%87%E6%95%B0（二〇二二年九月三〇日アクセス）。

(8) こうした違いは、しばしば中国政府と民主主義国におけるメディアの報道をめぐる対立を生み出している。たとえば中華人民共和国駐日本国大使館の公式ホームページでは、二〇二二年四月一二日付『読売新聞』の論評が「新型コロナウイルス肺炎感染対策の過程で中国が講じた措置は不適切で、情報が不透明であるなどとでたらめを述べ、果ては公然と中国共産党を誹謗し、中国の政治体制を中傷した」と批判している。http://jp.china-embassy.gov.cn/jpn/dsgxx/202004/t20200422_2053115.htm（二〇二二年一〇月一日アクセス）。

(9) https://www.kao.com/jp/healthscience/report/report065/report065_01/（二〇二二年一〇月一日アクセス）。

(10) 前述した中華人民共和国駐日本国大使館の公式ホームページでも、「習近平総書記を核心とする中国共産党の強力な指導があったからこそ……感染が拡散するのを効果的に抑え込み、民衆の生命と健康の安全を最大限保証することができた」とされ、自らの政策の正当性が主張されている。

【参考文献】

Gao, Jinghua and Pengfei Zhang 2021 "China's Public Health Policies in Response to COVID-19: From an "Authoritarian" Perspective," *Front. Public Health*, 15 December（https://www.frontiersin.org/articles/10.3389/fpubh.2021.756677/full）.

Greitens, Sheena Chestnut 2013 "Authoritarianism Online: What Can We Learn from Internet Data in Nondemocracies?" *PS: Political Science & Politics*, 46(2), pp. 262–270.

Kabanov, Yury and Mikhail Karyagin 2018 "Data-Driven Authoritarianism: Nondemocracies and Big Data," in *Third International Conference, DTGS 2018 Digital Transformation and Global Society*, Springer, pp. 144–155（https://link.springer.com/content/pdf/10.1007/978-3-030-02843-5_12.pdf）.

梶谷懐・高口康太 2019『幸福な監視国家・中国』ＮＨＫ出版。

Khalil, Lydia 2020 "Digital Authoritarianism, China and COVID," *Lowy Institute*, 2 November（https://www.lowyinstitute.org/publications/digital-authoritarianism-china-and-covid）.

Mérieau Eugénie 2020 "Covid-19, Authoritarianism vs. Democracy: What the epidemic reveals about the orientalism of our categories of thought," *Science Po Center for International Studies*, 28 August（https://www.sciencespo.fr/ceri/en/content/covid-19-authoritarianism-vs-democracy-what-epidemic-reveals-about-orientalism-our-categorie）.

モンク、ヤシャ 2021「民主主義の危機（上）　コロナ禍、弱み浮き彫りに」『日本経済新聞』四月一九日（https://www.nikkei.com/article/DGKKZO71071890W1A410C2KE8000/?unlock=1）。

Silver, Laura and Aidan Connaughton 2022 "Partisanship Colors Views of COVID-19 Handling Across Advanced Economies: Most see their society as more divided than prior to the pandemic — and this view is especially common in the U.S.," *Pew Research Center*, 11 August（https://www.pewresearch.org/global/2022/08/11/partisanship-colors-views-of-covid-19-handling-across-advanced-economies/

唐亮 2012「中国モデル」毛里和子・園田茂人編『中国問題』東京大学出版会。
趙剣英・呉波編 2010『論中国模式（上）』中国社会科学出版社。

【付記】本章執筆にあたり、科学研究費（基盤（B）課題番号 19H04347「中国台頭の国際心理：アジア太平洋地域におけるポスト冷戦世代の中国認識を中心に」）による財政支援を受けた。

7章 新しい介入主義に市民社会はどう対峙するか

町村　敬志

1　何かが始まった、だが何が?――クロニクルで考える新型コロナウイルス感染症

最初に思い出してみよう。二〇二〇年二月下旬、たとえば筆者のまわりでも変化が起き始めていた。三月上旬に主催を予定していた研究集会が、会場の方針により急遽中止せざるを得なくなり、その連絡に追われた。それでも、三月半ばまでは対面で実施される会議や集まりがまだあった。しかし、三月も終わりに近づくにつれ、取りやめになる集まりがどんどん増えていった。三月末、咲き出した桜を見に近くの公園に出かけた。人出はまだそれなりにあったが、宴会自粛のビラが貼り出され、公園は例年とまったく異なる様子だった。志村けんさんの死去が報じられた頃には、マスクを着用しないと外に出にくい雰囲気が広がり始めていた。だが、肝心のマスクはほとんどの売り場から消えていた。

そして四月上旬、政府から緊急事態宣言が出された。大学の講義は五月上旬まで開始延期となり、オ

ンライン講義の方法をにわか仕込みで学ぶのに追われる日々となった。初めはあまり変わりないように見えていた街から人の通りがしだいに減っていった。連休の頃には街は平日でも閑散となっていた。たまに乗る電車は、以前にはありえない時間帯でも座席に座ることができた。近くの大型物販店は五月末まで休業となり、飲食店はその後も休業やテイクアウトのみの営業を余儀なくされていた。筆者の住む自治体で、特別定額給付金が振り込まれたのは六月一一日であった。深刻な影響を受けた人にとっては十分ではなかったかもしれないが、それでも一人一〇万円はありがたかった。ただし、そのための事業費・事務費の総額は約一二兆九〇〇〇億円（国費負担）に達していた……。

誰もが、かつてない出来事に直面していた。初めの頃、新型コロナウイルス陽性者の数は全人口からみれば相対的にかなり少なかった。報道を通じて、何が起きつつあるかはしだいに理解できるようになっていったが、実際のところ、何が変わったのか。見えないウイルスを前に多くの人びとが戸惑っていた。罰則をともなった要請は一部を除きあったわけでもない。しかしそれでも、人びとの行動が変化していくのを実感した。政府の要請と一人ひとりの行動変容の積み重ねは、企業や各種組織の活動に影響を及ぼしていった。気がつくと、社会はわずかな間に以前とは違うものに変わってしまっていた。

新型コロナウイルス感染症はウイルスによって引き起こされる身体的な事象である。しかし、物理的な近接を媒介として感染することから「距離」があらゆる社会的場面で求められるようになった。多数で集まること自体が感染の要因となる。それゆえ、人口の密集した都市ではとりわけ、隔離や関係遮断が強調された。結果的に、感染症じたいの身体的影響もさることながら、予防や対策のための急激な制度変容が、経済・社会・文化など広範な領域へと深刻な影響を及ぼしていった。

ある出来事が別の出来事を引き起こす。その出来事がさらに別の出来事を誘発する。出来事の思いがけない連鎖は次々累積していく。新型コロナウイルス感染症とは、現実には無数の出来事の連鎖としてあった。果たしてその外延をどのようにとらえるべきなのか。この点の理解の仕方によって対策の形もまったく変わる可能性があった。前例のない課題がそこにはあった。

2 社会問題としての新型コロナウイルス感染症

新型コロナウイルス感染症はかつてない深刻な問題を引き起こした。しかし、それはどのような「問題」であったのか。私たちが経験をしたパンデミックは、多くの異なる顔をもつ出来事であった。中心には、言うまでもなく新型コロナウイルスがある。しかしそれは、文字通り目にみえない存在であった。そのまわりに、感染した患者や陽性者、濃厚接触者、その家族・知人、治療や予防に当たる医療機関・公衆衛生機関などが、直接関係する圏域として存在した。だが影響圏はそれにとどまらない。緊急事態宣言によって休業や営業時間短縮の要請が出された店舗・施設、テレワークが推奨された職場、オンライン授業に移行した学校など、感染予防のための対策は社会全体の日常活動を短期間に激変させた。それに伴って、一人ひとりの日常生活や社会関係もかつてない変化に見舞われた。深刻な経済的困難、精神的なストレス、孤立など、変化は個人によって異なる形をとっていった。

いったいどこまでが、新型コロナウイルス感染症がもたらした変化なのか。変化はいつまで続くのか。全体像といった安易な表現ではとらえ切れない膨大な事象が、関連の濃淡を伴いながら積み重なっていった。文字通り、社会全体を覆いつくす出来事となったパンデミックをどう論じるべきか。社会学そして社会科学は大きな課題に直面することになった。

さまざまなアプローチが試みられてきた。しかし、どのような場合でもまず重視すべきなのは、新型コロナウイルスが社会と個人にもたらした深刻な影響と、そのメカニズムをどう理解するかという点であった。この点について政治学者の金井利之（2021）は、社会問題としての「新型コロナウイルス感染症」は二つの局面に区別すべきことを指摘した。第一にそれは、感染症自体が生命や身体にもたらした深刻な影響としてある。これは「コロナ禍」と呼べる。これに対して第二に、新型コロナをきっかけに実施された種々の対策が引き起こした深刻な影響がある。こちらは、「コロナ対策禍」と表現することができる。

もちろん、両者を完全に切り離すことはできない。また単純に両者の規模の大小を論じることもできない。しかし影響の広がりという点だけで言えば、コロナ対策禍、つまり感染症の流行を抑えるために打ち出された対策がもたらした影響の範囲は、コロナ禍そのものよりも大きかった。新型コロナとはこの意味で医学的な問題であると同時に、社会的な問題でもあった。

冒頭のクロニクルで紹介したように、新型コロナウイルス感染症への対策は、医療・公衆衛生はもちろん、経済、社会、政治、文化、スポーツなどあらゆる領域に及んだ。またその影響は、個人、家族から、大小の企業・事業所、各種の商業施設・飲食店、学校、各種グループ・サークル、さらに地方自治体、政府に至るまで、多方面かつ重層的に広がった。さらに時間的面からみても、発生当初の一斉活動自粛から、感染の波に応じた緊急事態宣言とその解除の繰り返し、ワクチン開発後はワクチン接種の促進、ウィズコロナ状況での出口戦略など、焦点は重なり合いながらも、全体として大きく変容していった。

このような大規模な変化がなぜ可能になったのか。新型感染症という未知の病への恐れ、そしてそれへ打ち勝とうとする強い意思が、出発点にはあったことは言うまでもない。しかし、だとしても、既存の政治経済や社会文化の構造は概して頑強である。変えようと思ってもそう簡単には変わらないことを、私たちは過去の経験として知っていた。ソーシャル・ディスタンスの保持、マスクの常時着用からさまざまな活動の自粛、ワクチン接種に至る個人の行動変容、そして、休業や営業時間短縮、テレワークの推進など各種事業所による活動抑制や変容、これらは個人や組織に対して、莫大な経済的コストや深刻な心理的負担を強いるものであった。

それ以前には想像できなかった施策が、限界はありながらも、大規模に、また長期にわたって展開したのはなぜか。問いは、次のように言い直してもよいかもしれない。それまで続いていた「平時」に対して、「緊急事態」はいかにして社会的に構築されてきたのか。それはどのような根拠に基づき、どのようなプロセスをへて形を成していったのか。(1)

3　政府による「介入」としての新型コロナ対策

新型コロナ対策の多くは、個人や組織の自由な行動を制限したり、その内容に介入したりするものであった。したがって、そこには法的根拠が必要であった。また、これら対策を具体化するためには緊急に膨大な予算の手当が欠かせなかった。

図7-1は、新型コロナ対策として展開してきた施策の広がりを、東京都を事例に見取り図としてまとめたものである。図の一番下にみえるのが、感染や行動変容を経験する個人、活動の抑制や変容を迫られる事業所・団体である。これらに向けて行政機関等から発せられてきたさまざまな要請や調整、支援や給付を、矢印の形で示した。もちろんこれがすべてではないが、実に多様な回路で施策が展開してきたことがわかる。ここから浮かび上がってくるのは、今回のパンデミックという出来事が、すぐれて政府セクターによる「介入」過程としてあったという事実である。

第一に、日常生活の隅々に至る行動の制限、さまざまな資金の配分を通じて、政府セクターは個人の私生活や企業の営業活動の内側へと直接に関わるようになった。多様な形をとった介入は、短期間のうちに社会全域を覆いつくしていった。

第二に、**図7-1**中の矢印の配置をみると、介入の経路が、国、東京都、市区町村という複数の行政レベルを巻き込みながら複雑に展開していることがわかる。助成金、給付金など資金の多くは国のレベ

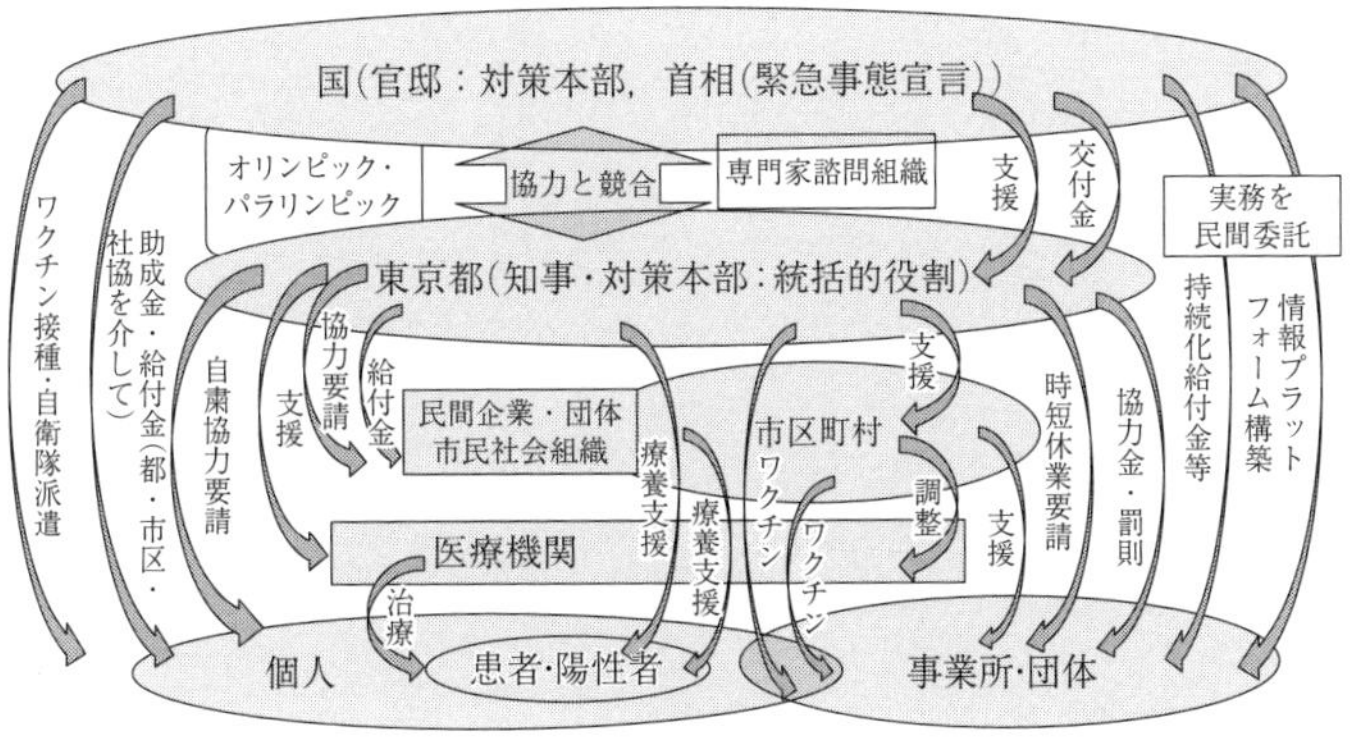

図 7-1　新型コロナ対策における「政策的介入」の見取り図（東京都の場合）

出典：筆者作成（町村 2022: 29).

ルから提供された。その上で、実際に個人や事業所・団体へと到達する矢印の多くは東京都から直接、または市区町村等を介しながら発せられた。

このような態勢はどのように作られたのか。その根底には、日本の新型コロナ対策が、新型インフルエンザ等対策特別措置法という法律に基づいて執行されたという点があった。ＳＡＲＳや新型インフルエンザなどグローバル時代の感染症を想定して作られた同法は、従来の法律よりも緊急時における集権的な危機管理に力点を置いていた。「新型感染症」に指定された場合、対策本部が政府と都道府県に設置される。法に基づき、都道府県知事は団体、個人に必要な協力を要請できることとなり、国による事業者及び地方公共団体への支援も明記された。さらに「緊急事態宣言」を首相が発出した場合、対象地域では都道府県知事が不要不急の外出自粛要請及び施設使用制限の要請を行う事ができるとされた（二〇二一年改正では罰則が追加）。これにより、国は支援のための莫大な資金提供を義務づけられ、同時に都道府県は統括役として中核的な位置を占めるようになった。新型コロナ対策がメディアで報道される際、知事がしばしば前面に出て説明を行っていた理由がここにあった。

第三に、一気に拡大した多様な「介入」政策は、膨大な臨時的業務を政府セクターに課すこととなった。事業遂行のためには、膨大な資金、業務を担う組織と人員、緊急活動を正当化する法的・倫理的根拠、実際に業務に携わる人びとの動機づけなど、多くの課題達成が求められた。冒頭のクロニクルでも紹介した「特別定額給付金」の場合、国が用意した資金をもとに市区町村が実際の配分事務を担った。困窮状態に陥った個人・世帯を支援する「生活福祉資金（緊急小口資金）」・「生活福祉資金（総合支援資金）」については市区町村の社会福祉協議会等が配分実務を担当した。このほか、コロナで痛手を受けた中小企業を対象とする「持続化給付金」は、国（中小企業庁）が民間企業に事務委託する形で配分が実施された。

こうして政府セクターは短期間のうちに、個人・団体の活動へと深く関わるようになっていった。しかしここで思い起こしてみよう。過去二〇年あまりの間、政治経済や社会の領域で進められてきたのは、公共政策領域から政府セクターが撤退し、むしろ小さな政府を作ろうとする一連の動き、すなわち新自由主義であった。財政難の下、政府に代わって、市場・企業やＮＰＯ、地域社会が公共的課題に取り組むことが推奨されてきた。こうした趨勢を前提としてみると、新型コロナ対策をきっかけとする今回の出来事は、新自由主義と呼ばれてきた潮流とは相反するもののようにも見える。これを、新しい介入主義と呼んでおこう。

小さな政府を志向していたはずの新自由主義と、新しい介入主義とはどのような関係にあるのか。説明の必要な新しい課題が存在していた。新しい介入主義は、新自由主義的なシステムへとどのように接合させられていったのか。この点を考えるため、次節では、「緊急事態」の系譜を考察していこう。

4 「緊急事態」の構築——広がっていく介入のかたち

今回の大規模な「介入」の根拠が、新型インフルエンザ等対策特別措置法であることはすでに述べた。この法律は、SARSや新型インフルエンザの世界的な流行を受け、二〇一二年に制定された。たとえば、自然災害についてはもともと災害対策基本法が定められており、その枠組みの下で「災害緊急事態の布告」という規定が用意されていた。しかし運用のハードルは高く、たとえば東日本大震災の際にすら適用されることはなかった。

これに対して、新しい「緊急事態」のフォーマットが、二一世紀を迎える頃から用意されるようになっていた。一九九九年九月、茨城県東海村で起きた臨界事故を受け、原子力災害対策特別措置法が急遽制定された。福島第一原発事故の直後、同法に基づく初の原子力緊急事態が宣言され、宣言は二〇二三年時点でなお継続している。

二〇〇三年、武力攻撃事態対処法(有事関連三法)が施行された。これを受け、「有事」における市場セクターや社会セクターの動員を具体化するための法律が「国民保護法」という名称で成立し、二〇〇

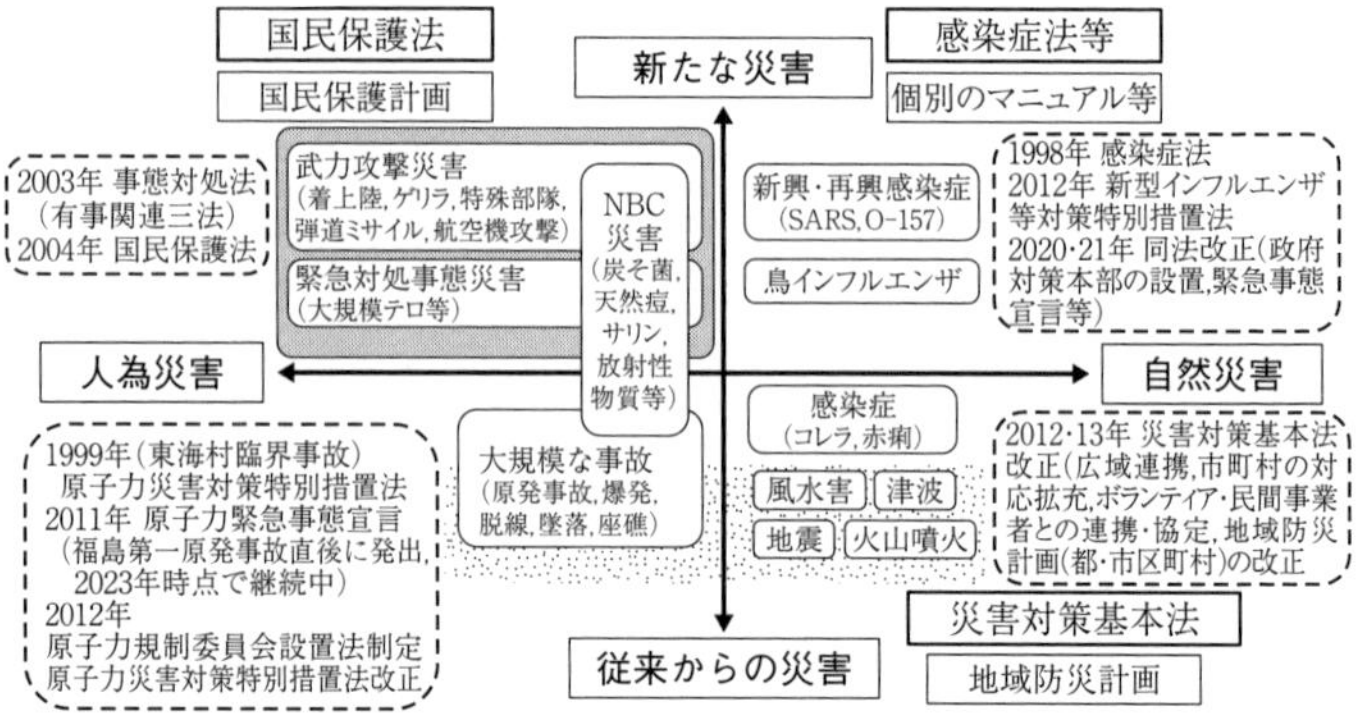

図7-2　『東京都国民保護計画』（2006年3月）が整理した「災害の類型と関連法制」

注：『東京都国民保護計画』掲載の原図（東京都総務局総合防災部防災管理課 2007: 目次 13）をもとに，筆者が破線内の情報を加筆して作成（町村 2022: 31）.

四年に施行された。各都道府県・市区町村は「国民保護計画」を作成していった。国民保護計画とは、武力攻撃や大規模テロ等の「有事」発生に際して警報伝達、避難指示、救援実施、警戒区域の設定、物資の確保や支援等を行うための基本的指針を定めたものである。背景には、東アジアの緊張を理由とする有事法制制定の動きがあった。

図7－2は、東京都が『東京都国民保護計画』（二〇〇六年）をまとめた際、その中で示した「災害の類型と関連法制」の図に、筆者がその後の関連動向も加え作成したものである。この図が示すように、「国民保護計画」は武力攻撃等を「新たな人為災害」として位置づける。武力攻撃を地震や風水害のような「災害」と見なすことで、既存の政策体系との接続が図られる。見方を変えると、日常生活や市場が軍事へと直接連接される回路がここから開かれるようになったとも言える。

新型インフルエンザ等対策特別措置法は、これらに続く「緊急事態」法制であった。一連の「緊急事態」法制に共通しているのは、場所と時間を限定した上で「緊急事態」を宣言し、非常時権力集中の下で対策本部が事態に対処するという形式である。金井利之はそれを、「緊急事態布告＝対策本部＝非常時集権方式」（金井 2021: 39）と呼んだ。「災害」対策の形をとったこれら一連の「有事」制度化の試みは、社会的にみると次のようないくつかの特徴をもっていた。

第一に、「緊急事態」宣言によって、社会を「平時」と「有事」の二つの位相に時間的・空間的に区分する。

第二に、国、都道府県、市区町村という三層の水準を設けた上で、国から地方自治体に向けた指示経路が明確化される。各層ごとに「対策本部」が設置され総合調整を行う。

第三に、警察、消防、医療、公衆衛生、福祉、交通などの部局・組織を連携させるとともに、民間企業、地域住民組織、ＮＰＯなどを「有事」体制のなかに組み込み必要な動員を図る。緊急時を想定し、市場セクターや社会セクター（地域社会、ＮＰＯ・ＮＧＯ、消防団、コンビニなど）の諸アクターや資源の動員をめざす政策的取り組みが、政府内で検討された。

以上の背景には、二〇〇一年の内閣法改正により官邸主導の体制が強化されたことがあった。新型コロナ対策も官邸主導の形で進められ、大規模な介入の体制が構築されていった。

5 「介入」を通じて呼び戻される新自由主義

ただし、新型コロナウイルス感染症において実際に生み出された態勢は、方式が想定するシステマティックな「有事」像とはかなり距離のあるものであった。

第一に、巨額の財政出動により「介入」が一気に社会へと浸透していった点で、「緊急事態布告＝対策本部＝非常時集権方式」は、確かに大きな影響をもった。とりわけ第一回緊急事態宣言（二〇二〇年四―五月）は多大な影響を引き起こした。日常生活や経済活動が直面した苦境に対処するため、二次的・三次的な「介入」が積み重ねられていった。

第二に、ただし一連の「介入」は、実際には政治によって左右される場当たり的な性格をつよく持っていた。外出や営業活動の「自粛要請」という形にとどまる日本のケースは、強い法的強制力をもたない「ゆるい有事」とならざるを得なかった。国や都道府県はリーダーシップ顕示をめぐる競争をしばしば繰り広げた。実際には、多くの対応は現場での運用に任せるしかなく、保健所などストリートレベルの官僚制に集中した負担は現場に疲弊をもたらした。

第三に、「ゆるい」有事ではあったものの、個人や企業、市民社会組織が、「自粛要請」という枠組みのなかで、動員過程に自らを巻き込む選択を行っていった。日常性の中で構築される「有事」は、個人や組織をストリートレベルの「介入」主体へとつくりかえる作用をもった（たとえば「自粛警察」）。感染症という見えないリスクに対抗するため、システムを隅々まで透明化し、人間を「個体」として管理しようとする欲望が強められ、それが政策として正当化されていったのも、新型コロナがもたらした政策的帰結のひとつであった。

介入と動員がもたらした以上の動向は、興味深いことに、新自由主義の動きと共鳴しあう要素を含んでいた。なぜなら新自由主義は、標準化された透明でフラットな行動空間（とりわけ市場）へと「社会」を解体した上で、「自立した主体」として個人を再加熱し、「自己責任」の名の下にそうした行動空間へと自己投企させていくプロセスに、システムの再生産を委ねるという発想に基礎を置いていたからである。個人の主体化の意義が強調された。しかし、そのことは反動として、主体化の契機から疎外された個人や標準化のむずかしい領域を排除したり、徹底した管理の下に置いたりする流れを生み出した。

だが、市場セクターだけでは政府の撤退によって空いた隙間を埋めることはできない。そのため、個人化によりいったん縮小したかに見えた「社会」が再び選択的に呼び戻され、緊急対策に貢献すると見なされた主体群（たとえば地域住民組織、ＮＰＯ）が、「ソーシャル・キャピタル」や「パートナーシップ」といったブランディングとともに政策の前線に登場させられてきた。新型コロナ問題に応用されたのも類似の政策フォーマットであった。

6 「危機」下の市民社会を考えるために——ジレンマを越えて

新型コロナ問題とは、ひとつの歴史的局面として見た場合、新自由主義的な構造改革が格差拡大や貧困といった問題を深刻化させた段階で発生した「緊急事態」だった。物理的距離の重視は、物理的接触を強みとする大都市サービス産業（飲食、ケア、ライブ・エンターテイメントなど）に深刻な打撃を与えた。こうした産業で働く人びとには低賃金の非正規労働者も多く、休業・廃業や時間短縮はその生活基盤を揺るがした。新型コロナとそれへの対策は、デジタル格差や所得格差を通じて「格差の負の連鎖」を引き起こした（大久保 2020）。

「自粛」要請を前に、従うにせよ、無視するにせよ、抵抗するにせよ、人びとは自らの判断により行動選択することを求められた。新型コロナ問題下における日常とは、「ゆるい介入」のもとで「なんとかやっていくこと」（De Certeau 1980）が試され続ける実践の現場でもあった。限界はあっても協力金が提供された市場セクターと異なり、市民社会を構成するアクターの多くは新型コロナを前に自前の耐久力に頼るしかなかった。多くの障害や限界はあったものの、新しい日常とは、持続を支えるさまざまな可能性を人びとが発見・再発見する過程としてあった。この意義をまず確認しておこう。だが、そうした経験には両義的な側面がともなっていた。

「有事」の制度化の隠れたねらいとは、平時においては活用できない社会的資源を、「有事」の名の下に動員しようとする点にあった。社会は持続的であろうとする力を内に秘めている。家族、地域社会、友人・知人などは基本的に「平時」の社会関係としてある。それらは「危機」においても一種の慣性をもって持続しようとする。手持ちの資源や知恵を駆使することでそれまでの生活を何とか維持しようと試みる。「生活構造」と呼ばれることのあるこうしたプロセスは、変化に対する耐性（レジリエンス）として働く。新型コロナ下においても、一律の「自粛要請」に対して多くの市民が持続のための独自の努力を重ねていた。それは「介入」への本源的な抵抗という一面をもっていた。

しかしもう一段広い視角からみたとき、「有事」制度化の究極のねらいとは、本来は社会にとって「平時」の資源であるべき持続力や耐久性を、システムの目的遂行のために根こそぎ動員し活用しようとする点にあることに気がつく。「有事」制度化からの自立や対抗という意図を込めながら「平時」のあり方を何とか持続しようとする市民社会の実践が、皮肉にも、「有事」のねらいを体現する結果に近づいてしまうことがある。しかも、「なんとかやっていく」可能性は、市民社会のなかで均等に存在しているわけではない。それ自体が不均等・不平等に配置されているのが、新自由主義下で進行した現実であった。

「新たな介入主義」が、新自由主義の「終わり」の始まりを告げるものなのか、それともその「深化」を意味するのか。新型コロナ問題が終わらないうちに、世界は新たな戦争の時代に突入してしまった。そこでは、「有事」のさらなる日常化が議論の俎上に上りつつある。一度起きた「有事」経験は、個人や組織の行動のなかに記憶され、その構えの中に埋め込まれる。社会は「有事」から「平時」に戻る過程においても慣性を発揮する。制度的に「平時」へ戻ったとしても、社会自体は「有事」前に完全には戻らない。「有事」の漸次的日常化という事態の前で、「平時」の記憶をいかに保持し続けていくか。そこでは新型コロナの経験をあえて「忘れる」努力も必要となるのかもしれない。市民社会のぶれない力をどのような形で表現するか。新型コロナ後の新しい課題が私たちの前には見え始めている。

【注】

（1）以下、新型コロナ感染症の社会的影響過程について、町村（2021; 2022）の記述も参照しながらその後の変化を含め改めて文章化していった。町村（2022）とは既述の一部に重複がある。

【参考文献】

De Certeau, Michel 1980 *L'invention du Quotidien, I: Arts de faire*, Paris: Garllimard.（山田登世子訳 2021『日常的実践のポイエティーク』筑摩書房）。

金井利之 2021『コロナ対策禍の国と自治体――災害行政の迷走と閉塞』筑摩書房。

町村敬志 2021「新型コロナウイルスと『連鎖の社会学』――都市の現在をどうとらえるか」『計画行政』四四巻一号、一五―二〇頁。

町村敬志 2022「新型コロナウイルス下における新たな『介入の政治』とその都市的意味」『地域社会学会年報』三四、二六―四〇頁。

大久保敏弘 2020「コロナショックが加速させる格差拡大――所得格差とデジタル格差の『負の連鎖』」『NIRAオピニオンペーパー』五三（https://www.nira.or.jp/president/opinion/entry/n200817_984.html 二〇二三年一一月一三日閲覧）。

東京都総務局総合防災部防災管理課 2007『東京都国民保護計画』(平成一八年三月)東京都。

8章 危機に瀕する民主主義

ヴァイマル共和国の歴史から考える

友枝　敏雄

1　はじめに

二一世紀の開闢を告げる、二〇〇一年九月一一日にニューヨークで起こった世界同時多発テロは、二一世紀が平和と秩序の時代ではないことを予兆させるものであった。同時多発テロから二〇年以上経った二〇二二年二月二四日に、ロシアによるウクライナへの軍事侵攻が開始された。

ウクライナへの軍事侵攻は、私たちに、二〇世紀の歴史における人類の汚点ともいうべき第二次世界大戦を想起させる。具体的には、ヨーロッパにおけるナチスの登場とホロコースト（ユダヤ人虐殺）であり、東アジアにおける日本の中国侵略と満州国の成立である。あのヒトラー内閣の成立（一九三三年）と満州事変の勃発（一九三一年）から間もなく一〇〇年になろうとする現在、同じようなことが繰り返されていることに驚きを禁じ得ない。特に、ヒトラー政権によるヨーロッパ戦線の拡大は、ロシアによるウクライナへの軍事侵攻と、酷似する点が多い。

もちろんこの一〇〇年間の科学技術の進展はめざましいものがあり、たとえばスマホは生活必需品になっており、またAIの登場が社会をどのように変えていくかが、大きな話題になっている。「にもかかわらず」と言うべきであろう。イノベーションの進展のなかで、近代以降、人々のたゆまぬ努力で作り上げられてきた民主主義は危機に瀕している。そこで本章では、「ヴァイマル共和国からヒトラー政権の誕生へ」というドイツにおける民主主義の挫折の歴史を振り返りながら、民主主義を実現するための道のりをさぐることにしたい。

2 二〇世紀の謎——ヴァイマル共和国におけるヒトラー政権の誕生

ヴァイマル共和国の成立からヒトラー首相誕生まで

一九一九年のヴァイマル共和国誕生から、一九三二年にナチスが第一党となり一九三三年にヒトラーが首相に就任するまでの一四年間の主要な出来事をまとめると、**表8-1**のようになる。

すでに多くのヴァイマル共和国研究で論じられているが[1]、この一四年間を、ヴァイマル共和国の統治制度の特色、経済状況、階層構造の三点から考えてみよう。

表 8-1　1919 年から 1933 年までの主な出来事

1919 年 1 月	ドイツ労働者党（ナチスの前身），ミュンヘンに結成.
1919 年 2 月	ヴァイマルで議会招集，エーベルトを大統領に選出
1919 年 6 月	ヴェルサイユ条約調印（第一次世界大戦終了）
1919 年 7 月	ヴァイマル憲法制定，ヴァイマル共和国発足
1922 年から 1923 年	ハイパーインフレーション
1922 年 4 月	ソ連とラパロ条約締結
1925 年 2 月	大統領エーベルト死去
1925 年 4 月	大統領選挙で，ヒンデンブルク当選（1934 年 8 月まで）
1925 年 12 月	ロカルノ条約調印
1926 年 9 月	国際連盟加盟
1929 年 10 月	世界大恐慌発生（ニューヨーク・ウォール街株価暴落）
1932 年 7 月	ナチス第一党になる.
1933 年 1 月	ヒトラー，首相に就任.

ヴァイマル共和国の統治制度の特色

ヴァイマル共和国は、国民の基本権として、生存権と社会権を導入しており、この制度は当時としては、最先端の制度であった。しかしヴァイマル憲法は二面性を有するというアキレス腱を抱えていた。たしかに、「男女普通選挙権と比例代表選挙にもとづく国会と各州議会から選出される州代表者議会の二院制」（成瀬・山田・木村編 1997: 128）によって議会制民主主義を立ち上げていたことは、高く評価される。その一方で、大統領の権限が強かったことが問題であった。具体的には、憲法四八条に規定された緊急立法権を大統領が有していたことが問題だったのである。

憲法四八条では、憲法や国法を履行しない州に対して、必要なら武力を使って、それを実行させる権限を大統領に与え、また公共の安全と秩序が危険にさらされた場合にも、緊急に必要な処置をとることができ、その際、いくつかの基本権を停止できる権限を認めていた。ただし大統領はこの処置をすみやかに国会に報告しなければならず、国会で否決されればただちに無効になるというものであった（成瀬・山田・木村編 1997: 129–130）。

このように大統領に強大な権限を与えたことが、ヴァイマル共和国のその後の運命に大きな影響を与えることになる。それではなぜこのような大統領制を構築したのであろうか。歴史を振り返るならば、第一次世界大戦まではドイツは帝政であったが、一九一八年一一月にヴィルヘルム二世が退位し、オランダに亡命することによって、帝政から民主政（共和政）に移行した。こういう場合、完全な民主政への移行に対して、人々が危惧する気持ちを抱くことは当然だと言えよう。これに類似した例は、我が国の明治維新期においてもみられた。廃藩置県がスムーズに行われたが、それまでの「殿様」が自分の藩にいなくなり東京へ行くことに不安を抱いた民衆がいたという[2]。

社会学史上に燦然と輝く名著『プロテスタンティズムの倫理と資本主義の精神』で有名な社会学者のマックス・ヴェーバーは、ヴァイマル憲法の起草に加わりながらも、強力な力を有する大統領制を主張した（宇野 2020: 176–183）。

大統領は、前述した緊急立法権のみならず、首相を任命する権利や議会を解散する権限をもつものとされた。したがってこの大統領制は、統治の中心を立法権ではなくて執行権に求めていたと考えられる。大統領の強力な力を象徴的に示しているのが首相任命権であり、ヴァイマル時代における首相の任期がきわめて短いことに驚かされる。大統領と首相の交代をまとめると以下のようになる。

表8－2に明らかなように、一四年間に二〇の内閣が組閣されており、首相が同一人物の場合、一つの内閣として数えたとしても、一三の内閣が組閣されている。ここから大統領の権限が、首相の権限に

表 8-2　ヴァイマル共和国時代の大統領と首相（1919-1933 年）

大統領			首　相
フリードリッヒ・エーベルト（1919 年 2 月 11 日～1925 年 2 月 28 日）	1919 年	2.11	シャイデマン内閣（社会民主党）
		6.11	バウアー内閣（中央党主体）
	1920 年	3.27	ミュラー内閣（社会民主党）
		6.25	フェーレンバハ内閣（中央党主体）
	1921 年	5.10	第一次ヴィルト内閣（中央党）
		10.26	第二次ヴィルト内閣（中央党）
	1922 年	11.22	クーノ内閣（無所属）
	1923 年	8.13	シュトレーゼマン内閣（国民自由党）
		11.30	マルクス内閣（中央党）
	1924 年	5.4	第二次マルクス内閣（中央党）
ヒンデンブルク（1925 年 5 月 12 日～1934 年 8 月 2 日）	1925 年	1.15	ルター内閣（ドイツ人民党）
	1926 年	1.19	第二次ルター内閣（ドイツ人民党）
		5.17	第三次マルクス内閣（中央党）
	1927 年	1.29	第四次マルクス内閣（中央党）
	1928 年	6.28	第二次ミュラー内閣（社会民主党）
	1930 年	3.27	ブリューニング内閣（中央党）
	1931 年	10.10	第二次ブリューニング内閣（中央党）
	1932 年	6.1	パーペン内閣（中央党）
		12.3	シュライヒャー内閣（ヴァイマル共和国陸軍）
	1933 年	1.30	ヒトラー内閣

比べて圧倒的に強力であったことがわかる。

首相の権限の弱さと対応するかのように、ヴァイマル共和国時代のドイツでは、国会が多くの少数政党によって占められていた。**表 8-3** は、一九一九年から一九三三年までの主要政党とその国会議席数を示したものである。**表 8-3** からわかるように、一つの党が国会議席の過半数を占めることはなかった。国会に多数の政党が存在する状態で、議会運営が円滑になされ、国会での意思決定が首尾よくいったかどうかについては、詳細な検討が必要である。思うに、複数の政党が一致しない限

表 8-3　ヴァイマル共和国時代の主要政党とその国会議席数

	1919	1920	1924.5	1924.12	1928	1930	1932.7	1932.11	1933
社会民主党	163	102	100	131	153	143	133	121	120
独立社会民主党	22	84							
共　産　党	—	4	62	45	54	77	89	100	(81)
中　央　党	91	64	65	69	62	68	75	70	74
バイエルン国民党		21	16	19	16	19	22	20	18
民主党（国家党）	75	39	28	32	25	20	4	2	5
国家国民党	44	71	95	103	73	41	37	52	52
国　民　党	19	65	45	51	35	30	7	11	2
経　済　党	4	4	10	17	23	23	2	1	—
ナ　チ　党	—	—	32	14	12	107	230	196	288
キリスト教国民農民党	—	—	—	—	10	19	1	—	—
その他	5	12	19	12	28	30	8	11	7
総　数	423	466	472	493	491	577	608	584	566(647)

出典：成瀬・山田・木村編（1997：152）.

り、多数決を機能させることはできないため、議会での意思決定がうまくいかなかったのではないかと想像するに難くない。大統領の強力な権限のもとで、議会制民主主義が十分に機能していなかったことはたしかであろう。このように議会制民主主義が十分に成熟していないことが、ナチスおよびヒトラーの台頭をゆるす一因であったといえる。

ヴァイマル共和国時代の経済状況

ヴァイマル共和国時代の経済状況はどうだったのだろうか。第一次世界大戦後のハイパーインフレーションで、ドルに対するマルクの価値が下落したことは有名な事実である。マルクの対ドル比率は、一九二〇年一月に、一ドル＝四一・九八マルクだったものが、三年一〇カ月後の一九二三年一一月には、一ドル＝四二〇〇兆マルクになっているのである（成瀬・山田・木村編 1997: 147）。

この想像を絶するマルクの下落のなかで、工業生産指数と失業率は、**表8－4**の通りである（木村編 2001: 289）。

木村靖二も指摘する通り、両大戦戦間期の二〇年間、ドイツの経済力は第一次世界大戦前の水準を回復できなかったのである。一九二八年の数値を一〇〇としているが、一九二八年の工業生産指数は一九一三年とほぼ同じであった。したがって戦前の水準に達したのは、一九二八年、一九二九年のみということである。慢性的な不況のなかで、一九二九年のニューヨーク・ウォール街に端を発する経済不況が追い打ちをかけたのである。

このような経済不況はドイツ社会にどのような影響を与えたのであろうか。一般的によく言われるのは、排外主義と政治的極端主義をもたらしたということである。社会の人々の不安・不満を解消するための方法としては、二つ考えられる。一つは民衆の目を国内問題から国外問題へ向けさせることである。もう一つは、悪しきナショナリズム（ナショナリズムの堕落形態）として、国内における異質な他者を攻撃し、国民の一体感（アイデンティティ）を高めること

表 8-4　工業生産指数と失業率

年	工業生産指数（1928 年＝100）	労働人口における失業率（年平均％）
1919	37	—
1920	54	—
1921	65	1.8
1922	70	1.1
1923	46	4.1
1924	69	4.9
1925	81	3.4
1926	78	10.0
1927	98	6.2
1928	100	6.3
1929	100	8.5
1930	87	14.0
1931	70	21.9
1932	58	29.9
1933	66	25.9
1934	83	13.5
1935	96	10.3
1936	107	7.4
1937	117	4.1
1938	125	1.9

出典：木村編（2001：289）.

である。前者を排外主義と呼び、後者を政治的極端主義と呼ぶことができる。政治的極端主義が、ユダヤ人虐殺へとつながったのであった。

ヴァイマル共和国時代の階層構造

ここではドイツの階層構造の問題を、地位の一貫性・非一貫性の視点から考えてみよう。地位の一貫性・非一貫性とは、階層構造の動態を捉える視点である。

人々の社会的地位は、複数の社会的資源から構成される。社会的資源のもっとも代表的なものである、教育、所得、職業威信の三つによって、地位の一貫性・非一貫性を考えてみよう。地位一貫的な人とは、地位がすべて高い人々（上層一貫）、中程度の人々（中層一貫）、すべて低い人々（下層一貫）のことである。これに対して、地位非一貫的な人とは、ある地位指標は高いけれど、他の地位指標は低かったり、中程度であったりする人々のことである。図示すると、**図8-1**のようになる。

ヴァイマル共和政時代の階層構造を考える上で問題とすべきは、地位の一貫性・非一貫性が政治的態度にいかなる影響を及ぼすのかというテーマである。このテーマについては、G・レンスキーがアメリカ社会を対象にして行った研究が有名である（Lenski 1954）。彼によると、地位非一貫的な状態になると、人々は自分の地位をどの指標に基づいて判断したらよいかわからなくなるし、自分の地位認知と他者の地位認知とがずれることもある。これは構造的な歪みであり、人々はストレスや欲求不満を感ずるようになる。その結果、現状変革的な政治的態度を形成し、さらには政治的極端主義に走るようになる。

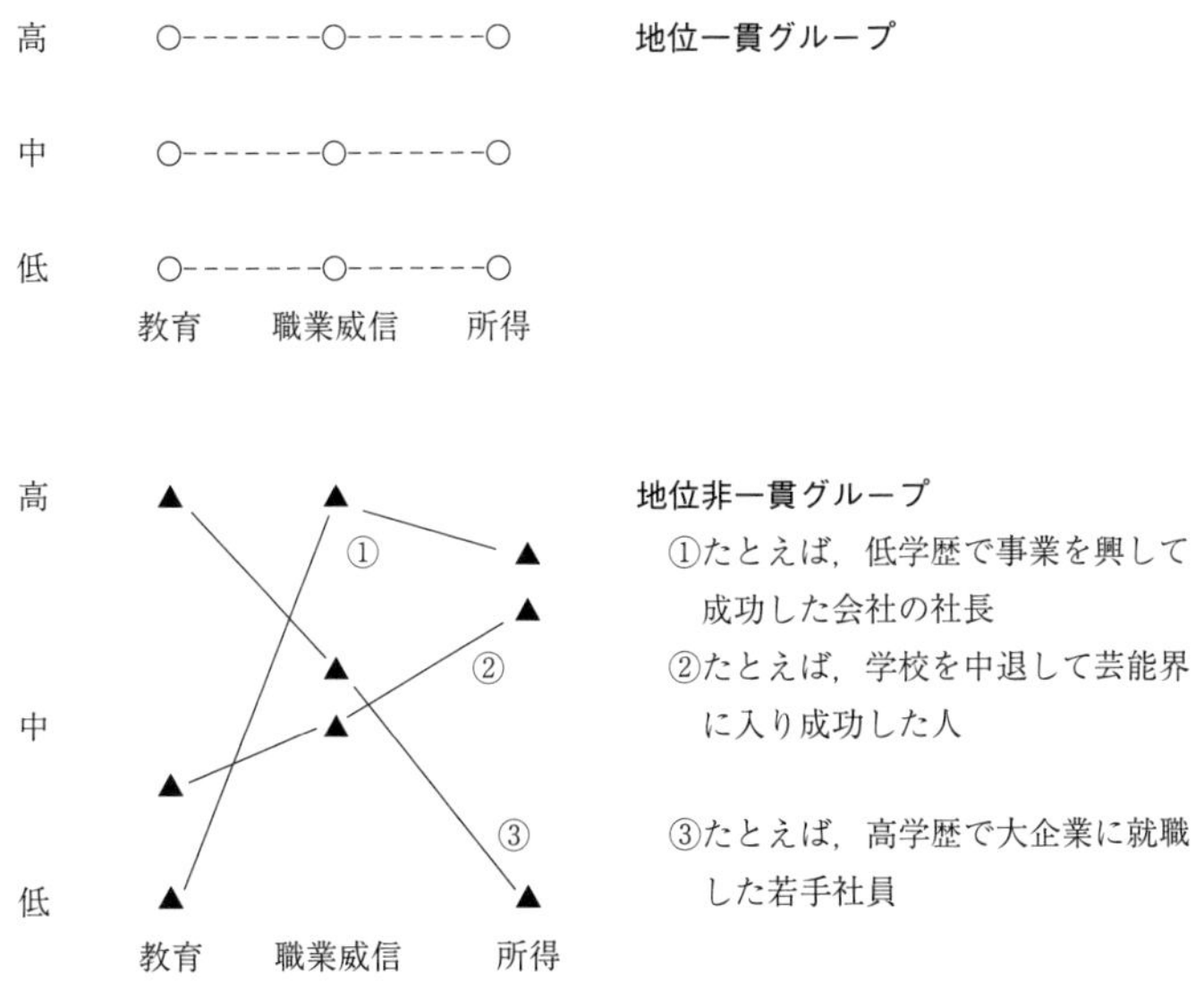

図 8-1　地位の一貫性と非一貫性

具体的には、レンスキーは地位非一貫的な人々ほど民主党を支持する傾向が強いことを指摘している。このことを「政治的極端主義への傾向」と呼ぶことにしよう。

「政治的極端主義への傾向」は、ヴァイマル共和国時代のドイツ社会にも当てはまるのであろうか。H・シュトラッサーによると、ヴァイマル期の経済不況はドイツ社会において中間層の没落をもたらした（Strasser 1986）[3]。その結果、地位の非一貫性が増大した。地位非一貫的な人々が政治的極端主義に向かう傾向があることは容易に想像されるであろう。

以上をふまえて、あのヴァイマル共和国がなぜナチスの登場をもたらしたのかという二〇世紀の謎に対する解答をまとめておく。第一に統治制度の観点からは、強力な大統領制が議会制民主主義を十分に機能させなかったこと、その間隙をぬってナチスおよびヒトラーが台頭したことである。第二に経済状況の観点からは、ヴァイマル共和国時代における経済状況の深刻さが排外主義と政治的極端主義を醸成したことである。第三に階層構造の観点からは、中間層の没落と地位非一貫的な人々の増大が、政治的極端主義への傾向を強化したことである。

3　民主主義の理想の姿を求めて

ポピュリズムの台頭

二一世紀になり、民主主義の変質を感じた人も多いのではないだろうか。日本における石原慎太郎都知事（一九九九―二〇一二年）の人気や橋下徹大阪府知事（二〇〇八―二〇一一年）の登場、さらにはアメリカにおけるトランプ大統領の出現は、それを感じさせた。このような政治状況の変化を捉える言葉として、ポピュリズム（大衆迎合主義）という言葉が頻繁に登場するようになり、市民権を得るようになった。

ポピュリズムについては、これまで二つの定義があった。第一の定義は、「固定的な支持基盤を超え、幅広く国民に直接訴える政治スタイル」であり、第二の定義は、「『人民』の立場から既成政治やエリートを批判する政治運動」である（水島 2016: 6-7）。水島治郎も指摘する通り、第二の定義、すなわち政治運動としてポピュリズムを捉える方が、現在の状況を説明するには適しているので、ここでも第二の定義をとることにしたい。

ポピュリズムを理解するにあたっては、民主主義をどのように定義するかということが重要になってくる。水島によると、近代デモクラシーには、「立憲主義的解釈」と「ポピュリズム的解釈」という二つの説明がある。[4] 立憲主義的解釈とは、「法の支配、個人的自由の尊重、議会制などを通じた権力抑制」を重視する立場であり、自由主義的な解釈のことである。これに対して、ポピュリズム的解釈とは、「人民の意思の実現を重視し、統治者と被統治者の一致、人民民主主義の導入」などを前面に出す立場のことである（水島 2016: 16）。さらに水島は、「ポピュリズムは、民衆の参加を通じて『よりよき政治』をめざす、『下』からの運動である。そして既成の制度やルールに守られたエリート層の支配を打破し、直接民主主義によって人々の意思の実現を志向する」と述べている（水島 2016: 19）。

ここから明らかなように、ポピュリズムは、「代議制民主主義の機能不全を批判し、人々の直接的な参加により既存の政治の限界を克服しようとして」おり、この点でラディカル・デモクラシーと共通性を有している。ラディカル・デモクラシーとは、「新しい『社会運動』や多文化主義、参加民主主義、討議デモクラシー論など、デモクラシーの深化を求める多様な運動・思想」のことである（水島 2016: 18）。

かくてポピュリズムを、近代デモクラシーを発展させる形態とみるか、それとも阻害する形態とみなすのかについては、議論が分かれてくるのである。本章では、このポピュリズムの両義性について決着をつけることはしないが、第二次世界大戦後の世界、とりわけ西側先進諸国では、なぜポピュリズムがそれほど話題にならなかったのかという問題をとり上げる。たしかにさまざまな社会運動は発生していた。アメリカであれば、一九六〇年代に人種差別に反対する公民権運動が、日本であれば一九六〇年代に安保闘争、大学紛争が起こっていた。大学紛争を象徴する事件が、一九六九年春の東京大学入試の中止であった。しかしこれらの運動をポピュリズムとして捉えることはなかった。

その理由として考えられるのは、戦後レジーム（戦後体制）のなかで、福祉国家体制がある程度実現されていたからである。つまりパックスアメリカーナ（アメリカの覇権）のもとで西側先進諸国は経済成長を実現し、国内における格差・不平等が少なかったからである。ところが「ベルリンの壁の崩壊」（一九八九年）以降の、民族紛争・宗教紛争や、国内社会におけるさまざまな分断がポピュリズムの台頭をもたらしたと考えられる。

それでは、ポピュリズムとして総称される政治的な現象・行動は、理想としての民主主義の実現につながるのであろうか。ヴァイマル共和国という二〇世紀の歴史の教訓をふまえながら考えてみよう。

真の民主主義の実現をめざして

まずヴァイマル共和国からの教訓を、政治の側面、経済状況と階層構造という二つの側面からまとめておく。政治の側面からは、議会制民主主義（議院内閣制）を完全な形で機能させることであり、そのためには大統領の権限を弱め、執行権の強化を防ぐことが重要である。

参考までに記しておくと、第二次世界大戦後の西ドイツでは、ボン基本法（ドイツ連邦共和国基本法、一九四九年）において大統領の権限は縮小され、ドイツ再統一（東西ドイツの統一）後もその形が維持されており、大統領は連邦大統領（Bundes-präsident）と呼ばれている。ドイツはフランスと同様、大統領制と議院内閣制の混合形態だとみなされているが、ドイツは議院内閣制とされるのに対して、フランスは大統領制とされている[5]（山岸 2013）。

経済状況と階層構造の側面からは、経済成長と平等化を実現することである。換言すれば、中間層の没落と格差の拡大を防ぐための経済成長がきわめて重要な課題になってくるのである。国民社会の分断（民族的分断、階層的分断）を回避するためには、経済成長（少なくとも経済の安定と失業者の減少）と安定した中間層の形成が必要なのである。

国家と社会

政治の側面、経済状況と階層構造の側面から考えた民主主義の開花（実現）という目標を、国家と社会という、より広い文脈に位置づけてみよう。近代以降の機能分化した社会における国家と社会の関係を図示すると、**図8‐2**のようになる。

図8‐2に示されているように、よりよい社会を作り上げるためには、公的領域と私的領域とを媒介する公共圏の役割が重要になる。**図8‐2**では、「人と人とのつながりの領域」が公共圏の主たるフィールドである。ここで重要になるのは、公共圏において豊かな公共性が作り出されている、もしくは「湧水」のように湧き出ているということである。

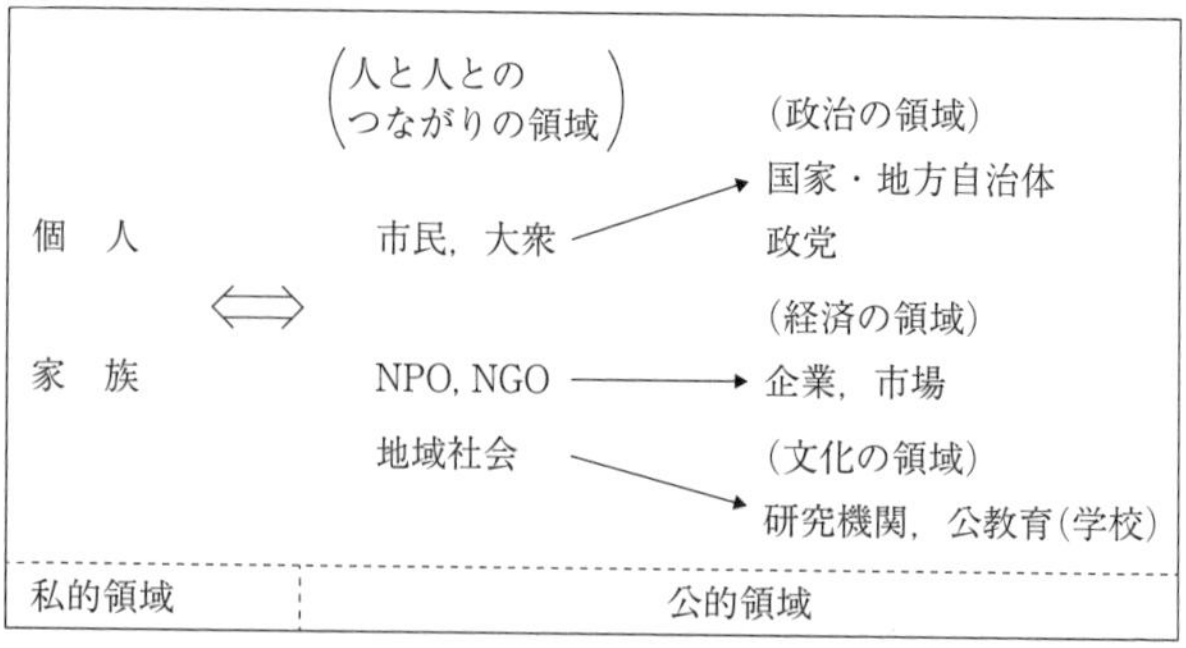

図 8-2　私的領域と公的領域

公共圏を担うのは、これまでの社会学の言葉で言えば、中間集団であり、R・D・パットナムの研究によって有名になった社会関係資本がキー概念となる。ポピュリズムとの関係から敷衍するならば、ポピュリズムが、社会関係資本の活性化および中間集団の形成につながっていくことが重要なのである。

公共性という概念を、佐藤慶幸（2003）に倣って整理すると、①市民的結合にもとづく公共性、②国家権力にもとづく公共性、③共同体にもとづく公共性、の三類型になる。J・ハーバーマスの名著『公共性の構造転換』（Habermas 1962）を持ち出すまでもないが、民主主義を実現させるために必要なのは、①に示されている市民的公共性である。国家権力にもとづく公共性がどんなに国民・民衆によい成果をもたらしたとしても、それは上からの公共性である。上からの公共性に対して、自律的な主体による下からの公共性が醸成され、上からの公共性と下からの公共性が相補的な関係にあるところにこそ、私たちの社会の力とレジリエンスがあるのではないだろうか。

下からの公共性を豊かに育てるということは、あまりにも理想主義的であり、社会科学を専門とする研究者の見果てぬ夢であるかもしれない。しかしこれからの社会をデザインしていくうえで、明治維新期に草莽の志士たちが近代国家建設に邁進したように、大志を抱くことが必要である。その際、突破口になるのが公共圏（公共性）の復権であることは間違いないであろう。

【注】

（1）たとえば有名なものとして、林健太郎の著作（林 1963）がある。
（2）九州大学名誉教授有馬学氏による口頭でのご教示に負う。
（3）ヴァイマル共和国時代の階層データが収集できるのであれば、さらに精緻な実証研究が必要であることは、いうまでもない。
（4）山本圭（山本 2012）の説明として紹介している。
（5）ヴァイマル共和国の大統領は、ライヒ（帝国）大統領（Reich-präsident）であり、第二次世界大戦後の大統領は、連邦大統領（Bundes-präsident）である。

【参考文献】

Habermas, J. 1962(1990) *Strukturwandel der öffentlichkeit, Untersuchungen zur einer Kategorie der bürgerichen Gesellschaft*, Luchterhand.（細谷貞雄・山田正行訳 1994『公共性の構造転換』未來社）。
林健太郎 1963『ワイマル共和国——ヒトラーを出現させたもの』中公新書。
木村靖二編 2001『世界各国史13　ドイツ史』山川出版社。
Lenski, Gerhard 1954 "Status Crystallization: Non-Vertical Dimension of Social Strata," *American Sociological*

Review, 19: 405-413.
水島治郎 2016『ポピュリズムとは何か』中公新書。
成瀬治・山田欣吾・木村靖二編 1997『世界歴史大系　ドイツ史3』山川出版社。
佐藤慶幸 2003「公共性の構造転換とアソシエーション革命」佐藤慶幸ほか編『市民社会と批判的公共性』文眞堂、三—二五頁。
Strasser, Hermann 1986 "Status Inconsistency and the Rise of National Socialism," Hermann Strasser and Rober W. Hodge, eds., *Status Inconsistency in Modern Societies*, Sozialwissenshaftliche Kooperative, pp. 402-435.
宇野重規 2020『民主主義とは何か』講談社現代新書。
山岸喜久治 2013「ドイツ連邦共和国大統領——平常事務と緊急権限」『人文社会科学論叢』宮城学院女子大学、六七—七九頁。
山本圭 2012「ポピュリズムの民主主義的効用——ラディカル・デモクラシー論の知見から」日本政治学会編『日本の団体政治』(年報政治学 2012-II) 木鐸社、二六七—二八七頁。

9章

民主主義の二つのかたちと日本の選択

小論文教育から考える価値観と市民像

渡邉　雅子

コロナ禍は生存に不可欠なものとそうでないものを可視化させ、政治と社会の再考を迫った。日本の課題として浮かび上がったのは、政治判断の基準の不透明さと決定の遅さおよび経済優先の社会のあり方である。コロナへの対応は民主主義と権威主義の対立として位置づけられることが多かったが、民主主義にも大きく分けて二つの考え方がある。「個人の自由と権利」を強調するリベラル民主主義と、個人の利益より「社会全体の公益」を優先させる共和主義の二つである。二〇〇〇年前後から注目されているのが共和主義である（クリック 2011; 古川 2021）。

共和主義が注目される背景には、個人の権利と自由の保証のみでは解決困難な地球規模の問題（環境問題はその代表例）に多くの人々がさらされるようになったこと、その背後にある構造的な問題（グローバル資本主義や南北問題）に立ち向かうには、個人や特定の集団が追求する価値ではなく、より公共的な価値が重視されるようになったことがあげられる。

リベラル民主主義と共和主義の違いが顕著に現れるのが教育であり、その中でも学校で教える小論文の型に二つの民主主義のものの考え方と価値観が鮮明に現れている（渡邉 2021）。リベラル民主主義を代表するアメリカと共和主義を代表するフランスの小論文を切り口に二つの民主主義の特徴をつかみ、日本の立ち位置を考えたい。日本にも独特の小論文の型があり、そこには二つの民主主義の二項対立を超えた日本の民主主義の可能性と課題が示唆されている。

1　リベラル民主主義と共和主義——アメリカとフランスの価値判断

リベラル民主主義は、権力からいかに個人の権利と自由を守るかを政治的判断の基準とする。アメリカ型民主主義の基本単位は個人および個人の利益を代弁するローカルなコミュニティや結社である。地元のコミュニティやローカルな組織は、人々の宗教・文化・社会経済的な背景に基づいて組織されるものであり、アメリカにおける市民性はどこまでも具体的でローカルなものである。それは個人の自由、幸福、権利の重視がその根本にあるからであり、共通の教養や徳の涵養はその目的の手段とはならない。この考え方は教育行政にも反映されており、教育方針は地方の行政の単位である学区に移譲される地方分権の典型的な制度を取っている。学区には教育委員会が設置され、その制度を支える理念は「素人支配」である。専門家ではない住民たちが自分たちで教育方針を決め、そこでは彼らの「常識」が意思決定の基準となる。この常識がコミュニティごとに異なるのは、アメリカでは居住地によって構成メンバーの人種や職種が大きく異なることからも明らかである。

他方共和主義は、公正で平等な社会の実現を目指す「共通善」の追求を重視し、「公共の利益」を政治的判断の基準とする。共同体への政治参加を通じて共通の善（価値）を追求すること、そのための自己陶冶こそ個人が「善く生きる」ことと捉えられており、大陸ヨーロッパにおける「市民像」の原型をここに見ることができる。フランスの公教育の目的は「フランス市民の育成」とフランス革命の遺産としての「共和国の価値の伝達」である。フランス市民とは、「国家が保証する政治的権利を享受する者」、つまり投票して共同社会の決定（法律の制定）に関わる者であり、民族や言語によらない抽象的な「政治的な主体」として市民（国民）が定義されている（石堂 2013: 235）。そのために「この法律を評価したり、訂正したりする能力を人々に附与すること」が公教育の理念的な目的とされ、フランスでは中央集権的な教育制度のもと、ヨーロッパの伝統に基づく知識と教養の育成が人格の形成とともに重視されてきた（石堂 2013: 148）。こうした異なる考え方は、どのように両国の思考とその表現法に現れているのだろうか。

2 エッセイの思考法と価値観——個人の目的達成のため他者を動かす

アメリカではエッセイと呼ばれる文章の書き方の型が小学校四年生で教えられ、それ以後大学に至るまで学力はエッセイによって測られる。エッセイは英語の支配的な地位と経済のグローバル化によって、教育のみならずビジネスにおける世界標準の書き方となっている。

表9-1　エッセイ（米），ディセルタシオン（仏），意見文・小論文（日）の構造

エッセイ（米）	ディセルタシオン（仏）	意見文・小論文（日本）
1. 序論： 主張を述べる	1. 序論：主題に関わる「概念の定義」と「問題提起」，「問いと論文の全体構成」	1. 序論：主張を述べる
2. 本論： 主張を支持する事実 （通常3つ）	2. 展開：弁証法 a．定位（正：thèse） b．反立（反：antithèse） c．総合（合：synthèse）	2. 本論： a．意見・主張の根拠（2つ） b．「しかし……」（別の見方の挿入）
3. 結論： 主張を繰り返す	3. 結論： 全体の議論のまとめと結論，次の弁証法を導く問い	3. 結論： 「それでもやはり……」と主張の正しさを述べる

エッセイは、「主張の提示」、「主張の根拠」、「結論」の三部構造から成る。序論で主張を述べ、本論で主張を根拠付ける三つの証拠を述べて論証し、結論で主張が論証されたこと、つまり主張の正しさを述べる。エッセイの最大の特徴は、書き手の主張、つまり結論を最初に述べてしまうことである。実際の思考の過程では、観察やデータの分析から徐々に結論を導くが、それをエッセイの型で書くには、結論を先に述べて思考過程を倒立させる。そのために結論である主張に関係することだけが述べられ、余分な情報は入りにくい書き方になっている。エッセイはよく「的を射る矢」に喩えられる。最初の「主張」が的になり、それに続く文はその的めがけて最短距離を進むイメージである。エッセイは自己の主張のみを直線的に述べるため「説得」に向き、議論を効率的に進めることができる（表9-1参照）。

エッセイはその構造が示すように、まず結果を定め、結果から遡って原因を探る「逆因果律」が思考の枠組みになっている。結果に対して「遠く、弱く、遅い」情報を除き、結果に最も「近く、直接的に、強く」働く要因を特定する。余分な情報を削ぎ落とし、単純な因果関係を取り出す「分析力」が重視されているのは、情報を比較考量して素早く決断し行動しやすくするためである。選択肢がまだあるうちに、目的達成に最も可能性が高く効率的な手段を素早く見つけることが重視されている。ここでいかなる手段を用いてどのような目的を達成するのか、手段と目的の価値的な「正しさ」は問わないのもエッセイの思考法の特徴である。どのような目的を掲げ達成するのかは「個人の問題」で、個人がその責任において決定し、その結果も個人が負うものと学校で教えられている（渡辺2004）。こうした単純な因果律に還元する際にモデルにされるのは、自然科学の仮説検証である。仮説を立てて、経験的な知識で実証する。しかし科学は価値について語る手段を持たない。

エッセイの特徴である「主張を明確に述べること」と、「結論を最初に述べること」は自然にできることではなく、アメリカでは小学校一年生からオピニオン・ピースを書かせ主張させる訓練を行う。オピニオン・ピースでは、「私はこう考える。なぜならば……（I think...（Why?）Because...）」と意見の述べ方を定型化して、この思考の型を刷り込む。この方法があらゆる場面で反射的に取れるようになれば、エッセイへの移行は一足飛びに出来る。児童は放っておけば頭に浮かんだことを脈絡無く話したり、物語のように時系列で話したりするのでこの訓練は子どもの思考の社会化に効果的である。

民主主義を守ることはアメリカの公教育の目的とされており、その第一歩は「自らの意見を明確に述べられること」と「公権力に騙されない批判的な思考」を身につけることである。意見表明はエッセイ独特の書き方の型によって、そして批判的な思考は、論拠の妥当性と例証（証拠）の正誤をチェックすることによって鍛えられると考えられている。

3 ディセルタシオンの思考法と価値観——熟慮し極端に振れない判断

フランスで中等教育修了と大学入学の資格試験を兼ねるバカロレア試験は論述問題であり、決められた型で書かないと合格しない。その型の中心になるのがディセルタシオンと呼ばれるフランス式小論文である。フランスのディセルタシオンは、〈正‐反‐合〉の弁証法を基本構造とする（表9‐1参照）。与えられた主題に対する一般的な見方（〈正〉）、それに反する見方（〈反〉）、それらを総合して視点間の矛盾を解決する第三の見方（〈合〉）を提示する。序論では、与えられた課題のどの部分を取り上げるかを書き手が決めて問題提起を行い、次に関連する重要な概念を定義して、最後に〈正‐反‐合〉を導く三つの問いを提示して全体の構成を示す。続く展開部では、〈正‐反‐合〉それぞれの視点の論拠と根拠（視点ごとに二つの論拠と二つの根拠）を示して文献を引用して論証する。結論ではこれまでの議論を振り返って何が論証されたのかを確認し、問いに答えて結論とする。最後に次の弁証法を導く問いを問うて締めくくる。

この構造が示すようにディセルタシオンでは〈正‐反〉の二つの視点間の矛盾を解決することが目的であり、それが論文構成の原理ともなっている。しかしこの矛盾は試験で与えられた問いに明示されてはおらず、書き手が積極的に「反論」を見つけ矛盾を作り出さなければならない。「定義をもとにある前提に立つとこのような見方が可能になる」、「しかしその見方にはこうした不完全な点がある」、「そうであるならばその不完全を補う、あるいは反論をも解決できる見方とはどのようなものか」という論の流れを書き手が作っていく。弁証法では、〈正〉と〈反〉という異なる視点が最後には結びついて矛盾を解決し、より大きな全体像を描く。

弁証法は、視点を三つに切り分け構造化することで、全体との関係から各部分の意味づけを行い、新たな視点を提供する特徴をもっている。それぞれの視点は、それ独自では意味をもたず、〈正－反－合〉の構図の中に位置づけられて初めて意味が与えられる。構造化と体系化に意味をもたせ、「部分」よりも「全体」を重視する思考法である。こうした思考法は、ものごとが起きる主体（原因）を様々な要因に求める。そして全体を描こうとする傾向は、具体よりも抽象を重視する。この思考法がモデルにするのは哲学とその方法である。原因・結果の特定でも説得でもなく、「それが何であるのか」の本質を探ること、そして定義すること、そして私たちが無自覚に常識と考えていることの前提を明らかにすることが目的である。そして〈合〉では新たな前提を創ることまでが要求されている（渡邉 2021）。

フランスでは高校の終わりにディセルタシオンが書けるようになるために初等から中等教育まで段階的かつ綿密なカリキュラムが国民教育省によって組まれている。小学校では「文法」（正しい綴りと文法で書けること）、中学校では「論理学」（文献・資料をもとに論証できること）、高校では修辞学（問いの形に応じて小論文の型を使い分けて書けること）が目指されている。フランスの教育の最上の部分と言われるバカロレア試験準備の高校三年間は、ひたすら文献を読み暗記し小論文を書く過酷な訓練に費やされる。ディセルタシオンで議論する際の根拠は共通の文化、すなわち古代ギリシャ・ローマから積み上げられた偉人の思想と文芸、そして歴史である。国民教育省の示した「共通教養」をもとに議論を行うことは、弁証法の〈合〉で生徒が突飛な場所に着地しない安全装置になっている（渡邉 2021）。

ディセルタシオンは自律して考え行動できる市民を創るために、フランス革命後に百年の試行錯誤を経て創られたフランス起源の論文形式である。哲学で使われていたラテン語の論述の型をもとに、フランス市民育成のための「思考の演習法」として一九世紀の終わりにバカロレア試験に採用され後期中等教育に定着した。古典の模倣と暗記が中心だった伝統的な教育は、ディセルタシオンの登場によって、生徒自らが構想し既存の材料を組み合わせて矛盾を解決する「熟考し吟味する」思考の訓練へと変貌した。二一世紀の現在では、批判的にものを見たり自律的に考え判断したりすることの大切さは当然のように語られているが、国民国家の創設時からそれらを教育目標に掲げたのは、自らを統治する人民の育成という革命後の喫緊の課題がフランスにあったからである。フランス革命後の血みどろの政治闘争と混乱を二度と引き起こさないために、極端に振れず吟味を迫るディセルタシオンは今なお議論され改良が続けられている（渡邉 2021: 68-92）。フランス革命は未だ完成しておらず、革命の理想は議論され社会の変化とともに更新されていくべきものと考えられているからである。結論を出した後に次の弁証法を導く問いを問わせるのも、答えは常に更新され問われ続けるものという同じ精神がディセルタシオンに反映されているからである。

4　論文構造が変わると何が変わるのか──問題解決の方法とその答え

小論文の構造が変わると問いの答えを導く手順のみならず「答え」も構造によって規定されるのが分かる。エッセイは、問いに対して「はい／いいえ（Yes/No）」のいずれかの立場を取ってその証拠を示して結論とするのに対して、ディセルタシオンではそれでは全く不十分で「はい／いいえ」の両方を論証した後に、それら両面を含む第三の見方を提示し論証する。私たちは自由に考え書いていると思いがちだが、問いを見た時、私たちはすでにその答えのイメージとそこへ至る道筋を論文の構造から与えられているのである（渡邉 2021: 25）。

エッセイは根拠として、書き手の経験や統計の数字など「証拠の事実」として反論を許さない実証的なデータを好むのに対して、ディセルタシオンでは古今の著名な先人たちの考えとその引用を根拠にする。小論文の中で先人たちを対話させ、書き手も先人と対話しながら結論を導く。ディセルタシオンでは個人の意見や体験は全く意味を持たないと言われている。それはディセルタシオンで目指されているのは「修辞学的な自己の確立」だからである。修辞学的な自己とは、自分の考えに固執せず、むしろそこから距離を取って、〈正〉も〈反〉も〈合〉も力いっぱい論証する「拡大された思考」を持つ自己を指す。フランス式の教育を受けていない者にフランスの思考法がわかりづらいのは、パラドックス解消のために故意に〈正〉と〈反〉でパラドックスを作り出す、その手続きが思考の型になっているからである。ではなぜ効率や分かりやすさを犠牲にして、このような複雑な手続きを社会に出る前のほぼすべての若者たちに課すかといえば、人間は放っておけば利己主義になるからである。〈正－反－合〉で複数の視点から否応なく考えさせ、共通教養を使って論証させることにより、共通善に向かう手続きと価値観を刷り込むのである。

他方アメリカにおいて目指されているのは、「真正の自己の確立」であり、自分なりの考えや意見を持つことが重視される。小論文の書き方によって、適切な主張の証拠と理想とすべき自己のあり方までもが変わってくるのである。エッセイは「個人の目的達成」、ディセルタシオンは「共通善の追求」のために必要な手続きと思考法、そしてそれらを支える価値を教えている。技術的な書き方とその訓練を行っているように見えながら、そこで養われているのは二つの社会を支えるリベラル民主主義と共和主義の価値観なのである。

5　日本の立ち位置を考える——感想文と小論文

日本は第二次世界大戦後長らくアメリカを社会と教育のモデルとしてきた。敗戦直後の社会科や高校の国語教科書には、アメリカ型のリベラル民主主義の影響を読み取ることができる。しかし初等・中等を貫く国語教育、とりわけ書く教育は戦後も一貫して独自の路線を歩んできた。そのひとつが、「日本のプラグマティズム」と評価されている綴り方の伝統を継承した「感想文」である。生活体験や読書したことについて感じたこと思ったことを綴る感想文は「子どもの作文」と受け取られているが、実際は中等教育と大学まで継続的に書かれて独自の機能を果たしている。感想文は意見文など他の書く様式にも影響を及ぼしており、日本の学校教育において「万能の書く様式」となっている。

感想文は、体験の前後での「書き手の変化」を「感想」という形で述べさせる。その根底には、体験を通して「何を学んだのか」を書く、つまり体験を通した自己の成長の軌跡を描かせ、その体験を自己の行動や生き方にどう生かすのかを書かせる目的がある。物語や評論文の読解後の感想文では、友だちと感想文を読み合うことで他者の多様な価値観に触れさせ、自己の考えがそれによって「変わること」が期待されている。自己の主観と他者の主観を重ね合わせ、間主観性（個別の主観が他者との相互の修正を経て複数の主観の間の一致を見ること）を養うことが目指されている。間主観性は、哲学においては「私の世界」と「他者の世界」を一致させることによって社会を成り立たせるマクロレベルの抽象的な機能として語られるが、日本の感想文を通して養われるのは、その場その場の自己と他者のやり取りの中で共感を媒介にミクロレベルで具体的に構築されるものである。「そのような状況ならば自分はどう感じるか」と五感を通して想像を働かせ、他者の期待をその場に適切な行動として自己の行動に反映させる。そうすることで、特定のイデオロギーや概念、伝統的な慣習によらず、その場と状況に応じた適切な行為を通して道徳的規範を構築し、期待される行動が実際に行われることで外的な強制を伴わず譲り合いによる秩序維持が可能になる（渡辺 2004）。

感想文を通じた共感教育と間主観性を通じた秩序維持は、教育の場では「同化圧力」となり、「主張しない従順な国民を作る」として批判の対象になることが多かった。確かに「思ったまま感じたままを書く」はずの感想文は、小学校高学年にもなると何が期待されているのかを忖度してまとめる作文へと変容していく傾向は認められる。適切な感想が国語教科書に先取りして示されていたりして、社会的なスキルを養う手段になっている。他方で、共感を通じた道徳性の強みは、災害時の混乱した状況における整然とした秩序の維持と強制力なき規範の遵守という他国には見られない秩序維持のあり方を実際に作り出すことである。感想文には「事象に対する高度な認識力、判断力、思考力、洞察力、想像力、感受性」を高める目的が作文指導で掲げられているが、実際、刻々と変化する状況を瞬時に読み取り、期待される行動を反射的に取るには高度な認知能力と他者への感受性、道徳意識が必要である。

感想文は、それとは明らかに異なる様式である意見文にも影響を与えている。意見文は、主張と反論を根拠付けて書く型になっているが（表9－1参照）、米・仏の小論文のように「論証すること」が目的となっていない。反論の反駁は、「さまざまな立場から見直し、考えを深める」ことが目的である。たとえば、小学校のある国語の教科書の説明では、「『もし――だったら』と、自分とは異なる立場の人になったつもりで考えてみる」、つまり「他の立場から（自己の主張を）見直す」こと、それが「考えを深めること」になると説明されている。中学校のある国語教科書に示された例では、主張とそれに対する反駁が、主張の表明というよりは自己と仮想的な他者の間の内的対話の形を取って考えを深める機能を果たしている。

日本で論証を目的にしているのは、小論文である。小論文には、感想文や意見文では養うことが難しい「市民」としてのスキルを訓練する可能性があると考えられる。小論文は大学の個別入試や各種資格試験で用いられている様式であり、与えられたテーマに即して資料の読み取りや自己の意見を書く。テーマの多くは現代の社会問題であり受験生にとって当事者性が高く、時事性の強いテーマが扱われる。その一方で、試験問題で扱われるだけに課題文の多くは常識的な見方に挑戦し、身近な問題をより大きな社会・経済・政治的な問題に位置づけて普遍的な問題にするものが多い。この課題文の考え方を受けとめて、社会問題に関する常識的な見方・考え方に対して「違和感」を持たせ、常識とは別の角度から考えさせることを小論文は要求している。本論では常識的・一般的な見方を確認し、次に常識に対する違和感を「だが」「しかし」と別の角度から見て、課題文とは異なる自前の根拠で論証する。結論ではテーマに関して常識とは別の見方をする利点と意味づけを求める。小論文として不合格なのは、常識をなぞって分かりやすい綺麗事にしたり感情論にしてまとめたりするものである（大堀 2018）。感想文、意見文とは明らかに異なる様式であるのが分かる。

このように課題文が示した多様な切り口から自分の論点を選び取り明言して、自前の根拠で論証することが求められている小論文は、市民性教育の役割も果たし得る。小論文は複数存在する選択肢の中から「取捨選択」すること、その上で決断して行動する訓練となり、また手持ちの材料で論証するために、生徒を社会問題・時事問題に注目させるきっかけともなる。さらに身近な社会問題を「身近なまま」にしておいては常識とは異なる見方はできないので、より大きな構図に位置づけるために概念や理論を援用して普遍的な問題にしたり、国際比較のデータなどを用いて日本を相対化して見て日本の特徴を定義し、批判的な視点を獲得させたりする。社会通念への懐疑や社会の暗部に目を向けさせるテーマが入試の小論文に頻出するのは、それが高等教育で必要とされる資質と態度だからである。

小論文の訓練は、大学入試で小論文が求められる生徒のみが国語の教師の個別指導を受けたり、生徒が個人的に塾や教育出版社による小論文模試を受けたりする状況であり、訓練の有無によって生徒間に書く力と考え方の質の分断を招いている。感想文と意見文でしっかりと社会的なスキルを養った上で、高校で小論文を学ぶことは、生徒の進路にかかわらず社会を生き抜く上でのエンパワメントになることは間違いない。この二つの思考表現スタイルを段階的に与えることは、欧米の民主主義と市民性の伝統とは異なる第三の道を開くことにならないだろうか。

6　結びにかえて——感想文と小論文が開く第三の道

リベラル民主主義を体現するエッセイの長所であり短所にもなり得るのは、自己の考えのみで押し通す点である。他方共和主義を体現するディセルタシオンは、放っておけば利己的になる個人主義を、共通教養を根拠に多面的に論じさせることで自利から利他（共通善）への価値転換を行わせる。しかし所与の共通善が追求されるため文化共同体への同化を強要し、同化できない人を排除する難点がある。フランスの人種差別問題の深刻さの原因はここにある。日本の思考表現スタイルは「利他」を基底に持ち、差し迫った自分ごととして問題や対象を捉える「当事者性と切実性」を書き手に求める。「関係性の中にある個人、文脈の中に置かれた個人」を前提に対象を捉え、感じ、考え、書く。それはリベラル民主主義の個人主義の理論には欠けている視点であり、共和主義の普遍性を謳う共通善とも異なる。リベラル民主主義は「個人」のためだが、同じように利他を謳いながらも共和主義は抽象的な集団である「国家」のため、日本は具体的な個人である「他者」のための道徳に近く、前提が異なる。

近代の価値観の中核を占めた「個人」、「合理性」、「統合」、「グローバル資本主義」は、「コミュニティー」、「ケア」、「分離独立」、「持続可能なシステム」へと大きく舵を切り直している。失われた三〇年と言われる長期経済低迷においても、物語の読解法と感想文を通じて共同体と自然との絆を維持し、「利他」の価値観を維持した日本の思考表現スタイルと教育は、ポスト近代といわれる時代の大転換への準備を行っていたとも考えられる。感想文の起源である綴り方は、特定のイデオロギーに頼らず、目前の問題解決に注力しそれに役立つものならばいくらでも追加していく折衷的なアプローチを取ってきたことでひとつの社会運動として前進し継続されてきた（鶴見 1956: 102）。複数の思想の影響を受けて変化しながらも、その担い手は初発から現場の教師たちであり、近代の学校の成立直後から官製の輸入ものの教育と近代の価値観の対抗軸となり、伝統的な子ども観や自然観、共同体保持の影の立役者となり続けてきた。

その一方で日本の思考表現スタイルの課題は、場の読み取りと間主観性を手段にしているため、判断の基準が明確にならないことと判断に時間がかかることである。状況を読み取るため情報を集めているうちに選択肢が狭まり、もはやこれしか取る道はないという「状況」そのものが行動を決める（渡辺

2004）。状況が行動を決めるため、結果に対する責任の所在も問いづらい。日本のコロナ対応に見られた課題と重なる思考法の短所である。

リベラル民主主義と共和主義の思考表現スタイルの特徴を知った上で、日本の文化的な文脈から生まれた感想文・意見文・小論文の価値を比較の構図の中に位置づけ再考する意義は大きい。それぞれの社会の文化的背景や原理・価値観に馴染まない思考表現スタイルの移植は不可能だからである。さらにそれぞれの国の「自己の視点」は、慣れ親しんだ思考表現スタイルを使って考え表現している限りは盲点となる。自己の立ち位置を理解した上で複数の思考表現スタイルを知ることは、判断基準の明確化と自覚化に役立つ。さらに移植は不可能でも、思考「表現のスタイル」であることを考えれば、時と場所に応じてスタイルを「使い分ける」ことも、近代化とグローバル化を経験したこれからの市民として重要なスキルとなり得るだろう。異なる思考表現スタイルを「選択肢」として捉えるのである。

民主主義の手段としての「多数決」は、個人が一票を投じて全体の方針を決めるため、投票を行う個人の利益の追求を認めている。他方、共和主義は個人間の異なる利益の追求を超えた全体の利益に関して「合意」することに価値を見出す。では日本の「利他」と共同体意識の価値観に基づく民主主義とはいかなるものになるのだろうか。日本の思考表現スタイルの価値観を生かすならば、利他を中心的価値に置きながらも、場を構成する自己の周辺のみならず全体の利益になり得る方法を形式論理的に考えることになりはしないだろうか。

コロナ禍は世界中に伝統回帰を促したが、それは近代以前に戻ることを意味しない。民主主義の制度を保ち、科学技術の恩恵を受け、経済的な取引を続けながらも、変わるのは人と人との関係（自利から利他へ）と、人と自然との関係（自然の中にある自己）という世界と人との「意味づけ」である。この点からも、ポスト近代は、「物」から「意味とコミュニケーション」の時代への転換と特徴づけられるのである。

【参考文献】

クリック、バーナード 2011（関口正司監訳）『シティズンシップ教育論――政治哲学と市民』法政大学出版局。
古川雄嗣 2021「共和主義、シティズンシップ、道徳教育――『市民』には、なぜ、どのような、『徳』が必要なのか」道徳教育学フロンティア研究会編『道徳教育はいかにあるべきか――歴史・理論・実践』ミネルヴァ書房、一五二―一七〇頁。
石堂常世 2013『フランス公教育論と市民育成の原理――コンドルセ公教育論を起点として』風間書房。
大堀精一 2018『小論文 書き方と考え方』講談社。
鶴見俊輔 1956「日本のプラグマティズム――生活綴り方運動」久野収・鶴見俊輔『現代日本の思想』岩波書店、七二―一一五頁。
渡辺雅子 2004『納得の構造――日米初等教育に見る思考表現のスタイル』東洋館出版社。
渡邉雅子 2021『「論理的思考」の社会的構築――フランスの思考表現スタイルと言葉の教育』岩波書店。

10章 社会のゆらぎと社会理論のゆくえ

山田　真茂留

1　文化の混沌、社会の低迷

衝突する文化

社会は価値や規範をベースに成り立っている。それが古典的な社会学が説くところだ。人通りの多いところを歩いていていきなり刃物で傷つけられることはないだろうと安心していられるのも、学校や会社で頑張っていればそれなりの成果が上がり評価もされるだろうと期待が持てるのも、いずれも人々の間に一定の価値や規範が共有されているからである。

しかし価値や規範の強度は、またそれらが共有される範囲は、いったいどの程度なのだろう。いかに人の命が大切だと言っても、殺人の禁忌に例外はあり、例えば戦争や死刑による落命は普通にあることだし、極悪なテロリストをよその国で殺害したことが文明国で喜びをもって報じられたりもする。人命の扱いですらそうなのだから、他のさまざまな価値・規範が社会によって、あるいは時代によってそれなりのゆらぎを見せるのは当然のことだ。

ヴェルディのオペラ「アイーダ」は古代エジプトを舞台とした物語で、主役のアイーダはエチオピアの王女という設定である。では制作者や演出家はこの役を演じるソプラノに黒い顔のメイクを施すべきであろうか、黒い顔のソプラノをキャスティングすべきであろうか、あるいは白い歌手でも黄色い歌手でもそのままの姿で出演させるべきであろうか。

二〇二二年の七月、イタリアのヴェローナ・オペラに関し、アフリカ系アメリカ人のソプラノ、エンジェル・ブルーは出演予定の「椿姫」を降板すると発表した（*New York Times*, 二〇二二年七月一五日など）。その理由は、ロシアのソプラノ、アンナ・ネトレプコが同じヴェローナ・オペラでの「アイーダ」への出演に際して、インスタグラムで自らの黒塗りの姿を見せつけたからであった。ちなみにネトレプコは二〇一九年の時点で、白いアイーダなんてやるつもりはないし、黒塗りのアイーダこそ最高だと語っている。ブルーは、現代社会においてこのような演出は不適切だとし、強い抗議の意を表明したのであった。これには少なからぬ数の歌手たちから賛意が寄せられている。他方、ネトレプコの方はいわゆる炎上という騒ぎとなった。

そうしたなか、ネトレプコの夫のテノール、ユシフ・エイヴァゾフは、ブルーは七月ではなく六月に「アイーダ」の上演が同じ黒塗りの演出で別キャストによって始まったその段階で降りておくべきだった、と発言。これもまた大炎上をきたす。その後、ニューヨークのメトロポリタン・オペラ（メト）の総裁、ピーター・ゲルブは、この種の発言は憎しみに満ちたものであり、狭量な考えを持つアーティストにはメトでの活躍の場はない、といった内容の書簡をエイヴァゾフ宛に送ったと報じられている。

しかしそのメトロポリタン・オペラ自体、ごく最近まで「アイーダ」などでの黒塗りを当たり前のように用いていた。またヴェローナ・オペラは、二〇年ほど続いてきた演出なのでそう簡単に内実を変えるわけにはいかなかった、と釈明している。事件の数年前までだったら、黒塗りのアイーダこそこの作品の真正性を保つためには大事なこと、と感じる人は大半だったにちがいない。いや、もちろん今なおそう思う人は大勢いるだろう。

分断された社会

それから四年前、二〇一八年の四月、ミュージカル・スターのシエラ・ボーゲスが、その夏にロンドンのBBCプロムスで予定されていた「ウェストサイド物語」への出演辞退を表明する、という事件が起こった（山田 2020: 69-71）。それは白人としてのボーゲスがプエルトリコ系移民のマリアを演ずることに対して批判が沸き起こったからだ。ラテン系の歌手たちにこそこの役を回せ、というわけである。このロジックに沿って作品の真正性を考慮すれば、アイーダはアフリカ系のソプラノが歌ってこそホンモノということになる。いや、より厳密には、「アイーダ」の題名役はエチオピアの歌手が、そして「ウェストサイド物語」のマリアはプエルトリカンのニューヨーカーが演じなければならない、というふうになるのだろうか。これが現実的でない、というのは言うまでもない。またそうしたアイディアは、反差別の立場から白人の優位性を批判している反面、人種的・エスニシティ的な特性を固定的に捉える本質主義の罠に自ら囚われてしまっていると言うこともできよう。

映画や舞台芸術などで、元々白人ではない役に白人キャストを充てることや、白人におもねった配役を行うことをホワイトウォッシング（whitewashing 粉飾＝白人化）と呼ぶ。また白人が役柄上、黒塗りを行うことをブラックフェイス（blackface）という。いずれも人種・エスニシティ関係で、昨今厳しい批判が浴びせられている営みだ。ネトレプコがブラックフェイスでアイーダを演じるのはホワイトウォッシングだが、とはいえ彼女が素のままで出てきたとしてもやはりホワイトウォッシングだと非難される可能性は大いにある。これまで業界において特権性を享受してきた白人アーティストたちに対する風当たりは、各種分野で次第に強くなってきている。

民主主義諸国の間で、人種・エスニシティ・ジェンダー・性的指向などに関する平等の理念の共有度が高まるのは、もちろん望ましいことだ。しかし現実世界におけるその具体的な適用についてはさまざまに異なった考え方が錯綜し、しばしば激しく衝突する。近代社会において諸個人の自由・平等という理念は基本的な事柄としてあまねく浸透しているところだが、それをめぐって個別の文化的背景を担った多様な集団が幾多の闘争を繰り広げている、というのが実状にほかならない（山田 2013; 山田編 2018; 山田 2020）。そうなると全体的な文化状況は混沌とし、社会のまとまりも弱いものとなってしまう。もはや、価値や規範を中核とする文化によって社会の統合が保たれている、などといったことを国民社会全体において安易な前提とするわけにはいかない。

2　社会理論の刷新のために

時代に合った社会理論の必要性

社会学はミクロのアイデンティティも相互行為も関係も、全て社会的文脈と絡めて議論してきた。例えばC・H・クーリーは、自分というものが必ず他の人物との照らし合わせによって社会的に成立するという事実に注目し、「鏡に映った自己」という概念を提示した。社会のなかに埋め込まれた諸個人は、必ず誰かの心に映じた自らのイメージを想像しているというわけだ（Cooley 1922: chap. 5）。またG・H・ミードは、他者の呈する普遍的で非個性的な態度や、組織化された共同体や集団それ自体のことを「一般化された他者」と呼び、それが社会的自我にとっていかに大切かを強調した。そして彼は社会的なmeと、それにリアクトするIという対比を行ったが、ここで相対的に優位に立つのは他者の態度が結晶化したmeの方だ（Mead 1934=2021）。

では、このように力点が置かれている当の社会とは、いったいどのようなものなのか。クーリーやミードの時代であればアメリカでも日本でも、地域社会にせよ国民社会にせよ簡単に確固たる像を結んでいたことだろう。だからこそ彼らは右のような議論を展開したのである。しかし今やソーシャル・メディア（SNS）全盛の時代。「鏡に映った自己」と言われても、その鏡は多種多様で、どれを見たらいいのかよくわからない。また現代人は他者の反応が大事だとよくわきまえてはいるものの、諸個人の地域・集団・組織などへの関わりはさまざまなため、「一般化された他者」が共通の存在として明確にイメージされることもない。そこでアイデンティティの繋留ポイントを容易に定められない人々は、電子的な情報空間のなかを右往左往しながら、ときに他者などいないかのようにナルシスト的に振る舞ったり、あるいはその反対にひたすら他者からの評判を気にし過ぎて自分らしさを見失ったりするのである。上に掲げたネトレプコのケースもボーゲスのケースも、いずれも社会のゆらぎならびにソーシャル・メディア上の騒ぎと深く関係しているということに注意しておこう。

社会的な秩序というものが共有された価値や規範によって自動的に成り立っているわけではないということに関しては、これまでの社会学でも繰り返し論じられてきた。例えばA・シュッツの現象学的社会学も、H・ガーフィンケルのエスノメソドロジーも、社会の成り立ちをより深い意味世界の機微の掘り下げによって解明しようと試みている。しかしながら彼らが探究したのは、当たり前とされる日常生活世界の姿の、その深奥であった。つまり彼らの時代には、ノーマルな社会それ自体は自明視された存在として映じていたのである。ところが今日では、社会の存在の疑わしさ、日常生活世界の成り立ちにくさは、社会学者のみならず普通の生活者によっても日々感得されるまでに至ってしまった(1)。

社会理論は、いかに抽象度や一般性が高かったとしても、特定の時代的・社会的状況に強く影響される。またそれは同時代の社会に関して鋭い洞察を示すものにほかならない。だとするならば、これまで積み上げられてきた社会学の遺産のうち、今なお有用なところはどこで、刷新が求められているのはどのあたりなのか、しっかりと考えをめぐらす必要があろう。

個人化と集団化の同時進行

個人のアイデンティティが社会のありようによって決まる部分は次第に小さくなり、自己選択の幅が拡がることによって、人は人生の自由を謳歌できるようになるとともに、しばしば自らの生き方についてひとり思い悩むこととなった。これに関しては、しばらく前の社会学ではP・バーガーらが、またその後はA・ギデンズやZ・バウマンらが論じているところだ。だが、こうした議論に先駆けてずっと古く、今から百年以上も前にG・ジンメルが、近代社会では結婚相手を決める際、共同体などの慣習に従う必要はないわけだが、その代わりに自分自身による選択の意味がとても重くなった、といったケースを挙げながら、個人的な自由は自分自身による束縛を意味するという議論を展開しているのには瞠目させられる（Simmel 1908=1994: 下 325-326）。社会学はその草創期から、個人化について深い探究を行ってきているのである。今後はそれを、グローバル化が進み、また情報通信技術（ICT）が発達した今日的な文脈に合うよう、さらに彫琢していくことが求められよう。

こうして今日、社会的なもののイメージがゆらぐなか、個人化の進行がいっそう激烈なものとなっているわけだが、これによって人々が個々バラバラなものとなってしまったわけではない。むしろその反動として、なんとか自らを個別的なカテゴリーに基づく文化や集団のうちへと繋ぎ止めようとする動きが活発化することになる。現代人には、人種・エスニシティ・ジェンダー・性的指向などの共通性に根ざした集合的アイデンティティへのこだわりが相当に強く認められるのである。二〇世紀末に人文社会系の学問や評論で文化やアイデンティティという言葉が盛んに飛び交っていたとき、それらは多くの場合、自由で流動的なもの、新たに構築できる創造性に満ちたものとして、希望をもって語られていた。ところが今日では、文化にせよアイデンティティにせよ、人の力では変えられない属性的なものとして論じられることがきわめて多い。多文化主義というときも、アイデンティティの政治というときも、それは大抵、所与の属性的な文化やアイデンティティのことを意味している。

そしてここにこそ、元々はマイノリティ集団内の人々の自由を強く志向していたはずの多文化主義の思想の評判が急落してしまった理由がある。(2) この思想はともすると、属性的な文化集団内への引きこもりを正当化し、かかる集合的アイデンティティの斉一性を過度に強調することで諸個人の個性を閑却し、そしてそれぞれの集団の間に深甚な敵意と闘争をもたらしかねないのである。

近年、寛容の思想に注目が集まっているが、それはまさにこの敵意と闘争を抑制する効能に期待が寄せられるからだ。もとより寛容の思想の歴史は古いが、今日的な多文化状況がもたらしている各種の問題を解きほぐすために、昨今新しいタイプの寛容論が展開されるようになった。その代表的な論者が社会哲学者のR・フォアストである（Forst 2003［英訳2013］; Forst 2014）。彼は寛容という実践のなかに①許可概念、②共存概念、③敬意概念、④尊重概念の四つを区別した。許可とは多数派が少数派を渋々認める実践のこと、共存とは似たような力のある集団同士が仕方なしに認め合う実践のこと、敬意とは平等性の理念に則って互いを認める実践のこと、そして尊重とは相手方の信念や行動を倫理的に価値あるものとして評価し合う実践のことである。フォアストはこのうち敬意ならびに尊重を重視するとともに、許可を否定的に捉えた。許可という態度だと、単に力あるマジョリティが弱い立場のマイノリティに対して偉そうに振る舞っているだけ、ということになってしまう。

フォアストはさらに、不当に権力的な状態に堕さないためには、寛容という営みの主体を国家ではなく個人に限る必要があると説き、また全ての諸個人の対等性を前提とした互酬性と一般性の規準に則って寛容な態度を育んでいくべきだと主張した。しかしながら理想として掲げるのはともかく、これを実際に行うのは困難を極めよう。現実世界には権威主義的、差別的な姿勢を取りがちな人々や集団を含め、多種多様な行為主体が存在しているからである。政治哲学者W・ブラウンや思想家S・ジジェクなど、寛容という考え方がはらむ政治性や権力性を批判する論者は少なくない（Brown 2006=2010; Brown 2015; Žižek 2008）。この語の実際の使われ方に眼を向ければ、多くの場合そこには支配的なマジョリティが従属的なマイノリティに対して施しをしているといったニュアンスが含まれているのが読み取れよう。

また、さらなる問題は、たとえ諸々の主体が互酬性と一般性の規準を強く意識したとしても、いやそれを意識すればするほど、自分（たち）の側こそが互酬性と一般性に長けた正義だと主張し合う新たな闘いの場が生まれてしまう、ということにある。正義をめぐる闘争ほど激越なものはない。過去の幾多の戦争を振り返れば、味方にしても敵にしても、自らの正義をことさらに謳い、そして相手の不正義をひたすらあげつらうというのが常であった。

このように個人化の流れが止まらない現代社会においても、新たな集団化は絶えず起こっている。社会全体の価値が曖昧で流動的になっていることで、個人化と集団化の双方がともに加速しているというのが現状だ。そしてそうした社会的背景のもと、諸々の属性文化集団の間ではしばしば激しい闘争が繰り広げられる。多文化主義にせよ寛容にせよ、残念ながらそれへの完璧な解決策とはなっていない。これからの社会理論は、単に個人化のトレンドを説いたり、個人主義の大切さを訴えたりするだけでなく、集団化の実態をも深く見据えたうえで、そこでの諸問題に正面から取り組んでいく必要があろう。

3　文化デフレの果てに

新型集団主義の猛威

コロナ・パンデミックは、既に存在していた社会変容に拍車をかけている、ということがよく言われる。民族・階級・階層をめぐる対立はいっそう激烈になり、世界的な不平等はさらに深刻化し、学業や仕事が電子空間上での作業となる程度は高くなり、そして社会はひたすら液状化する。これだけ文化的・社会的な環境が混沌としてしまっているのであれば、もう人はもっぱら個人単位で生きていくしかないようにも見えるが、なかなかそうはならない。むしろ諸個人は、文化的・社会的な礎がないところで、部族的な防衛に精を出し、そしてときに敵対部族の攻撃へと走りがちだ。例えば、アメリカのマムズ・フォー・リバティという団体は、コロナ禍で学校教育への関心が高まった親たちによって、公教育における人種教育や性教育の現状、またマスク着用の強要などに反対するために立ち上げられた（『毎日新聞』二〇二一年九月一四日・朝刊など）。リバティを掲げる人たちがリベラルな教育に反対するというのはよくあることだが、コロナ禍のためにその動きがさらに加速したのである。

右派的にリバティを掲げるにせよ左派的にリベラルを謳うにせよ、個人の自由をベースにするからには、自律的な個人として振る舞えばいいのだが、彼らの多くはひたすらつるむ。ちなみに上掲のブラウンは、諸個人の自由・平等といった基本的人権がしっかりしてさえいればそれでよく、寛容といった古い思想が召喚される必要などまったくないと説いて、リベラリズムの貫徹を訴えているが、この思想にも部族的な様相が見出されると、うがった見解を提示しているのがジジェクだ。個人主義に徹し、属性文化的な性質を全て取り払えば（例えばアーミッシュの若者をコミュニティから引きはがし、ムスリムの女性からヴェールを取り去れば）それで全ては解決するといった類の超リベラルな思想は、実は特権的な近代欧米文化に根ざしたものであって、そこにはある種の党派性が認められる、というわけである。

また、コロナ禍によってサイバー空間の利用は非常に活発になったが、これも部族集団の跳梁跋扈を許す素地となっている。もちろん人々はインターネットを駆使し、個人として自由に世界中を経めぐることができる。しかしながらC・サンスティーンの指摘するように、それは本当に自律的というにはほど遠い。諸個人は、各種のフィルタリングやハッシュタグなどに導かれ、同質的な情報にのみ接しがちとなり、しばしば分極化したタコつぼ的な集団にはまり込んでしまう（Sunstein 2017=2018）。インターネット空間は自由と多様性を謳っていながらも、実際には人々に自由と多様性をもたらすとはかぎらないのである。(3)

ここで、価値や利害に基づくというよりは、むしろ単なる属性やカテゴリーに強く紐づいている集団へのコミットメントのことを、新型集団主義と呼んでおこう（山田 2017: 7章）。これに陥った人々の間のコンフリクトは、価値や利害の調整によって解決することができないため、非常に厄介だ。そこでは、互いの集合的なメンツばかりが顕わになる。二〇二二年の二月に始まったロシア・ウクライナ戦争でプーチン部族とゼレンスキー部族の双方がともにはまってしまったのも、この新型集団主義にほかならない。

文化デフレの実証実験

日本という国はこの百数十年の間に文化デフレとでも言うべき大きな変動を二回も体験した。明治維新と、そして第二次世界大戦の敗北である。両者とも、価値・規範が逆方向へと転回し、それによって社会関係のありようが激変した、大きな時代の節目であった。今般のコロナ禍による価値・規範のさらなる曖昧化、ならびにコミュニケーションの仕方のいっそうの多様化が、これらと並ぶ大変動となるのかどうか、今後が注目されるところである。

コロナ・パンデミックへの対応は各国まちまちだが、日本が特殊なのは、都市のロックダウンやマスク着用の義務づけなど、欧米諸国が権威主義国でもないのに易々と法に則って実行してきたことが不可能と捉えられている点である。これには日本人・日本社会が権威なるものを忌避するあまり、民主主義的な権威すら嫌ってしまっているという社会意識が効いている可能性があろう。第七次世界価値観調査（二〇一七−二〇二二年）によれば、将来権威がより尊重されることに関して、良いと思うか気にしないか悪いと思うかの三択で訊いたところ、良いと思うとした人は、アメリカ：五九％、ドイツ：五四％、中国：六二％、日本：二％となっている（World Values Survey のウェブサイト参照）。日本はデータが公表されている八四カ国のなかで最下位というありさまだ。

フォアストは、「マジョリティに共有された宗教的・倫理的な基盤なくして国家が完全に成立し得るかどうか」に関しては議論の余地がある、としているが（Forst 2003［英訳 2013: 394］）、寛容論の主唱者をしてこう言わしめているのは、もちろん彼の活躍するドイツには日本よりもはるかに強力な宗教的・倫理的な基盤があるからだ。民主主義という制度は、それにまつわる権威の信憑性のないところでは成り立たない、とする議論は少なくない。一般的に欧米諸社会と比べた際、日本では教員の権威も警官の権威も非常に低く、彼らの指示は容易に反抗に出くわしてしまう。このあたりは、残念ながら量的な意識調査ではなかなか摑みづらいところだ。今後、地に足の着いた綿密な比較研究が求められよう。

こうして日本はもともとからして文化デフレが世界一と言っていいほど進行している国であり、明治維新後（つまりは近代化後）、それでもなお社会が可能なのはどうしてなのか、に関する実証実験をしているようなところがある。ここまで来ればもう、その反動として一気に文化インフレのような状態へと転じ、挙国一致で戦争に総動員、などといった事態には陥り得ないのだろうか。あるいはそうした悲劇が繰り返される可能性もまだあるのだろうか。

欧米の民主主義国の多くは、ウクライナに対して多大な精神的・物質的・軍事的支援を行ってきた。そのウクライナ出身のソプラノ、リュドミラ・モナスティルスカは二〇二二年四月、メトロポリタン・

オペラの公演のカーテンコールにウクライナの国旗をまとって現れ、観客を大いに沸かせている。ちなみに彼女のこの日の出演は、ロシア出身ということなどからメトを出禁となった前掲のネトレプコの代役であった。また彼女こそ、同年六月のヴェローナ・オペラの「アイーダ」公演で黒塗りをしながら批判を免れていた、まさにその人である。

他方、ロシア系のアーティストは、欧米のさまざまな劇場で締め出しの憂き目にあっている。指揮者トゥガン・ソヒエフは、フランス、トゥールーズの当局から政治的なメッセージを出すよう迫られ、結局モスクワのボリショイ劇場とトゥールーズ・キャピトル国立管弦楽団の音楽監督の職を双方ともに辞任してしまった。二〇二二年三月のことである。この行動には彼の音楽家としての、そして国際人としての矜持を見て取ることができよう。

このようにロシア・ウクライナ戦争は、欧米の諸社会に、にわかに文化インフレとも言える状態をもたらした。その文化は国境を越えるという意味ではグローバルだ。しかしそれは人類全体に共有された真のグローバル文化ではけっしてなく、新型集団主義の増殖を許してしまっている。ちなみに日本では、ロシア系のアーティストもウクライナ系のアーティストもともに歓迎される。これは文化デフレの効用の一つと言えるのかもしれない。

【注】

（1）シュッツは全ての人々が持っている一般的知識と、特定の類型の人たちだけに通用する個別的知識とを分けているが（Schütz and Luckmann 2003=2015: 584ff.）、前者も後者も著しく共有性を減じているのが今日の社会の実態と言えよう。
（2） リベラルな立場からの多文化主義批判も少なくない。例えばT・ギトリンやZ・バウマンらの議論がそれに当たる。山田（2013: 217-218）を参照。
（3） 遠藤編（2016; 2018）は、ソーシャル・メディアに関し、プラスの面・マイナスの面をともに取り上げ、バランスのよい詳細な記述・分析を行っている。

【参考文献】

Brown, Wendy 2006 *Regulating Aversion: Tolerance in the Age of Identity and Empire*, Princeton: Princeton University Press.（向山恭一訳 2010『寛容の帝国――現代リベラリズム批判』法政大学出版局）。

Brown, Wendy 2015 "Tolerance as Such Does Not Exist," *Contemporary Political Theory*, 14(2): 159-164.

Cooley, Charles Horton 1922 *Human Nature and the Social Order* [Revised Edition], New York: Charles Scribner's Sons.

遠藤薫編 2016『ソーシャルメディアと〈世論〉形成――間メディアが世界を揺るがす』東京電機大学出版局。

遠藤薫編 2018『ソーシャルメディアと公共性――リスク社会のソーシャル・キャピタル』東京大学出版会。

Forst, Rainer 2003 *Toleranz im Konflikt: Geschichte, Gehalt und Gegenwart eines umstrittenen Begriffs*, Frankfurt am Main: Suhrkamp（translated by C. Cronin 2013 *Toleration in Conflict: Past and Present*, Cambridge: Cambridge University Press）.

Forst, Rainer 2014 "Toleration and Democracy," *Journal of Social Philosophy*, 45(1): 65-75.

Mead, George Herbert 1934 *Mind, Self, and Society: From the Standpoint of a Social Behaviorist* [Edited by Charles W. Morris], Chicago: University of Chicago Press.（山本雄二訳 2021『精神・自我・社会』みすず書房）。

Schütz, Alfred and Thomas Luckmann 2003 *Strukturen der Lebenswelt*, Konstanz: UVK Verlagsgesellschaft

mbH.（那須壽監訳 2015『生活世界の構造』ちくま学芸文庫）。
Simmel, Georg 1908 *Soziologie: Untersuchungen über die Formen der Vergesellschaftung*, Berlin: Duncker & Humblot.（居安正訳 1994『社会学』上・下、白水社）。
Sunstein, Cass 2017 *#Republic: Divided Democracy in the Age of Social Media*, Princeton: Princeton University Press.（伊達尚美訳 2018『#リパブリック――インターネットは民主主義になにをもたらすのか』勁草書房）。
山田真茂留 2013「モダニティの理想と現実――グローバル時代のコミュニティとアイデンティティ」宮島喬・舩橋晴俊・友枝敏雄・遠藤薫編『グローバリゼーションと社会学――モダニティ・グローバリティ・社会的公正』ミネルヴァ書房、二〇五―二二四頁。
山田真茂留 2017『集団と組織の社会学――集合的アイデンティティのダイナミクス』世界思想社。
山田真茂留 2020「他文化との対峙・多文化へのまなざし――文化の政治化と政治の文化化をめぐって」『社会学年誌』六一号、早稲田社会学会、六七―八五頁。
山田真茂留編 2018『グローバル現代社会論』文眞堂。
Žižek, Slavoj 2008 "Tolerance as an Ideological Category," *Critical Inquiry*, 34(4): 660-682.

11章 文化戦争と文系学問の危機

盛山　和夫

1　はじめに

世界のさまざまなところで民主主義が危機に瀕している。二〇一六年にはトランプ大統領の出現やイギリスのEU離脱国民投票と、民主主義の最先進国ともされる英米両国でのポピュリズム的傾向の高まりが注目された。それ以前からヨーロッパ諸国では、一時期は冷戦終結と東欧革命によって「市民社会の到来」への希望に湧いたものの、むしろ次第に反移民や反グローバリズムを掲げた政党が伸張したり、権威主義的な政権が成立したりしている。また、covid-19 が蔓延する事態のなかでは、さまざまな陰謀論や反ワクチン論などが広まったり、多くの政府がロックダウンなどの強制的処置を取らざるをえない事態に追い込まれたりした。そして、二〇二二年二月二四日のロシアのウクライナ侵攻は、世界規模で民主主義の危機を鮮明に示したのである。

こうした民主主義の危機についての分析にはいくつかのタイプがある。よく見かけられるのが、SNSを中心とするITメディアを大きな要因とするもので、匿名性による攻撃的言論の容易さや、エコーチェンバー効果などが指摘される（Walter 2022 など）。アメリカ社会に焦点を当てた政治学的な考察では、一九七〇年代以降のアイデンティティ政治の高まりが分極化を促すことになったという分析も少なくない（Lilla 2018; Klein 2020）。やや党派的に、共和党の選挙戦略やトランプに代表されるデマゴギー的な政治戦略に責任を求める研究もある（Levitsky and Ziblatt 2018; Kakutani 2018）。他方、そうした党派性からはやや中立的に、アメリカにおける分極化の基底として「文化戦争 cultural war」を指摘する議論も少なくない。

2　文化戦争と文系学問

「文化戦争」とは、アメリカの社会学者J・D・ハンターが一九九一年の著書（Hunter 1991）につけたタイトルで、副題で「アメリカを定義する闘い」と謳っているように、アメリカ社会における深刻な政治的対立と争点を「文化的にとらえた」概念である。具体的には、中絶、ジェンダー平等、セクシュアリティ、宗教等をめぐる公立教育、大学におけるカリキュラム問題、メディアをめぐる攻防、司法と裁判の場での闘い、政教分離問題、そして一九八〇年代以降のいくつかの大統領選挙戦での文化的意味をめぐる対立など、アメリカのアイデンティティと道徳的生き方に関わるさまざまな対立状況がとりあげられている。その後、対立がさらに深まっていく中で、しだいに（主として保守系の）政治家たち自身が「保守対リベラル」の政治的対立を文化戦争の概念を用いて語るようになっていった。書籍としては、やはり社会学者であるT・ギトリン（Gitlin 1996）が包括的な分析を行っている。

ギトリンは、ハーバードの学生時代に当時のアメリカ学生運動の中心であったSDSの委員長を務めたほどの活動家で、学究の道に進んだあともリベラルな立場からいろいろと社会運動に関わってきた学者であるけれども、文化戦争に関しては批判的なまなざしをみせている。具体的には、大学と初等中等教育における文化的対立の事例が考察の中心で、ひとつは、「ポリティカル・コレクトネス」の概念の発端となった一九八〇年代末のスタンフォード大学における「西洋文化」カリキュラムをめぐる騒動である。ほかに、彼が勤務していた大学が近いカリフォルニア州オークランド市での一九九〇年代はじめの教科書採択をめぐる対立や、全米人文学振興財団や連邦教育省の補助金をえて行われた「歴史教育のナショナル標準」の作成をめぐる対立などが詳細に描かれている。

ギトリンは、アメリカ社会における民主主義を脅かしている社会的分断の基底には文化戦争があることだけではなく、文化戦争の主要な現場が大学のキャンパスであり、そこにおけるカリキュラムや言説のみならず、しばしば研究までもが深刻な対立の対象になっていることを明確に描いている。その後、文化戦争はますます過熱していき、周知のように、今日のアメリカの大学ではキャンセル・カルチャーという形で熾烈な文化闘争が繰り広げられている。近年の事例としてよく知られているのが、心理学者S・ピンカーに対する批判と擁護をめぐる対立である（Ackerman *et al.* 2020）。ここには、文系学問そのものの中身が関わっている。つまり、文系学問はしばしば「分断」の当事者なのだ。

他方でそれとは逆に、文系学問は、本来的に民主主義社会を支える学問だと見なされてきたことも事実だ。たとえば、E・W・サイードが「民主主義的な批評」を担うものとしての人文学を賞揚し（Said 2004）、またM・ヌスバウムが一般的な文系学問軽視の風潮に抗して人文学の民主主義にとっての必要性を説いている（Nussbaum 2010）。日本でも、二〇一五年の文部科学大臣の「通知」に対する学術会議幹事会の反論で、デモクラシーという言葉は使っていないけれども、「人類の多様な文化や歴史を踏まえ、宗教や民族の違いなど文化的多様性を尊重しつつ、広く世界の人びとと交わり貢献することができるような人材」の育成にとっての文系学問という位置付けを表明している（日本学術会議 2015）。

このような「民主主義社会を支えるものとしての文系学問」という考えは、基本的なところでは正しいと思われるけれども、ひとつ不都合なことがある。それは、さきほどみたように、アメリカにおいて民主主義を脅かしている分断の基底にある文化戦争では、文系学問自身がある種の当事者として関わっているということである。つまり、文系学問は決して「分断のような民主主義の危機に対して、外部から客観的に観察する立場にいる」と誇りうるものではない。民主主義社会を支えるものとしての文系学問は揺らいでいるのである。

3　文化における政治闘争

もともと文化戦争は文系学問に深く関わっている。周知のように、戦後日本の人文社会の学問には、「イデオロギー対立」あるいは「神々の闘争」がつきまとっていた。代表はマルクス主義か否かの対立で、学術研究の中身においてはむろんのこと、大学や学会の人事や予算においても、（しばしば陰での）闘いが熾烈であった。ただし、日本でのこの対立構造は、一九六八年の学生叛乱（騒動）を経て革命幻想が衰退するにつれて大幅に弱まっていった。

それに対してアメリカの文化戦争は、学生叛乱ののちのアイデンティティ政治の台頭と密接に関係している（Gitlin 1996; Lilla 2018; Lukianoff and Haidt 2018; Klein 2020）。アイデンティティ政治とは、人びとの政治的な立場が、人種、民族性、宗教、ジェンダー、セクシュアリティ、出身階層などの個人の個別的属性を基盤としている社会の構造的な利害関係あるいは価値関係によって強く規定されており、人びとがそのように自ら認識して政治的立場を形成し行動していることをいう。イギリスのBREXITや欧米の移民政策をめぐる対立も、それぞれの国の「アイデンティティ」のとらえ方をめぐる対立という側面がある。

アイデンティティ政治はしばしば「歴史」に遡及する。そこには、たとえば、どういう属性の人びとがどのように虐げられてきたかという「差別や剝奪の歴史」があれば、誇りうる過去の発展や繁栄を確認する「栄光の歴史」もある。あるいは、愛と叡智と平和に満ちていたという歴史もあれば、神の恩恵や意思を読み込む歴史もある。人びとは、それぞれの歴史解釈を通じて政治意識を形成する。そのため、歴史をめぐる闘争がまさに政治闘争の焦点になる。そのことは、まだアイデンティティ政治という言葉が一般化する前に、アメリカ社会の分断（disuniting）の進行に警鐘を鳴らした歴史学者A・シュレジンガーも指摘している（Schlesinger 1991）。具体的には、「支配階級を正当化する」「権力の被害者を正当化する」「弁明のための歴史」「償いのための歴史」など、歴史が武器として利用されている状況を歴史家として嘆かわしく見ている。

こうしたこと、すなわち歴史記述が政治闘争の重要な武器になりうること、そしてしばしばなっていることは、いわば周知のことだ。すでに述べたように、文系学問は、とくには一九一七年のロシア革命以降、マルクス主義を焦点とするイデオロギー闘争に見舞われていた。そこでの重要な学術上の争点の一つが「唯物史観（史的唯物論）」で、それは歴史の理論的真実として、資本主義社会が必然的に社会主義社会へ移行することを説いていたのである。この理論を真理とみるかそれとも虚偽だとみるかの対立は、自ずから、社会主義経済や革命を志向する政治勢力とそれに対抗する勢力との政治闘争の基盤を形成していた。

歴史認識と政治的立場との密接な関係性は、マルクス主義という大きな物語の衰退のあとでも、さまざまな形で現れている。歴史認識という言葉は、東アジアにおける日本と近隣諸国との緊張関係に登場するが、言葉としては表れないものの、概念としてはもともとはドイツと近隣諸国との和解の試みにおいて意識されていたものだ。ソ連邦解体以後は、東欧諸国間および国内でのしばしば武力を伴う紛争とも関わりながら、「歴史記憶」の問題がクローズアップされてきた。歴史記憶は、歴史学の主要テーマであるとともに、政治闘争の主要なフロントでもある。

このことは、今日のウクライナ侵攻はもとより、アメリカにおけるさまざまな分断、欧米社会におけるポピュリズム、東アジアやヨーロッパにおける和解の問題、グローバルサウスと西欧諸国との植民地問題など、世界における多くの分断と対立に当てはまる。

むろん、文化戦争の当事者になりかねない、あるいは実際に意図的に当事者たらんとしている研究を含む学問分野は、歴史学だけではない。哲学、文学（文芸批評）、社会学、政治学、経済学、人類学等々、基本的にすべての文系学問に通じる。

このような状況のもとで、はたして文系学問はどのようにして民主主義を救うことができるだろうか。

4　文系学問に内在する危機

右で紹介したサイード、ヌスバウム、そして学術会議幹事会などの「文系学問が民主主義の基盤となる」という主張は、「何の役に立つのか」という政治権力や世間などからの批判や懐疑に抗して、文系学問の「存在理由」を論じる際になされている（ほかに、佐和（2016）や吉見（2016）も）。

こうした議論において、文系学問の「意義」として強調されるのは、主に次の三点である。

（1） 市民性の涵養
（2） 批判性
（3） 価値の創造

これらは、その通りなのだが、少しコメントしておこう。まず、もともと人文学 *Humanities* の概念は、古典的市民教養である *humanitas* から来ており、市民としてふさわしい公共的徳性や能力・知識のための学問を意味している。この伝統が今日の（狭い意味での人文学に限らず）文系学問一般に引き継がれていることは間違いない。

他方、批判性は、サイードによって最重要とみなされている意義であり、学術会議の声明でも「現在の人間と社会のありかたを批判的に省察する」という文言がある。もっとも、批判性は本来的にはすべての学術にとって本質的なことであり、自然科学も、「既存知識を批判的に見る」ことがなければ、革新は生まれない。文系学問の批判性は、学術知に対してだけではなく、現実社会のありかたに対しても発揮される。この点は、技術知と似ている。ただ、じつは、サイードにしても学術会議の声明にしても、明示的には「学術知そのものへの批判性」が抜け落ちている。つまり、学術における固有の徳性としての批判性が視野にない。

最後の価値の創造という意義は、伝統的な理解ではあまりなじみのないものかもしれない。これが認識されていないことは文系学問の危機を表しているが、サイードもヌスバウムも触れていない。しかし、吉見（2016）が明示的に取り上げているほか、第六期科学技術・イノベーション基本計画においても「人文・社会科学の真価である価値発見的な視座」（内閣府 2021: 10）という文言などによって、新たな価値の創造に寄与することが述べられている。実際、後で述べるが、価値の創造は文系学問の重要な課題である。

ところで、以上三つのほかに、文系学問の意義には学術としてもっと本質的に重要なこと、すなわち、

（4） 学術的に正しい知識を探究し、真理を解明する

がなければならないが、すでに紹介したどの論者や機関も明示していない。自然科学であれば、「世界の真理を解明する」ということがすなおに第一義的な意義になるはずだ。文系学問も、もともと哲学こそは世界についての正しい知識の探究として始まったはずである。ところが、今日、とくに人文学系では「真理」や「新しい知識」が語られることが少ない。これは非常に奇妙なことだ。

さて、すでに述べたように、文系学問が民主主義の基盤となるという趣旨の議論は、文系学問に対する実利的な観点からの批判への反論として発せられている。多くの論者は、かりに文系学問の危機があるとしても、それは右の（1）から（3）までの文系学問の意義が理解されていないため、つまり、文系学問への世間の無理解という「外部的要因」のためだと考えているのである。

この認識は正しいだろうか。明らかにそうではない。今日の文系学問は内部的な理由によって危機を迎えていると考えるべきだ。その証拠は、たんてきに「学生をはじめとして、書籍が読まれない」という現象に見て取れる。教養の解体（竹内 2003）は誰の目にも明らかだ。そしてそれは「市民性の涵養」を衰退させる。これは日本だけではなく、アメリカやヨーロッパのかつて文系学問を支えていた主要大学で同じように起こっていることだ。

危機はこれだけではない。二〇世紀の終わり頃までは、文系の分野を超えた研究者のあいだで共通の「テーマ」や「思想家」が存在して、それらをめぐる議論が盛んであった。マルクス主義か否かだけではなく、一九七〇年以降でも、ハーバマス、レヴィ＝ストロース、構造主義、フーコー、ロールズ、市民社会論、脱構築など、知的関心を刺激した「思想」が存在してきた。しかし、今はない。

これと関連して、学問研究が全般的に細分化され、悪く言えば実証的些末化が進んでいる。この背景には、業績評価における査読付き専門誌への論文掲載の過度の重視もある。これは、「掲載されやすいテーマ」を選ぶ傾向を助長し、結果として「挑戦的で、学術的な意義は大きいけれども、リスクが高い」ようなテーマを研究課題として選択する試みを低下させる。そして細分化のために、学術的に意義の大きな研究を評価できる視点そのものが衰退している。したがって、本質的に革新的で、理論的にスケールの大きな研究に挑戦したり、積極的に論じたり、といった姿勢が大幅に減退している。

危機の根幹にあるのは、文系学問の多くの分野において、「学術としてどう進展しているかが見えず、知的にわくわくする研究がない」ということであり、それは研究者自身において「何を明らかにすることが学術としての進展になるのかが分からない」ということにある。「正しい知識の探究」という意義への認識が弱いのは、このためである。

5　民主主義の基盤となるべき文系学問とその蹉跌

では、文化戦争や民主主義の危機は、文系学問の危機とどのように関係しているのか。これへの答えは、たんてきに次のようになる。

文系学問は、本来的に、よき生からなるよき共同性を探究する学問であるが、民主主義の危機は共同性そのものが解体の危機を迎えていることであり、それは文系学問が学問としての本来の課題を果たしていないことである。

ここには、文系学問の本来的な「実践性」が関わっている。文系学問とくに人文学は「空理空論」とか「非現実のもの」とかの誤ったイメージが強いが、もともと「文字」は祭祀や行政や商取引という実践的な目的において発達したものだし、*Humanitas* もヌスバウムたちが強調する市民性の涵養も、よき市民の育成ひいてはよき共同体のためを意識している。まして古典ギリシャや古典中国の主要思想は、もっぱら「よき政治とは何か、よき共同体とはどういうもので、いかにして可能か」を主テーマにしていた。

そして決定的に重要なのは、今日の民主主義的政治体制の根幹は、ホッブズ以降の、ロック、モンテスキュー、ルソーなどの近代社会思想の相互批判的な展開と錬磨を通じて形成されてきたことである（もっとも、全体主義や社会主義や専制主義もまたそれぞれの近代思想を基盤にしている）。つまり、近代民主主義的社会制度の形成は文系学問が総体として誇るべき成果である。

一九九〇年代はじめ、ソ連が崩壊し中国が近代化に向かい始めた頃、国際情勢の点ではその成果は継続していたように見えた。しかし、その頃すでに文系学問の内部的な混迷が進みつつあった。一つの象徴的な事件として、いわゆるソーカル事件を挙げることができる。これは、一九九四年に物理学者のA・ソーカルがポストモダン派（もっともポストモダン派の思想とリオタールの言うポスト・モダンそのものとは異なるのだが、紙幅の関係でここでは略）の専門誌にわざと現代思想風の「でたらめな」論文を投稿し、それが受理されて掲載されたことをソーカル自身が暴露した事件である。ソーカルはその後『知の欺瞞』（Sokal and Bricman 1998）を著して、現代思想流の文系学問を批判した。

この事件に対しては著名研究者らからの反論はあるが、基本的に現代における文系学問の大きな欠陥を表している。その欠陥とは、共有しうる知識の探究への志向の低下である。そもそも、学術とは正しい知識の共有をめざす営みである。とくに基盤的文化においては異質であるような他者とでも「ともに正しいと認められる知識をめざす」という志向が根幹をなす。それに対して、ソーカル事件は、文系学問に「表面的にもっともらしい仲間うちの言説が学術的精査を経ないでもてはやされる」傾向がありうることを示している。

もともと異質な文化との共生というテーマは、文系学問が担っている基本的課題である。実際、一九七〇年代以降の文系学問はそのテーマの著しい深化によって特徴づけられ、それまでの西欧の自文化中心主義、男性中心主義、既存文化の絶対視などに対する鋭い批判と反省によって、革命的な変貌を遂げた。構築主義革命もその一つである。すなわち、社会的事実は「社会的に構築されたもの」であって自然的実体ではない、という理論である（盛山 1995）。これらは基本的に正しい変革である。

しかし、その一方で好ましくない事態も生まれた。一つは、構築主義的な思考がしばしば「真理は存在しない」という趣旨の議論に陥る点である。かの有名なT・クーンの『科学革命の構造』は、コペルニクスからニュートンにいたる天文学および物理学の革命的進展を、たんなる「パラダイム転換」とみなす風潮を生んだ。フーコーの言説分析も、あたかも精神病という病は事実として存在しないことを証明したかのように受け取られた。こうした風潮は、「共通に受け入れうる正しい知識」という考えを排除しがちになる。

次に、やはり構築主義の誤った副作用として生じたのが、「構築された諸概念」への依存を忌避して、理論的な広がりを持ちにくい些末な実証性に耽溺する傾向である。これは、すでに述べた「理論的にスケールの大きい研究」の弱まりに関連している。

その一方で、経験的な事実としての「当事者性」が重視される。たとえば、フェミニズム理論に「個人的なことは政治的なこと」という主張があるが、それは個人的な嘘偽りのない体験が政治的および規範的に妥当な主張の根拠になりうるという含意をもっている。あるいは、歴史学においては歴史記憶への着目が進展した。こうした動向自体は研究の新しい展開として歓迎すべきものだ。しかし他方で、それぞれの経験や記憶の個別性を重視するだけでは、共同の価値理念や政治秩序への道筋を見いだすことは難しい。

6　民主主義の再興のために

もともと学術と民主主義とには非常に密接な関係がある。両者はともに「理性的で開かれた批判的な議論を通じて、人びとにとって共通に受け入れることのできるものを探究する」という制度である。この点を基盤として、文系学問は三つの側面で民主主義の基盤となる。

第一は、やはり民主主義的な市民性、個人特性の陶冶である。しかし、そのためには文系学問の実践そのものが民主主義的、とくには、公正な批判、他者への寛容等々の徳性を担っていなければならない。しかし、今日の文系学問ははたしてどうだろうか。たとえば「批判性」はむろん学術にとっても民主主義にとっても重要な要素であるが、それだけでは「不寛容」を助長しかねない。また、個人特性の陶冶のためにはやはり「何らかの徳性」をポジティブに語らなければならないが、それはポストモダン風の相対主義や懐疑主義だけでは難しいだろう。

第二に、文系学問の意義の一つである「価値の創造」は、「異質な利害や文化を有する多様な人びとからなる共同体をいかにして構築するか」という民主主義が最も必要とするものである。多様性の重視は当然のこととして潜在的な対立の存在を想定しているが、暴力に訴えることなくそこに公正な政治秩序を構築し維持するための最大の梃子は、共同に受け入れることのできる新しい価値を発見し、定立することである。そしてこれは、「人間と社会の正しい在り方」を探求する文系学問にとっての本質的な課題である。ところが、すでに見たように、近年ではこの課題への取り組みが著しく低下している。

文系学問が民主主義を支える第三の側面は、近代社会思想がそうであったように、民主主義を支える政治理論の発展を通じてである。しかし近年の民主主義の危機は、まさに政治理論の危機を意味している。たとえばR・ダールの多元化論（Dahl 1989）は、多様性によって分裂にさらされている今日のアメリカにとっては破綻している。同時に、単に多様性のなかの中立主義を説く現代リベラリズムや、文化戦争を無視した熟議理論や闘技理論なども、まったく有効性をもたない（盛山 2006; 2014）。新しい政治理論の展開が急務であるが、そのためにはスケールの大きな理論への挑戦が不可欠である。

以上三つのどの側面においても、今日の民主主義の危機の克服は文系学問の学術的な発展によってこそ果たされるものである。それは文系学問が近代社会思想の知的伝統を呼び戻し、再びわくわくするような探究に満たされるときであろう。

【参考文献】

Ackerman, Elliot *et al.* 2020 "A Letter on Justice and Open Debate," *Harper's Magazine* July 7, 2020 (https://

harpers.org/a-letter-on-justice-and-open-debate/).

Dahl, Robert A. 1989 *Democracy and Its Critics*, Yale University Press.

Gitlin, Todd 1996 *The Twilight of Common Dreams: Why America Is Wracked by Culture Wars*, H. Holt & Co.（疋田三良・向井俊二訳 2001『アメリカの文化戦争——たそがれゆく共通の夢』彩流社）。

Hunter, James Davidson 1991 *Culture Wars: The Struggle to Define America*, Basic Books.

Kakutani, Michiko 2018 *The Death of Truth: Notes on Falsehood in the Age of Trump*, Tim Duggan Books.

Klein, Ezra 2020 *Why We're Polarized?* Profile（Kindle 版）.

Levitsky, Steven and Daniel Ziblatt 2018 *How Democracies Die*, Broad Way Books.（濱野大道訳 2018『民主主義の死に方——二極化する政治が招く独裁への道』新潮社）。

Lilla, Mark 2018 *The Once and Future Liberal: After Identity Politics*, Harper Paperbooks（Kindle 版）.

Lukianoff, Greg and Jonathan Haidt 2018 *The Coddling of the American Mind*, Penguin Publishing Group（Kindle 版 2019）.

内閣府 2021『第6期科学技術・イノベーション基本計画』。

日本学術会議 2015「日本学術会議幹事会声明 これからの大学のあり方——特に教員養成・人文社会科学系のあり方——に関する議論に寄せて」日本学術会議、二〇一五年七月二三日。

Nussbaum, Martha C. 2010 *Not for Profit: Why Democracy Needs the Humanities*, Princeton University Press（2016 edition, Kindle 版）.

Said, Edward W. 2004 *Humanism and Democratic Criticism*, Columbia University Press.（村山敏勝・三宅敦子訳 2013『人文学と批評の使命——デモクラシーのために』岩波現代文庫）。

佐和隆光 2016『経済学のすすめ——人文知と批判精神の復権』岩波新書。

Schlesinger, Arthur M. Jr. 1991 *The Disuniting of America: Reflections on a Multicultural Society*, Whittle Books.（都留重人監訳 1992『アメリカの分裂——多元文化社会についての所見』岩波書店）。

盛山和夫 1995『制度論の構図』創文社。
盛山和夫 2006『リベラリズムとは何か――ロールズと正義の論理』勁草書房。
盛山和夫 2014「政治理論の応答性とその危機――脱政治への志向がもたらしたもの」井上彰・田村哲樹編『政治理論とは何か』風行社、二八一―三〇九頁。
Sokal, Alan and Jean Bricman 1998 *Fashionable Nonsense: Postmodern Abuse of Science*, Picador.（田崎晴明・大野克嗣・堀茂樹訳 2000『「知」の欺瞞』岩波書店）。
竹内洋 2003『教養主義の没落――変わりゆくエリート学生文化』中公新書。
Walter, Barbara F. 2022 *How Civil Wars Start: And How to Stop Them*, Viking.
吉見俊哉 2016『「文系学部廃止」の衝撃』集英社新書。

III

未来をどのように創るか

12章 〈生〉を包摂する社会へ

ケアとジェンダーの視点から

落合 恵美子

1 新型コロナが可視化したケアとジェンダー

二〇二〇年四月の第一次緊急事態宣言では営業自粛要請や一斉休校・休園が行われ、在宅勤務が広がった。そこで露呈したのが、ジェンダーとケア負担の問題である。第四波あたりから次第に増加して第六波以降はついには当たり前となった自宅療養も、女性の負担によって成り立っている。まずは、私たちが行った二つの調査の結果を紹介しよう。

在宅勤務緊急調査

第一次緊急事態宣言直後の二〇二〇年四月八―一五日、「自分もしくは同居家族が新型コロナの影響により、在宅勤務を経験した人」を対象に、緊急ＷＥＢ調査を行った（落合・鈴木 2021）。短期間にもかかわらず、三四〇人（女性二〇六人、男性一三二人、その他二人）から回答を得た。在宅勤務の調査であることもあり、年齢は二三歳から五九歳が九〇％を占める。また地理的には首都圏が七八％、京都府・大阪府などの関西圏が一〇％、世帯構成は単身二二％、配偶者と同居六一％、子どもと同居四一％で、休校・休園中の子どもがいる人が三〇％であった。在宅勤務であるだけでなく、子どもも在宅の場合も多く、文字通りステイホームの実態調査となった。

ステイホームの調査では、二つのことが明らかになった。第一は、ステイホームは家事・育児の総量を増加させ、その負担はジェンダーにより不平等に、すなわち女性が多く負担したということだった。性別によって受け止め方が大きく異なったのが「家事・育児」と「家族関係」である。在宅勤務で困ったこととして、子どものいる女性の三六％が「家事・育児」を挙げているのに対し、子どものいる男性では一五％、子どものいない女性では一〇％である。多くの女性は家事・育児が増えたために、睡眠時間を削って夜間に自分の仕事をしており、「子どもを保育園に預けられず休業した」という深刻なケースもあった。夫は自分の仕事部屋で集中できているが、妻は家事・育児をしながらの仕事になるなど、夫婦とも在宅勤務でも「夫の仕事」を優先してしまうケースが少なくないようだ。その結果として、子どものいる女性の三一％、休校・休園中の子どもがいる女性の三六％が「家族関係」の悪化を感じているのに、男性はその半分にも満たない。ステイホーム中の女性の苦闘は社会からはほとんど見えず、政府の支援も無く、ともすると夫にも十分認識されていない「シャドウワーク」だった。心身のストレスで変調をきたした女性も少なくなく、数カ月後に注目された女性の自殺の増加にも関係したのではないかと想像される。

第二に、以上と矛盾すると思われるかもしれないが、在宅勤務などのステイホームは家族関係を良くする効果があったと多くの人々、特に男性、とりわけ子どものいる男性が認識していた。「家族関係」が良くなったとする割合は、子どものいる男性では四七％に上った。これまで家族とのコミュニケーションや家事・育児に十分な時間をとれなかった日本の男性にとって、休校中の子どもに気を配りながらのステイホームは、貴重な機会だったようだ。自由回答からは、子どもと過ごす貴重な機会を楽しむ父親の姿が浮かび上がってくる。それまでほとんど無かった家族生活を在宅勤務で取り戻したような男性も少なくないようだ。

家事・育児は広義のケアと言ってよいだろうが、この調査結果はケアのもつ両面性を映し出した。ケアはただ減らせばいい労苦というわけではなく、生活そのものであり、親しい人との関わりでもある。しかしその負担が過重であったり偏ったりすると、心身を傷めつけ、人間関係も悪化させる。ケアという活動のもつ二重性が調査から浮かび上がった。

自宅療養調査

二〇二二年三月一七—二八日、自分もしくは同居家族が新型コロナウイルスに感染して自宅療養者となった人で、首都圏（東京都、神奈川県、埼玉県、千葉県）と関西圏（大阪府、京都府、兵庫県）在住の一五歳以上を対象にＷＥＢ調査を行い、一〇六五人（女性五四三人、男性五二二人）から有効回答を得た。(1)

自宅療養者のケア役割を見ると、「看病や身の回りの世話」（ケア）の最も中心的役割を担った人は、女性が男性の倍以上である。自宅療養者が自分でするのが難しいのに手伝ってもらえなかったこととして、「食事を作る」を挙げたのは二人以上の世帯の人が多い。他の世帯員がいても、あるいはいるから、無理を押して自宅療養者が食事を作ったケースが少なくなかったようだ。全員が感染した場合も含まれるが、「症状が夫より重い自分が、食事の用意等せざるを得なかった」と回答した人もいる（落合 2023b: 85）。

自宅療養者となった人（世帯内に複数いる場合は最も症状の重かった人）の仕事は、会社員（正社員）三五％、学生一九％、パート・アルバイト（民間）七％、医師・医療関係者五％、主婦専業四％、無職四％などであった。職場での休業期間の扱いは、「自宅待機命令により有給の自宅勤務」（二六％）、「年次有給休暇を取得」（二六％）、「病気休暇を取得（給与は全額支給）」（一九％）、「欠勤等の無給休業」（一〇％）、「病気休暇を取得（給与は減額支給）」（六％）、「病気休暇を取得（無給）」（五％）などであり、自営業などであろうが「新型コロナの流行のため休業させられ、無給だった」も五％あった（落合 2023b: 86–87）。

公務員と教職員（一部は公務員だろう）の多くは「病気休暇」を取得している。しかし民間会社では「病気休暇」の制度化は義務ではないので二三％の企業しか導入していない。したがって民間会社の正社員では「自宅待機命令」と「年次有給休暇」が半々となる。契約社員や派遣社員では「自宅待機」を認められたケースはあまりなく、多くは「年次有給休暇」を使わざるをえなかったようだ。民間のパート・アルバイトの待遇はさらに厳しく、「欠勤等の無給休業」となった者が多数を占める。安心して病気療養できるかどうかは、職業や雇用形態に強くリンクしていることが確認された（落合 2023b: 87-88）。

では、自宅療養者自身ではなく、そのケアをした人たちはどうだろうか。「自宅療養者の看病や世話に最も中心的役割を果たした人」の職業を男女別に集計してみると、男性の四五％が正社員であるのに対し、女性は正社員、パート・アルバイト、主婦専業に大きく分かれる。ケアをしていた期間、テレワークで仕事をしたのは男性三三・六％、女性二〇・四％。仕事を休んだのは男性四七・〇％に対し女性は六三・二％と差がつく（落合 2022c: 図4）。

ケア期間の扱いや給与については、「自宅待機命令により有給の自宅勤務となった」と「年次有給休暇を取得した」の割合は男性の方が女性より大きい。他方、「欠勤等の無給休業となった」は女性が男性の倍近い割合を示す。こうした男女の違いは、それぞれが就いている職業と関係していると推定される（落合 2022c: 図5）。

会社員の場合は正社員でも契約・派遣社員でもテレワークと休業が同じくらいなのに対して、パート・アルバイトは圧倒的多数が休業している。医師・医療関係者と介護関係者は休業も多いが、出勤して仕事をした人たちも二〇—三〇％いる。濃厚接触者のエッセンシャルワーカーの自宅待機期間短縮措置により、家庭内隔離等の適切な感染予防策を講じながら業務に就かざるを得なかったことが推察される（落合 2022c: 図6）。

休業した期間の扱いについて雇用形態別に見ると、正社員は「自宅待機命令」と「年次有給休暇」が同じくらいだが、契約・派遣社員は「年次有給休暇」がはるかに多い。有給休暇を使わなくていい正社員との待遇の違いは明らかだ。それでもこれらはいずれも有給なのに対して、パート・アルバイトは「欠勤等の無給休業」が最も多い。ケア役割を担った女性のコロナ前の仕事は一七%がパート・アルバイトであり、彼女たちの多くはテレワークもできずに休業して、しかも欠勤扱い等で無給だったということだ（落合 2023b: 88）。

現在について尋ねると、自宅療養者本人は九一%が元の仕事に復帰しているのに対し、そのケアをした人は七一%しか復帰していない（落合 2023b: 89）。

2　ケアを外部化した社会と社会科学

〈生〉（＝生命・生活）を支えるケア

女性たちは、新型コロナの影響を受けた様々な場で、様々な苦境に立たされた。家庭内の無償労働のジェンダー的偏りばかりではない。その雇用労働への影響、雇用労働としての過酷なケア労働、公務労働の過重負担と釣り合わない待遇なども問題化した（落合 2022a; 2023a: 第15章）。それらは一見ばらばらのようだが、ケアを「〈生〉（life すなわち生命と生活）を支える活動」と広く定義すれば、ケアの価値が十分に評価されず、そのために費やす時間や労力が社会を回すために必要な工数として考慮されないことによるひずみが、女性にしわ寄せされたという共通の現象であることが見えてくる。

新型コロナを巡る政策で、議論の中心にあるのは常に「経済が回るか」であり、休業に伴う経済的補償は議論されても、自宅待機や自宅療養を要請された人のケアをどうするのか、ケアする役割を引き受けた人の健康や雇用をどう守るのか、感染リスクを伴う社会的ケアをいかにして維持するのかなどについて、システマティックに取り組まれてはこなかった。

なぜ、ケアはこれほど軽視されているのだろうか。

その第一の答えは歴史の中にある。近代化の過程において、公共領域から切り離された同型的で小さな「近代家族」の中で、とりわけ女性が家事や育児などのケアを担い、社会の中で「人の生産」（再生産）を一手に引き受ける体制が確立された。そしてそれを反映してケアを視野の外におく社会科学の理論構造が第二の答えである。

近代家族とケアの家族化

まず、ヨーロッパにおける家事と主婦の生成の過程を歴史社会学的に振り返ってみよう（落合 2022b: 第1章）。産業化以前の農民や貴族社会では、生業も家事も区別なく、家政は家父長の仕事だった。家政には、農業や家畜の飼育、子の教育など、多彩で広範な仕事がある。母親はそのうち、娘の教育や料理、医療などを受け持ったが、実際の労働は下男・下女が分担して行った。家事は女性、という分業があったわけではなく、他の仕事と区分される「家事」も成立していなかった。

一九世紀になって産業化が進み、家庭と生産の場が分離して、家庭がいわゆる「消費」を中心とした生活の場になると、初めて家事は女の仕事になった。「近代家族」の時代である。ただし当時の中産階級の女性たちは家事を自分で行うわけではなく、家事使用人の雇用が広がった。一方の労働者階級の家庭では、家事使用人など雇えないにもかかわらず、「家事は女の仕事」という中産階級の規範がじわじわと浸透してきた。家事使用人が減った第一次世界大戦後、中産階級の女性も「家事工場」さながらに機械の力を借りて家事をこなすようになり、「主婦」が誕生した。

産業主義の一面として、人間も労働力や兵力として意図的に生産されるものとなった。〈生〉（＝生命・生活）は個別に生きられるものから、生産される量的なものになった。このとき「人間の生産」あるいは「生命の再生産」の場として、新たに結晶してきた制度が「近代家族」であり、この種の生産の担当者となったのが女性だった。

二〇世紀になると、国家・経済・家族の三セクターからなる近代社会の構造が完成した。それぞれが、①ケインズ主義と福祉国家、②フォード的生産様式と大量消費社会、③男性稼ぎ主・女性主婦の近代家族、という形をとり、相互に固く結び合っていた。フォーディズムと福祉国家に支えられた完全雇用と年金制度が整備されて家族の収入が確保される一方、家族は男性労働者と次代の労働者でもある子どものケア（家事・育児・介護等）を担い、彼らを公共圏（社会）へと送り出すことで、社会的再生産の三セクターの一角を支えた。男性が稼ぎ主となる一方で女性たちは再生産に専念することになり、性別役割分業が確立した。二〇世紀の先進諸国に成立したこの社会体制を、筆者は「（社会的再生産の）二〇世紀体制」と名付ける（落合 2023a: 14-15）。人の〈生〉とケアは公共領域から見えなくなり、家族内部でのケアのやり取りは私事となった。

ケアを外部化した社会科学

ケアの外部化は、社会それ自体のみではなく、社会を認識する知である社会科学においても起こった。社会科学の領域で、生活手段の生産と人間自体の生産に関する理論を展開したのは、マルクスの共同研究者のエンゲルスだった。実はマルクス自身も若い時代の『経済学哲学草稿』では、「人間の労働による人間の創造が人類の歴史の究極の目標である」と書いている（Marx 1844）。究極の目標は人間の生産の方だと明確に述べている。しかしマルクスは後に考えを変え、生活手段の生産に関心を集中するようになり、それが主流の社会科学のスタンダードになった。近代経済学もこの点についてはマルクス主義経済学と変わらなかった。

マルサス主義とマルクス主義の対立と言われる論争では、マルサスが人口をより根本的な問題であると捉えていたのに対し、マルクスは経済がそのシステムを変えることによって、人口の変化が引き起こす問題に対処することができると主張した。マルクスが勝利して以降、社会科学において人口の問題はその重要性を失ってしまった。〈生〉どころか「人間の再生産」もほとんどの社会科学で見えないものになった（落合 2023a: 序章）。

3　生とケアを包摂する社会へ——フェミニスト社会科学の挑戦

環境問題とケア問題の同型性

人間再生産を扱わない社会科学共通の理論枠組みに対する批判は、フェミニスト研究者たちによって始められた。家事、再生産労働、無償労働、ケア、感情労働、親密性の労働といった様々な概念が、人間の再生産に関わる諸活動を捉えるために編み出された。このような努力は一九五〇年代および六〇年代に始まった。なかでもマリア・ミース（Maria Mies）が一九八六年に提起した「主婦化」とは、まさに再生産の不可視化のメカニズムを解明する重要概念である。ミースの言う「主婦化」とは、「外部化、すなわち、そうでなければ資本家が負担しなければならなかったであろうコストの領域外化を意味する。それは、女性の労働が空気や水のように無料で利用できる天然資源であると見なされるということである」(Mies 1986: 110)。

「主婦化」は「ケアの家族化」とともに起こった。「家事」は家族内で無償で行われ、市場化されず、市場化される場合があっても低価格でしか評価されない労働となった。大切な仕事なのに、やればかえって損をするような、割の合わない労働である。家事やケアをする人はそのことによりまるで罰を受けるようだという意味で、「家事ペナルティ」「ケアペナルティ」という慣用表現も用いられる。そのような「家事」と「ケア」が女性というジェンダーの役割として割り振られたことが、近代的ジェンダー不平等の根源であると言えるだろう。

ここで注目しておきたいのが、ミースの論理と、大気汚染などの環境問題に関する論理との同型性である。ミースが言うように、空気や水のように女性の家事労働やケアはタダで、際限なく消費できるものであると考えられてきた。しかし大気汚染や温暖化が世界中で深刻な問題となり、自然はタダではないことに皆が気づいたように、必要とされる家事やケアは家族の中で女性が負担できる限界を超えており、その結果である人口減少や日々の生きにくさに苦しめられて、問題に気づきつつある。

環境問題と同じであるなら、たとえばケアを経済に内部化することで、人間の再生産も含めた社会全体の再生産に効率的な資源配分が可能になり、持続可能な社会が実現できるのではないか。そのように考えて、現在のフェミニスト社会科学者の一部は、"A Green and Caring Economy"という旗印を掲げて、環境問題とケアとジェンダー平等を統合して解決しようとモデル作りと政策提言に取り組んでいる。(2)

社会的再生産の三セクターモデル

現在のフェミニスト経済学者たちは、「経済」の定義を変えることを提案している。シルビア・ウォルビー（Sylvia Walby）は、「経済とは、人間の生活を支えるための物品やサービスの生産、消費、分配、流通に関わる関係、制度、過程のシステムである」と再定義した（Walby 2009: 102）。商品化されているかどうかにかかわらず、人間の生活を支えるすべての活動が「経済」を構成するとしている。すなわち「経済の概念は、市場化された活動だけでなく、家事労働と国家による福祉も含むように拡張される必要がある」（Walby 2009: 102）。人間と社会の再生産に関わるすべての活動を社会科学の内部に包含しようという提案である。近代社会では経済システムから外部化されて不可視化していた家族内の家事労働とケアも、しばしば公務労働として提供される保育や介護、相談業務などの社会的サービスも、「経済」に含まれるということである。筆者らの新型コロナについての調査研究からも、これらの活動が密接に連関しながら人々の〈生〉を支えていること、しかしその意義が社会的に評価されず十分に機能できなくなっている実態が示された。

ウォルビーによって定義された広義の「経済」は「国家」、「家族」、「市場」の三つのセクターを含む。これは「福祉国家」を拡張して「福祉レジーム」としたときに含まれる三セクター（福祉トライアングル）でもある。広義の「経済」によってカバーされる領域と、「福祉レジーム」によってカバーされる領域とが重なるのは、今日の社会科学が共通の課題に直面していることを意味しているのだろう。「市場」と「国家」というこれまで社会科学の中で別個に扱われてきたセクターを統合して扱い、さらに「家族」もそれに統合することで、人間の再生産、すなわち人の〈生〉とそれを支える活動である「ケア」を社会科学に包摂するという課題である。そして実際に社会にケアを包摂しなければ、その社会は持続不能社会になってしまう。

ポスト二〇世紀体制におけるケアの脱家族化

三セクターの統合とケアの社会への内部化、言い換えれば「ケアの脱家族化」は、すでにさまざまなかたちで現実として進行している（落合 2023a: 15–18）。

ヨーロッパでは一九七〇年代に完全雇用の崩壊と雇用の流動化で、人間の再生産を家族に丸投げする「二〇世紀体制」の前提条件が失われた。この頃からヨーロッパ諸国で次々に実施された家族政策やジェンダー平等政策は、女性の就労を促進しただけでなく、再生産コストを可視化し、生産労働と再生産労働の両方を含めた労働の適切な再配置をある程度実現するものであった。北欧やフランス等では国家による社会サービスの提供という「国家によるケアの脱家族化」、米国等では家事・ケア労働の市場化を促進する「市場によるケアの脱家族化」が優位してきた。いずれにせよ「人間の再生産」は、家族のみが行うものではなく、市場、国家、時にはコミュニティも責任とコストを分担して行う事業となったのである。それにより家族のケア負担を減らし、この地域の多くの国では出生率を維持・回復させることができ、また女性の就労と出生率回復の両立を実現することができた。

これに対して日本では、一九八〇年代につかの間の繁栄を謳歌し、欧米諸国が脱却しつつあった「二〇世紀体制」を再強化したことが、その後の改革を難しくして「失われた二〇年」を帰結したと言えるだろう。たとえば一九八五年に制定された基礎年金制度は、夫に経済的に依存する「主婦」であることを前提に、年収一三〇万円までの配偶者を被扶養者とみなす「第三号被保険者」を設定し、家族単位型の税・社会保障レジームをかえって強化した。

日本以外の非社会主義圏のアジア諸国では、シンガポールを筆頭に、二〇世紀体制的な近代家族や福祉国家を確立する前に新自由主義とグローバル化の時代に突入し、ケアを市場から、しばしばグローバル市場から購入する「市場によるケアの脱家族化」によりケア問題の解決を図る傾向が強い。しかし市場を通じた脱家族化は、経済力による解決力の格差を生じさせる。他方、ケア費用を安くしようと思えば、ケア労働者にしわ寄せすることになり、人権侵害やケアの質の低下が起きる。しかもアジア諸国の「市場を通じた脱家族化」は、幼児を持つ女性の就労には効果があったが、出生率の上昇には効果がない。「市場を通じた脱家族化」では、「ケアサービス供給の脱家族化」にはなっても、「ケア費用の脱家族化」にはならないという理由が大きいだろう（落合 2023a: 第10章）。

4　おわりに

新型コロナの流行は、社会的ケアの休止や自宅療養、在宅勤務の拡大などにより、大規模な「ケアの再家族化」を引き起こした。家族への過大な負担の集中は、環境問題と同じ論理で、人間の再生産に支障をきたし、人々の〈生〉を困難にする。「病い」と「ケア」を含む人間再生産という問題を、社会科学はこれまで軽視してきたが、今こそ社会的再生産に関する総合的な理論に取り組まねばならない。幸いフェミニスト社会科学がその先鞭をつけている。

ジェンダー平等は、社会の中でケアが正当に位置付けられ「〈生〉（＝生命・生活）を包摂する社会」を実現できているかどうかを測る指標となる。あらゆる政策について、それが女性と男性のそれぞれに及ぼす影響を予測して実施の可否を決めるジェンダー評価や、ジェンダー統計が重要である。

「病い」と「ケア」が常態化する社会を正常に回すためには、病気療養とケアというシャドウワークを可視化し、その価値を評価し、対価を支払うことが必要だ。そうしなければ適切な量の労働と時間をそのために配置することができない。すなわち「病い」と「ケア」を新しく定義された経済システムに内部化しなくてはならない。

在宅勤務は男性の家庭生活を幸福にすることも分かった。ケアを減らすほどよい負担と捉えるのは一面的である。したがって男女共にワークライフバランスの取れる働き方にして、男女共に余裕をもってひとのケアをする時間を楽しめるようにすることが肝要だろう。新自由主義的な福祉削減を押しとどめ、むしろ公共サービスを再建することも必要だ。

新型コロナは「ケアの危機」をもたらしたが、それを深化させるのではなく、コロナ禍以前から直面していたポスト「二〇世紀体制」への移行という避けられないミッションを前へ進めるきっかけにして、「〈生〉を包摂する社会」を引き寄せたい。

【注】

(1) 筆者および木下彩栄教授(京都大学医学研究科)の共同研究の成果。京都大学社会科学統合研究教育ユニット異分野融合プロジェクトの助成により実施。塩見美抄准教授(京都大学医学研究科)、村上あかね准教授(桃山学院大学社会学部)、岡本朝也講師(関西学院大学他)、王紫璇さん(京都大学大学院総合生存学館)、谷河杏介さん(京都大学医学研究科)のご協力をいただいた。

(2) Women's Budget Group による UK Feminist Green New Deal Final Report (https://wbg.org.uk/analysis/

greenandcaringeconomy/）を参照。

【参考文献】

Marx, Karl 1844 Ökonomisch-philosophische Manuskripte aus dem Jahre 1844; Karl Marx Friedrich Engels historisch-kritische Gesamtausgabe, im Auftrage des Marx-Engels-Instituts, Moskau, herausgegeben von V. Adoratskij, Abt. 1, Bd. 3, Marx-Engels-Verlag G. M. B. H., Berlin, 1932（城塚登・田中吉六訳 1964『経済学・哲学草稿』岩波書店）.

Mies, Maria 1986 *Patriarchy and Accumulation on a World Scale*, Zed Books.

落合恵美子 2022a「新型コロナが露呈させたジェンダー問題とケアの危機——生を包摂する社会科学とは」『社会政策』第一三巻第三号、四二—五六頁。

落合恵美子 2022b『近代家族とフェミニズム〔増補新版〕』勁草書房。

落合恵美子 2022c「男女でこうも違った『コロナ自宅療養』の収入影響」東洋経済オンライン（九月二日）。

落合恵美子 2023a『親密圏と公共圏の社会学——ケアの20世紀体制を超えて』有斐閣。

落合恵美子 2023b「Caring Society——生を包摂する社会と社会科学」『フォーラム現代社会学』第二二号、七九—九五頁。

落合恵美子・鈴木七海 2021「COVID-19 緊急事態宣言下における在宅勤務の実態調査——家族およびジェンダーへの効果を中心に」『京都社会学年報』二〇二一（二八）、一—一三頁。

竹信三恵子 2022「人権としての住民ケアを担う非正規公務員——官製ワーキングプアの女性たち」『月刊保団連』一〇月号。

Walby, Sylvia 2009 *Globalization and Inequalities*, Los Angeles: Sage.

13章
モビリティーズと〈共〉の社会理論

吉原　直樹

1　はじめに――モビリティーズへのまなざし

近代はある意味で移動の社会としてある。しかしそこでの移動は、基本的にはひとつの領域、ひとつの社会の枠内にあった。こうした移動にゆらぎをもたらしたのはグローバル化である。グローバル化の進展とともにヒト、モノ、コトの非線形的な流動が常態化し、国民国家を単位とするまとまりが盤石なものではなくなった。他方、ローカルなものがそうした事態を向こうにして、ある種「非移動」の空間として立ちあらわれた。本章のねらいは、そうした「移動の空間」と「非移動の空間」がせめぎあう状況をモビリティーズ(1)によって示すことにある。

さてそうしたモビリティーズは、わたしたちが所与のものとみなしてきた境界について再考する機会を与えている。少なくとも領域と領域の〈さかい〉、社会と社会の〈あいだ〉は、以前ほどには明確ではなくなっている。むしろそうした〈さかい〉や〈あいだ〉は、異なる領域や社会をむすびつけるものとしてある。(2) そしてそれらを一つの黙示録としてとらえかえした場合、むすびつきにおいて見えなかったものが見えてくる。たとえば、ヒト、モノ、コトの交わりにおいて隠れている非対称なもの、不均等なもの、さらにそうしたものをめぐって生じている社会的生、社会的共働のかたちが浮かび上がってくる。

本章は、そこに潜む可能性を新型コロナウイルスのパンデミックによって一大争点となったソーシャル・ディスタンスに照準を合わせて明らかにしようとするものである。そこでは、距離によって生じているある種の社会状況が包摂と排除をともないながらも、これまでとは異なったネットワーク、たとえばブルーノ・ラトゥールのいう「循環体」(Latour 1999) のようなものをもたらしていることを示す。

そこでまず、モビリティーズを対象とするモビリティーズ・スタディーズがどのような性格をもち、その底流をなすものが何であるのかを検討することから始めよう。

2　モビリティーズ・スタディーズの視圏と底流

ポスト移動研究へ／から

これまでの移動研究ですぐさま思い浮かぶのは、一つは階層移動研究であり、いま一つは地域移動研究である。それらの特徴をかいつまんでいうと、前者は同質的な社会階層を前提にして、そこにおける上昇と下降の移動をナショナルな次元で構成された職業分類や家族類型にもとづいて研究するというものであった。それにたいして、後者は同じくナショナルな次元で想定された中心（都会）と周辺（地方）を両極に置き、その間を行き来する人口の移動を研究するというものであった。つまり前者は人の垂直移動に、後者は人の水平移動に照準をあてるものであり、いうなれば現象間の関係を直線的なものととらえる科学である線形科学の枠内にあったといえる。ここでいうモビリティーズ・スタディーズは、こうした既存の移動研究の成果を取り込みながらも、それらが前提としてきたナショナルなものには必ずしもこだわらない。むしろグローバルとローカルが交錯する場に立ち、垂直的、水平的なものに還元できない可動性あるいは流動性に目を向ける点に特徴がある。

こうした特徴は基本的には、グローバルなフローとネットワーク、さらに空間の均質化と場所のゆらぎのなかで生じているローカリティの変容を視野に入れたグローバリゼーション・スタディーズから派生したものである。その上でポスト移動研究に分け入っているのがモビリティーズ・スタディーズである。

モビリティーズ・スタディーズの底流

グローバリゼーション・スタディーズ、そしてそこから立ちあらわれたモビリティーズ・スタディーズの底流となっているのは、一九七〇年前後から社会理論領域においてみられるようになった空間論的ルネサンスという状況である。その水源は、一九五〇年代から六〇年代において地理学界を席捲した実証主義的地理学、いわゆる「空間科学としての地理学」にたいする批判として一九七〇年代に入って立ちあらわれた人文主義地理学であった。この人文主義地理学によって、それまでなおざりにされてきた人間にとって場所のもつ意味が探求されるようになった。そしてその動きが、アンリ・ルフェーヴルの『空間の生産』の英語版の刊行（Lefebvre 1974=2000）を一つの契機として、アンソニー・ギデンズ、デヴィッド・ハーヴェイ、エドワード・ソジャなどのいわゆる批判派と称される社会学者や地理学者を巻き込んで空間論的ルネサンスという状況へと発展していった。そこでは、近代の知を枠づけてきた空間と場所を「すでにあるもの」としてではなく、「動きつつあるもの（on the move）」、「関係的なもの」としてとらえ返すことがテーマとなっている。

後述する空間論的転回（spatial turn）はこの空間論的ルネサンスという状況に寄り添うように立ちあらわれた。それがいかに知の地殻変動に根ざすものであったかは、図らずも七〇年前後から人文・社会科学を大きく揺り動かし、カルチュラル・スタディーズへと発展していった文化論的転回（cultural turn）の動きと深く連動していたことからもうかがい知ることができる。文化論的転回がそうであるように、空間論的転回もまた社会理論の根幹にかかわる事象であり、こんにちまでその影響は続いている。

3　「もうひとつの社会科学」としてのモビリティーズ・スタディーズ

空間論的転回、そして移動論的転回

グローバリゼーション・スタディーズに連動する空間論的転回は、何よりも「社会」／「社会的なもの」を「一つのまとまりのあるもの」、すなわち「境界のあるもの」、「仕切りのあるもの」とみなすことから離脱すること、つまり「空間の物神性《フェティシズム》」から抜け出すことにあった。そしてその結果、社会の脱領域化、脱場所化の動きに主眼が置かれることになった。

移動論的転回（mobilities turn）はそうした空間論的転回の道筋において立ちあらわれたものであり、上述の脱領域化、脱場所化のなかでのモビリティーズを「非線形的なもの」、「経路依存的なもの」、「相互連関的なもの」としてとらえることが中心的な論点となっている。その一方で、ポストグローバル化のありように目が向けられ、社会の再領域化、再場所化の動きにも論点が据えられている。つまり移動論的転回はグローバリゼーション・スタディーズの基本的方向を踏襲してはいるが、グローバリゼーション・スタディーズが国民国家やネーションの閉鎖性やボーダー（境界）の恣意性を批判する立場にたっているという通説的理解に与するものではない。そうした点でモビリティーズ・スタディーズはポストグローバル化の領域に踏み出し、ポスト移動研究のさきがけをなしている。だから、あらためてグローバル化をより基層に降り立って検証し、そのことを通してモビリティーズ・スタディーズの理論的枠

組みを明らかにすることが必要なのである。

「もうひとつの社会科学」としての内実――アーリに準拠して

この課題に先だって、移動論的転回を先導し、中心メンバーとして貢献してきたジョン・アーリについて一言触れておこう。アーリは『社会を越える社会学』(Urry 2000=2006) および『グローバルな複雑性』(Urry 2003=2014) で空間論的転回に共振するとともに、複雑性科学に依拠する『モビリティーズ』(Urry 2007=2015) で移動論的転回に転じた。

アーリは、モビリティーズ・スタディーズをイマニュエル・ウォーラスティンに倣って「もうひとつの社会科学」ととらえる。ウォーラスティンによれば、その場合鍵となるのは、「分野別の学問体系を横断ないし超える……新たなパラダイム」を樹立するとともに、「移動の『レンズ』を通した思考によって導かれた……これまでとは一線を画す社会科学」を確立することだとしている (Wallerstein 1991=1993)。

これを受けて、アーリは、モビリティーズ・スタディーズの中軸に、一つは「複雑性への転回 (complexity turn)」をめぐる論点、そしていま一つは流動性とノマドのメタファーをめぐる論点を据える。そして前者では、(1) 状況によって変わる秩序形成の内実、(2) 階層的な組織化形態からネットワーク型の組織化形態への転換がもたらす意味、(3) ネットワークのきわめて不安定な自己再生産の性質、(4) ミクロな現象がグローバルな次元で「個の総和」以上のものとして立ちあらわれる状況、(5) 社会諸関係とモノからなるシステムが複数のものが組み合わさった状態で存在すること、（6）予測不可能でまったくコントロールできない、予期せぬ不均衡をともなうモノとコトの生産のありよう、そして（7）以上とともに立ちあらわれる人間関係、家庭、社会におけるさまざまな「非線形的変化」とそれらの「あいだ」で生じる「分岐点／転換点（tipping point）」の性質、がとりあげられる。他方、後者では、多重的な移動のモビリティーズの意味するものとメタファーとしての流動性の内実が問われる（Urry 2007=2015 ただし、吉原 2022: 26）。こうして「不動《ア・モバイル》の社会科学」から「移動《モバイル》の社会科学」へのパラダイム・シフトがモビリティーズ・スタディーズの要となることが示唆される。[3]

4 社会学知の「再発見」

新しい社会学的方法の基準

前節で明らかにしたように、モビリティーズ・スタディーズの理論的方向は、空間をめぐる知の地殻変動に根ざしながら、通常科学として称されてきたものに内在する思考様式と方法的態度を根源から検討するということに向けられている。

こんにち、モビリティーズ・スタディーズは緒に就いたばかりであるが、その理論的な広がりは驚くほど遠くに及んでおり、適用しうる範囲も着実に広がっている。ちなみに、先にとりあげたアーリは、モビリティーズ・スタディーズの裡に「新しい社会学的方法の基準」の確立のきっかけを見出し、（1）

人びとが自分たちの社会生活がモビリティーズと隣り合わせであり、そのなかでヒト、モノ、コトの「あいだ」を意識せざるを得なくなっているという現実を踏まえること、そして（2）みてきたような空間論的転回から移動論的転回において既存の社会学知がどのような形で「水脈」をなしてきたのかを検討すること、が求められているという。その延長線上で、広義の「モビリティーズの社会学」を考えるとすれば、上述の水脈の掘り起こしは、一つには（社会学知の）「再発見」ということになるだろう。

社会学知の「再発見」――ジンメルとルフェーヴルを読む

ここでは、紙幅の都合でさしあたりモビリティーズ・スタディーズの源流をなすとともに、今後の展開においてキーファクターになると想定されるゲオルク・ジンメルの都市論とルフェーヴルの社会空間論を走り抜けで見ることにしよう。

まず前者であるが、「大都市と精神生活」に代表される都市論（Simmel 1908=1976）が黎明期の都市社会学、いわゆるシカゴ・ソシオロジーの水脈をなしたことはよく知られている。同時に、それは個人的自由をめぐる「統合と分化」のプロセスに多重的な自我の形成、崩壊、再形成のプロセスを重ね合わせることによって、すぐれて流動としてあるモビリティーズの非線形的性質を浮き彫りにしている。近年、そこに複雑系の議論を端緒的にみる議論が立ちあらわれている。

次に後者であるが、それ自体、先に言及した空間論的転回を強力に誘ったものとしてあることを確認したうえで、『空間の生産』、『リズム分析』（Lefebvre 1992）などにみられる社会空間論が、人びとの空間認識、身体、映像、記号、言説、象徴などを含みこむことで、「領域」や「領域性」に回収されない空間性（spatiality）や社会性（sociality）の内実に分け入っていることが注目されている[4]。

こうしてみると、ジンメルの都市論とルフェーヴルの社会空間論は、モビリティーズ・スタディーズの中心に近いところに位置することがわかる。しかし中心から外れたところでも、たとえば、先に言及した階層移動研究や地域移動研究で、具体的な分析において線形科学から離れ、モビリティーズ・スタディーズの既述した基本的論点を共有し、ポスト移動研究に踏み込んでいるものが立ちあらわれている。

5　ポストコロナ時代におけるモビリティーズ

多次元的なグローバル化とモビリティーズ

それでは、以上のような論点と方法的枠組みを有するモビリティーズ・スタディーズは、現実の社会的状況を説明するために具体的にどのように適用され得るのであろうか。以下、ポストコロナ時代のモビリティーズに照準を合わせて、その可能性について検討しよう。

新型コロナウイルスのパンデミックが続く一方で、ポストコロナ時代のありようを模索する議論が広がっている。そして「いま」と「未来」をつなげる移行期／転換期のソーシャル・デザインの構想が取りざたされている。そのはじまりとして、パンデミックの「いま」をグローバル化とのかかわりでどうとらえるかが争点になっている。とりわけ、マルクス・ガブリエルとマンフレッド・スティーガーの間で交わされている議論が注目されている。

ガブリエルは、パンデミックとともにグローバル化が終わり、再び国民国家が復活していると主張している（ガブリエル 2020）。他方、スティーガーは、人の移動は一見停滞しているようにみえるが、それはグローバル化の終わりではなく、グローバル化が「多次元的な社会的過程」に入っていると主張する（Steger 2009=2010）。ちなみに、両者の議論は大筋としては、グローバル化の進展とともに社会の脱境界化／脱場所化が進んでいるとする一方で、グローバル化が深まればローカル化が深まり、そのことがさらにグローバル化を深めるという、「グローカル・アトラクタ」（Urry 2003=2014）へのまなざしが強まるなかで、再領域化／再場所化も進んでいるとする議論に収束している。そこでは国民国家は終わってはいないが、かつてのような「ひとつのまとまりのある社会」として続いているのではないという認識、そして結局のところ、ヒト、モノ、コトの移動がグローバル化の進展とともに線形的なものから非線形的なものに移っているという認識に至っている。

デジタル化の進展と「コロノプチコン」

以上のようなモビリティーズ・シフトとともに立ちあらわれ、「グローバル」と同義であるとされるパンデミックの「いま」は、まさにデジタルというコンテクストにおいてよりよく理解できる。そこでは、デジタル技術の占める位置がきわめて大きくなっている。

パンデミック下の都市は、接触確認アプリ（ＣＯＣＯＡ）に代表される移動監視技術によって管理され、小型で無人の媒体やプラットフォームからなるデジタル・スケープ（地景）にすっかり覆われている。パンデミックの初期に広がった在宅リモートワーク、オンラインショッピング、オンライン学習はこのデジタル・スケープのなかに完全に組みこまれていた。そしてそのスケープの足下で、「ステイ・ホーム」、「ステイ・セーフ」という呼びかけとともに、「社会的振り分け」（オスカー・ガンジー）や社会的排除がすすみ、社会的基盤を喪失した「コロナ弱者」が層として生み出された。たしかに在宅リモートワークが勤務体制や働き方に大きな転換を迫り、オンラインショッピングが生産者と消費者を直に結びつける消費習慣をつくりだし、さらにオンライン学習が自己学習の機会を広げるという可能性をもつものであったことは否定できない。他方、それらが従来の差別的な、非対称性を内包する社会内分業体制を再生産し再強化するものであったこと、そしてそのことによって、既存社会の「バルネラビリティ」（脆弱性）がより先鋭的な形で露呈したことも否定できない。

これらをつきつめていくと、パノプチコンの進化系である「コロノプチコン」（『エコノミスト』二〇二〇年三月二八日）といわれる監視文化の浸透を踏まえた上で、グローバル化の「いま」をどうとらえるかという課題に行きつく。同時に、パンデミックは既存社会を上塗りしているにしても、ポストコロナがコロナ以前の「常態」に立ち戻るものではないということを確認する必要がある。ちなみに、コロノプチコンは、これまでのように視覚ではなく、データを通しておこなわれるという点に最大の特徴がある。そこでは、グーグル等に代表されるいわゆるプラットフォーム企業と国家のコラボレーションが旧来の統治体制を掘り崩すような形ですすんでいる。そして高度に抑圧的な、「生政治的」な権力の一面が観て取れる一方で、そうしたものに全面的に回収されない社会的過程が育まれている。

6 〈共〉の社会理論の形成に向けて

「コネクティッドなもの」と〈共〉への傾斜

それではそうした社会的過程はどのような形で立ちあらわれているのであろうか。それはいまのところ明示的には立ちあらわれていないが、情報が多方向的にボーダレスに移動するなかで、生存と自然環境の維持にとって不可欠な、持続可能でエッセンシャルなものの共有《シェアリング》を介して、人と人との間に「コネクティッドなもの」（むすびつき）ができあがることによって徐々に可視的なものになりつつある。そうすることでデータの専横的な一人歩きを防ぎ、人びとをディスポーザルな（使い捨てられた）状態に追いやることを回避できる方向もみえてくる。そして先に取り上げたリモートワーク等がただ単に「モノ」としてデジタル・スケープに埋め込まれるのではなく、〈共〉《コモン》へのまなざしを獲得する場になるだろうと考えられるようになっている。

ここで、パンデミックの初期に取りざたされたソーシャル・ディスタンスに目を移してみよう。パンデミックは普通に考えると、日常的な人びとの交流を制限し、人と人との間の物的距離を広げたように見える。しかしソーシャル・ディスタンスという観点からみると、人と人の間に生じる距離は、デジタル技術によるモビリティーズの追跡（監視）によってもたらされたものであり、人と人との隔たりをむしろ埋めるものとしてあるともいえる。そしてそうであればこそ、隔たりとしてある〈さかい〉、〈あいだ〉は、先に言及した「コネクティッドなもの」、そして〈共〉へのまなざしをもたらすことになる可能性がある。

そこで次項では、後者に限定して論点になると思われることを少し述べてみよう。

〈共〉の社会理論は可能か

パンデミックの「いま」は、結局のところ社会的過程としてのデジタル化に規定されるところが大きい。したがって、新しいデジタル技術に深く足を下ろしているモビリティーズ、さらにそうしたものを方向づける国家とプラットフォーム企業のコラボレーションの動向から目が離せない。特に後者のコラボレーションが、〈公〉《パブリック》よりはある種の〈共〉に傾斜していることが注目される。ちなみに、アントニオ・ネグリとマイケル・ハートは「資本主義の発展の内的な動き」は「これまで以上に〈共〉に依存するようになっており、それに応じて生産物もますます〈共〉のかたちをとるようになっている」と述べている（Negri and Hardt 2017=2022: 378）。他方、デヴィッド・ライアンはそれとは異なる「オルタナティヴな〈共〉」の必要性を強調している（Lyon 2022=2022: 215）。

問題は、いずれの場合も、〈共〉から〈共通の場〉《コモンズ》がどう形成され、それが指摘されるような「コネクティッドなもの」にどうむすびつくのかについて明らかにしていないことである。だから、それらの三つをつなぐ〈共〉の社会理論を打ち立てる必要がある。そこで鍵となるのは、マヌエル・デランダのいうアサンブラージュ（DeLanda 2006=2015）やジェイムズ・ギブソンのいうアフォーダンス（Gibson 1979=1986）、あるいはそれらを縮約するラトゥールのいうアクターネットワークである（Latour 2005=2019）[5]。これらの概念は「持つこと」よりは「共にあること」によって定義される社会的相互作用のありように力点を置くものであり、〈共〉の社会理論の形成にとって鍵となるだろう。

7 むすびにかえて

本章は当初の遠大なテーマ設定にもかかわらず、「入口」のところで留まっている。それでも以下の三点が明らかになった。

第一の点は、モビリティーズ・スタディーズの基層においてモダニティの両義性が見え隠れしており、それがグローバル化の進展とともにゆらぎとなって前景に立ちあらわれていることである。本章では、そうした事態が結果的に社会および領域を分かつ〈さかい〉、〈あいだ〉の再解釈、さらにモビリティーズの視野拡大につながっていると論じた。

第二の点は、そのことと関連して、モビリティーズ・スタディーズが旧来の通常科学を超えて「もうひとつの社会科学」の内実を構成していることである。そしてこのことは、社会学にたいして「再発見」および再審の機会を与えている。本章では、そのことが「新しい社会学的方法の基準」を打ち立てることへと導いているとした。

最後の点は、それにもかかわらず、あるいはそれゆえに、モビリティーズ・スタディーズは「動きつつあるもの（on the move）」としてあるということである。本章では、そこに潜む可能性をポストコロナ時代の「コネクティッドなもの」をめぐって打ち立てられつつある〈共〉の社会理論の方向性を検討するなかで探ってみた。

とはいえ、本章ではモビリティーズ・スタディーズと社会との往還の過程が具体的には示されていないために、市民社会に向き合う研究の基盤がいまだ明らかにされていない。この点は、いずれ時機をみて本格的に論じてみたいと考えている。

【注】

（1） ここで、モビリティーズという複数形を用いる理由について述べておきたい。一言で移動といっても多様性と差異をともなうヒト、モノ、コトの相互連関にもとづいており、結果として質的に異なる社会関係（移動システム）をもたらさざるを得ない。したがって総称化・均質化しえない移動の複数性を示すためにモビリティーズという複数形を用いる。

（2） 文化人類学分野では、モビリティーズをインモビリティーズ（非移動・停滞）とセットでとらえるというパースペクティブが以前より存在する（Khan 2016）。近年、そうしたパースペクティヴにもとづいて、たとえば、マルク・オジェのいうような「非‐場所（non-place）」の議論が注目されるようになっている。それは「人びとがともに生活することなく共存、共生する空間」（Augé 1994=2002: 245）のことであるが、こうした議論を契機として、今後、〈さかい〉や〈あいだ〉がモビリティーズのキーエリアになる可能性がある。

（3） なお、「分岐点／転換点」の内実については、モビリティーズが抱合する「創発（emergence）」の機制、そしてそこから派生する、アサンブラージュとかアフォーダンスのような社会的相互作用のありようが鍵になるが、詳しくは、吉原（近刊）を参照されたい。

（4）ルフェーヴルの社会空間論には、こんにち、さまざまなアングルから熱いまなざしが向けられている。たとえば、近年、論壇をにぎわせているプラネタリー・アーバニゼーション論はその一つであるが（平田・仙波編 2021）、そこでは『空間の生産』、そして『リズム分析』が素材提供の役割を果たしている。

（5）アサンブラージュは、システムを構成する諸要素の属性やアイデンティティが関係し合いながら創発的な形で実現されること、アフォーダンスは人と物との間に存在する「個の総和」にとどまらない関係性そのもの、さらにアクターネットワークはマクロにもミクロにも解消されない、諸物の〈あいだ〉を循環する運動あるいは軌道のことをあらわしている。

【参考文献】

Augé, Marc 1994 *Pour une anthropologie des mondes contemporains*, Aubier.（森山工訳 2002『同時代世界の人類学』藤原書店）。

DeLanda, M. 2006 *A New Philosophy of Societies: Assemblage Theory and Social Complexity*, Bloomsbury Publishing.（篠原雅武訳 2015『社会の新たな哲学——集合体、潜在性、創発』人文書院）。

ガブリエル、M 2020（大野和基訳）『世界史の針が巻き戻るとき』ＰＨＰ新書。

Gibson, J. J. 1979 *The Ecology Approach to Visual Perception*, Routledge.（古崎敬ほか訳 1986『生態学的視覚論——ヒトの知覚世界を探る』サイエンス社）。

平田周・仙波希望編 2021『惑星都市理論』以文社。

Khan, Nichola 2016 “Immobility,” in Noel B. Salazar and Kiran Jayaram, eds., *Keywords of Mobility*, Berghahan Books.

Latour, B. 1999 “On recalling ANT,” in J. Law and J. Hassard, eds., *Actor Network Theory and After*, Blackwell.

Latour, B. 2005 *Reassembling the Social: An Introduction to Actor-network-theory*, Oxford University Press.（伊藤嘉高訳 2019『社会的なものを組み直す――アクターネットワーク理論入門』法政大学出版局）。
Lefebvre, H. 1974 *The Production of Space*, Blackwell.（斎藤日出治訳 2000『空間の生産』青木書店）。
Lefebvre, H. 1992 *Éléments de rythmanalise*, Edition Syllepse.
Lyon, D. 2022 *Pandemic Surveillance*, Polity Press.（松本剛史訳 2022『パンデミック監視社会』ちくま新書）。
Negri, A. and M. Hardt 2017 *Assembly*, Oxford University Press.（水嶋一憲ほか訳 2022『アセンブリ――新たな民主主義の編成』岩波書店）。
Simmel, G. 1908 “Die Großstädte und das Geistesleben,”（*Brücke und Tür* 1957）.（居安正訳 1976「大都市と精神生活」（ジンメル著作集12）白水社）。
Steger, M. B. 2009 *Globalization: A Very Short Introduction*（2nd ed.）, Oxford University Press.（櫻井公人ほか訳 2010『新版 グローバリゼーション』岩波書店）。
Urry, J. 2000 *Sociology beyond Societies: Mobilities for the Twenty-First Century*, Routledge.（吉原直樹監訳 2006『社会を越える社会学――移動・環境・シチズンシップ』法政大学出版局）。
Urry, J. 2003 *Global Complexity*, Polity.（吉原直樹監訳 2014『グローバルな複雑性』法政大学出版局）。
Urry, J. 2007 *Mobilities*, Polity.（吉原直樹・伊藤嘉高訳 2015『モビリティーズ――移動の社会学』作品社）。
Wallerstein, I. 1991 *Unthinking Social Science*, Polity.（本多健吉・高橋章訳 1993『脱＝社会科学』藤原書店）。
吉原直樹 2022『モビリティーズ・スタディーズ――体系的理解のために』ミネルヴァ書房。
吉原直樹 近刊「モビリティーズへの基本的視座」吉原直樹ほか編『モビリティーズの社会学』有斐閣。

14章 持続可能な民主主義へ向けて

今田 高俊

民主主義は人類が発明した最高の政治制度である。その民主主義が、新型コロナウイルス感染症（COVID－19）の世界的大流行で揺らいでいる。国民の合意形成、自由の権利、少数意見の尊重など民主主義の特徴により、機敏な対応が遅れ、米国をはじめとする先進民主主義国家で多くの感染者と死者が出た。これに対し、中国をはじめとする権威主義国家（独裁主義・専制主義を含む非民主主義国家）では、権威者による強権的な都市封鎖によりコロナ感染による死者数を抑え込むことに成功しているとされる。

こうした事実にもとづき、一部の論者は民主主義の敗北ないし崩壊の危機を主張する。そこまで極端ではなくても、民主主義はたそがれ時を迎えているという不安を払拭しきれない状態である。しかし、性急な判断はつつしむべきである。確かに、民主主義は現在、その脆弱性を露呈していることは事実だが、なすべきことは、民主主義対権威主義という枠組みにとらわれることなく、民主主義の原点に立ち返ってそのゆくえを検討してみることである。

本章では、以下の点について議論する。（1）民主主義の機能不全とも言うべき兆候はコロナ禍以前の一九八〇年代に現れ始めており、それは国政選挙の投票率の顕著な落ち込みに見られること。（2）これと並行して権威主義が伸長するようになったこと。そして（3）今必要なことは、民主主義のアップグレードであり、デジタル民主主義の構築であること。その要として、多数決制度の難点を克服するための「二次の投票」と合意形成のプラットフォームである「Polis」を取り上げ、民主主義の新たな地平を素描する。民主主義を議論するには、選挙、自由、平等、人権、参加、熟議など、多側面からの接近が求められるが、本章ではそれらのうち、選挙制度の工夫と熟議による合意形成に焦点を当てる。

1　たそがれ時の民主主義？——国政選挙における投票率の低下

近代民主主義は代議制民主主義を採用しており、国民が選挙によって議員を選び、自分たちの要望や意見を国政に反映する。これが人民（demos）に権力（kratia）があることを意味する民主主義の原点である。したがって国政選挙への参加である投票率が民主主義を機能させる原点となる。

図14－1は、日本における、第二次世界大戦後の衆議院議員総選挙の投票率を示したものである。衆議院議員選挙の投票率は戦後概ね七〇％余を保ってきたが、一九八〇年以降、低下傾向にある。実際、一九八〇年の総選挙では七四・五七％の投票率であったが、一九九六年には五九・六五％に落ち込み、二〇〇三年も五九・八六％の低投票率となっている。この状態に危機感を持った国は、同年、期日前投

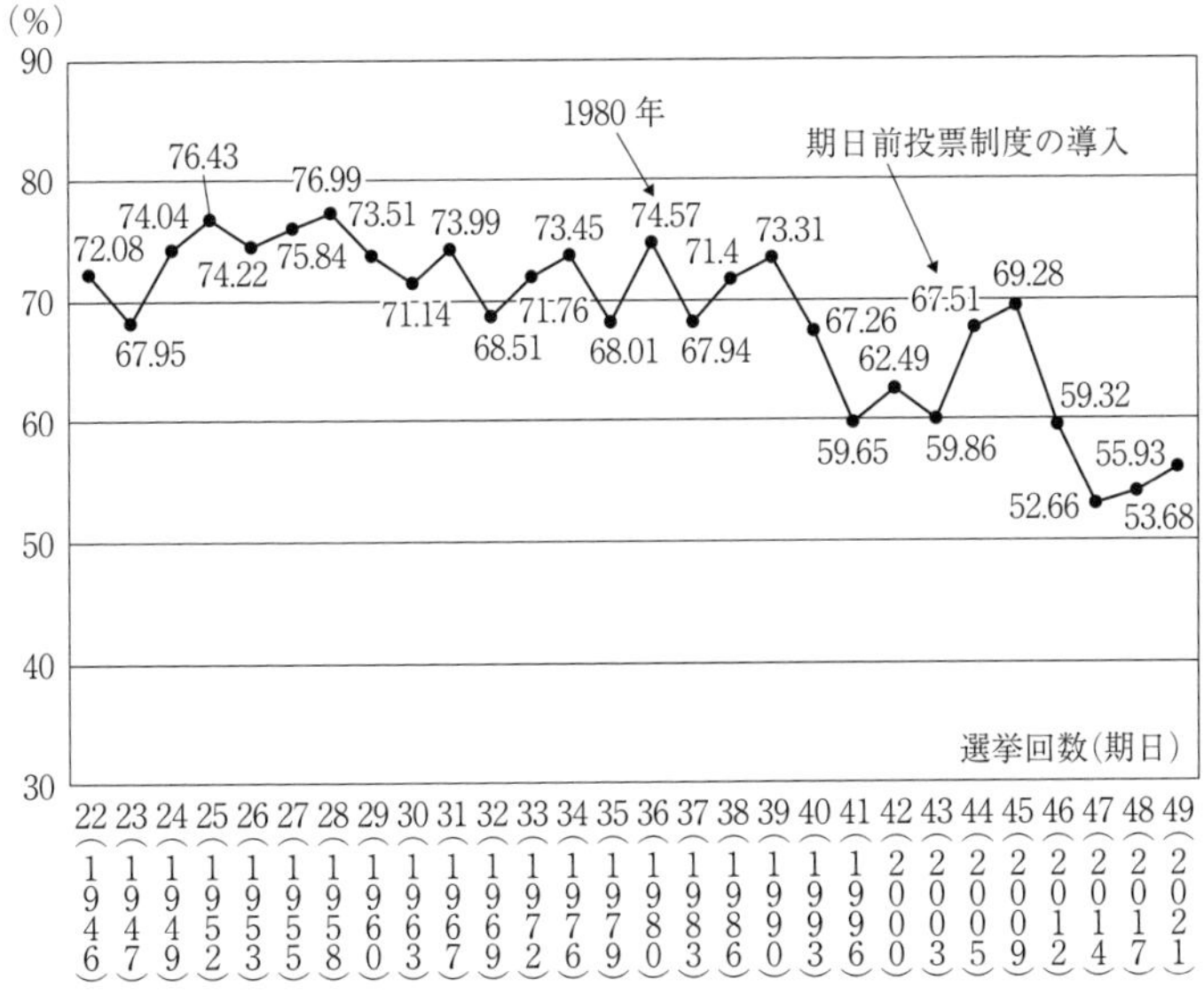

図 14-1　衆議院議員総選挙投票率の推移：22 回（1946）〜 49 回（2021）

出典：国政選挙における投票率の推移（総務省）を筆者加工のうえ作成（https://www.soumu.go.jp/senkyo/senkyo_s/news/sonota/ritu/）.

票制度を創設・施行し、二〇〇五年、二〇〇九年は投票率がかつての状態を取り戻すかに思われた。しかし、二〇一二年と二〇一四年の選挙で大きく低下（五九・三二%と五二・六六%）し、その後低迷状態が続いている。これでは民意が政治に反映されているとは言い難い。民主主義を揺るがす事態が起きていると言うべきだろう。

こうした事態は日本に限らない。先進民主主義国家も同様の傾向を示す。**表14－1**には先進七カ国における一九八〇年直近から二〇二〇年直近の国政選挙の投票率を掲げてある。一見して分かることは、フランスと日本の投票率の低下が顕著なことである。フランスは七〇・九%↓四八・七%と二二・

表 14-1　先進 7 カ国における下院議員選挙の投票率の推移（%）

	1980 年直近	2020 年直近	投票率の低下率
フランス	70.9	48.7	−22.2
日　本	74.6	56.0	−18.6
イタリア	90.4	72.9	−17.5
ド イ ツ	88.6	76.6	−12.0
イギリス	76.0	67.6	−8.4
カ ナ ダ	69.3	62.3	−7.0
アメリカ	76.5	70.8	−5.7

注 1：下院とは「人民を代表」し国家予算など重要な議案を審議する議院である．日本では衆議院をいうが，各国により呼び方は異なる．

注 2：アメリカでは 1980 年，2020 年に大統領選挙と並行して実施されたため，中間選挙時の投票率より多くなっている．

出典：International Institute for Democracy and Electoral Assistance（International IDEA）投票率国際比較データベース（https://www.idea.int/data-tools/vt-advanced-search?country=cworld&question=&country=cworld&question=）．

二％も急減し過半数を割り込んでいる。これに次ぐのが日本で、七四・六％→五六・〇％へと一八・六％の落込みである。一〇％以上落ち込んだ国は、七カ国中四カ国に及ぶ。アメリカは比較的落ち込みが低いが、これは一九八〇年と二〇二〇年が大統領選挙にあたるために、同時におこなわれる下院議員選挙の投票率が高くなっており、割り引いて考える必要がある。中間選挙時であれば概ね六〇％→五〇％への落ち込みになる。

市民革命をいち早く達成し、近代民主主義の旗手であったフランスでの投票率が五〇％を割り込んだことは、民主主義の将来を象徴する出来事になるだろう。言うまでもなく、民主主義の下では、「棄権の自由」が認められて然るべきである。しかしそのことによる不都合（多数でない有権者が選んだ議員や政党による歪められた政治的決定）を引き受ける覚悟があっての棄権ならばよいが、そうでなければ無責任のそしりを免れない。それはまさに民主主義の機能不全を象徴する行為である。

投票率を左右する要因としてA・キャンベルらの「政治的有効性感覚」がある。これは、有権者の政治的活動が政治過程に影響力を行使できる（あるいはできている）と思える感情のことである（Campbell, Gurin and Miller 1954: 187）。政治的有効性感覚が損なわれると、政治への関心や信頼感が低下し、投票率低下を引き起こす。特に世界的に見て、若年層である二〇—三〇歳台での棄権が多い。その背景には、数年に一度の国政選挙では、急速に変動を遂げるデジタル社会で、機動力のある民意の反映はなしえないとする意識が存在していよう。要するに、現状では、多くの有権者は政治的有効性感覚が持てず、政治とのあいだの距離感が広がっていることが、選挙をはじめとした政治参加の低下の主要な原因と考えられる。

こうした状況に危機意識を抱いて、政治的距離を縮めるための試みが二〇世紀末からなされるようになった。熟議デモクラシーの試みである。熟議とは当事者が「熟慮」と「討議」を重ねることであるが、この過程を経ることで合意形成や政策形成をおこなうことが、熟議デモクラシーの特徴である。議会政治でも熟議は重要であるが、熟議デモクラシーのねらいは市民社会に錨を下ろした熟慮と討議である。

その仕組みには様々なものがある。例えば、無作為抽出で選ばれた市民（＝ミニパブリックス）が特定のテーマについて討議し、討議前後で意見（世論）がどのように変化したかを調べる「討論型世論調査」、専門家と市民が科学技術政策について討議しその評価を国に提出する「コンセンサス会議」、ある政策についてミニパブリックスが討議し、専門家と対話して最終的に勧告をまとめる「市民陪審」、市民が公共の意思決定に参加するための機会を創りだす大規模な「二一世紀タウンミーティング」など、市民による熟議を基礎とした政治参加の試みがそれである。

こうした政治は「議会政治」に対して「市民政治」と呼んでよい。市民政治は代議制民主主義の下で陥りがちな政治的有効性感覚の喪失を回復し、市民による政治参加を高める意義を有する。市民政治は古代アテネのポリス（都市国家）における直接民主主義のメリットを、国家の規模が肥大化した近代社会において可能な限り生かそうとする試みである。熟議民主主義は、議会政治と市民政治の相乗作用をねらいとしている。

しかし、熟議民主主義には難点も多く存在する。声の大きい人が討議の方向を牛耳ることがないようにするにはどうすればよいか。ミニパブリックスは無作為に選ばれた市民であるとされるが、数十人ないし数百人のサンプルで国民を代表する集団になっていると言えるのか。熟議による合意形成は本当に可能なのか、かえって意見対立が高まらないか、等々。熟議民主主義は現状ではその効果は限定的であり、国政レベルでの有効性の限界も指摘されている。何らかの工夫が不可欠である。

2　押し寄せる権威主義の波

民主主義の衰退と並行して権威主義が勢いを増している。特にコロナ禍がこの傾向に拍車をかけているかのように見える。果たしてそうなのか。V-Dem（Varieties of Democracy）研究所のデータにより、世界の政治体制の権威主義化を検討してみよう。

V-Dem研究所はスウェーデンのヨーテボリ大学政治学部に設置されており、世界各国の民主主義度を測定し指標化している。その手法は民主主義の概念を五つの指標——選挙、自由、参加、熟議、平等——により測定することである。二〇一七年以来、毎年「デモクラシー・レポート」(以下、レポートと略す)を出しているが、その基調は民主主義の衰退と専制主義(権威主義)の増大である。二〇一七年のレポートの副題は「たそがれ時の民主主義?」という象徴的なものであった。以下、レポートの内容をかいつまんで述べておく(1)。

二〇二〇年のレポートによれば、民主主義が衰退し専制主義化(autocratization)が世界的に流行しているという。二〇一九年には、二〇〇一年以来初めて専制主義国家(九二カ国、世界人口の五四%)が多数派になった(民主主義国家は八七カ国)。また、二〇二一年レポートによれば、二〇二〇年の全体的な傾向は民主主義のさらなる衰退と専制主義化の加速がなされ、世界に占める専制国家の人口割合は、過去一〇年間で四八%→六八%に増加した。さらに、二〇二二年のレポートによれば、民主主義の水準は冷戦終結宣言がなされた一九八九年水準まで低下し、過去三〇年間の民主主義化の進捗が根絶されつつある。専制主義国家は世界人口の七〇%(五四億人)を抱えるまでになっており、専制主義は性質を変えつつ——国政選挙を名目的に取り込むことで——その勢力を増し続けている。

要するに、民主主義はたそがれ時どころではなく、権威主義(専制主義)国家の増殖により、崩壊の危機に瀕しているという分析である。実際、コロナ禍への対応において、私権を強制的に制限することで、権威主義国家は先進民主主義国家よりも死者数(人口一〇〇万人あたり)を効果的に抑え込んできたとされる。民主主義国家は政策決定に機敏性を欠き、コロナ禍の対応も後手後手に終始しがちであった。加えて、コロナ禍が一息つくや否や、ロシアによるウクライナ侵攻が勃発し、権威主義国家の民主主義国家に対するあからさまな挑戦が始まった。二一世紀に入って以降の先進民主主義国家の経済の停滞とも相まって、民主主義は崩壊の瀬戸際にあるとの風聞も耳にする。

しかし、早とちりは許されない。コロナ禍への対応を民主主義対権威主義の枠組みで実証分析を試みた安中進（2021）は、「政治体制とコロナウイルス死者数とのあいだには見かけ上の相関関係しか存在しないこと、すなわち、権威主義国家の優位は、データの透明性などの要因を考慮したうえで分析すると見出せなくなる」としている。要は、一見して権威主義のほうが民主主義よりもコロナ禍対応で優れていそうに見えるが、それは疑似相関にすぎないことである。死者数データの透明性や政府の効率性などの変数を考慮すると、権威主義の優位性はなくなると言う。そして民主主義を「不用意に貶めることがあってはならない」と警鐘を鳴らしている。

筆者もこの警鐘に賛成である。しかしだからといって、民主主義は安泰であるとは言えまい。国政選挙の参加率の下落だけでなく、コロナ禍対応に象徴される長期の危機管理体制の不備、政策決定の機敏性の欠如、熟議による国民的合意形成の困難など、民主主義は多くの問題を抱えている。

3　デジタル民主主義へ(Ⅰ)——二次の投票(Quadratic Voting)

今、なすべきことは民主主義のアップグレードである。それはIT（情報技術）を駆使したデジタル民主主義と呼ぶべきものである。昨今、こうした試みについてマスコミやジャーナリズムなどで取り上げられる機会が増えている。民主主義が衰退から回復するためにはデジタル化は不可欠である。ただ政治体制のデジタル化は専制主義の強化も許すという「諸刃の剣」であることに注意する必要がある。

選挙は代議制民主主義にとっての根幹をなすが、第1節で述べたように、先進民主主義国家では軒並み投票率が低下している。このとき思い浮かぶのは電子投票システムの活用であろう。そこには投票の効率化もさることながら、投票所にわざわざ足を運ぶのは面倒であるから電子化すれば投票率が高まるに違いないとする意図が透けて見える。例えば、エストニアでは、「e-Estonia」という電子政府化への取り組みのなかで、世界で初めて国政選挙のオンライン投票（i-Voting）がなされた(2)。ただ残念ながら、オンライン投票によって投票率が上昇した事実は確認されていない。従来から投票所に出かけていた人々がオンライン投票を選択したにすぎないと推測される。したがって、オンライン投票程度の工夫では、投票率を上げる効果は見込めない。

日本でも、オンライン投票の実証実験がつくば市でおこなわれたり、石川県加賀市で「電子投票」システム構築へ向けた取り組みがなされたりしている。今後、セキュリティの整備などが進めば、オンライン投票の制度化が進む可能性が強い。ただし、投票率が高まらなければ、紙媒体による投票からの改善は期待できないので、もうひと工夫が必要である。

その有力な候補として「二次の投票」という仕組みがある。要点は、複数の候補に重みづけして投票できることにある。民主主義の下では一人一票の投票で多数を獲得した候補者が勝つ仕組みが採用されている。この制度では少数者の権利が無視され、多数者の専制を許してしまいかねない。現行の投票制度では、有権者個人に選択の幅が許されず、自身の要求や関心の度合いを反映できないという弱点が存在する。

この弱点を克服するために「二次の投票」というアイディアが、E・A・ポズナーとE・G・ワイルによって提案された（ポズナー／ワイル 2020）。この投票方式の利点は選好の強さが人によって様々であるという問題に対処するための集合的な意思決定の工夫にある。

二次の投票の仕組みをクレジット（彼らはボイスクレジットという表現を使う）で紹介しておく。二次の投票の仕組みは二段階からなる。第一段階は「クレジット」が与えられる。第二段階は「票の集計」である。各投票者には票を取得することができる予算として一定量の「クレジット（クレジットの割当て）」である。第二段階は「票の集計」である。各投票者には票を取得するクレジットを使って票を取得するのだが、ある特定の候補の票数を取得するにはその二乗のクレジットを使う必要がある。追加投票のコストは二次（quadratic）になるという規則である。

いま例えば、各有権者に三〇クレジットが平等に与えられるとする。ある候補者に一票を投票する場合は一クレジットを使うことになるが、同一人をより強く推す場合、例えば五票を投票する場合にはその二乗である二五クレジットを使う。しかし同一候補者に六票を投票することはできない（三六クレジットが必要だから）。手元に残る五クレジットは、二乗して五になる数はないので、他の複数の候補者に投票することになる（他の候補者への投票を棄権してもかまわない）。例えば少数派の候補だが、有権者にとって捨て難い政策を掲げている候補者に二票（四クレジット）、もう一人に一票（一クレジット）を入れるという具合である。チリも積もれば山となるという諺があるように、多数の有権者の端数票が集まれば、少数派でも選挙に勝つ可能性が出てくる。

二次の投票は有権者の選択肢を拡げるものであり、少数派の声に応える可能性を持つ。これにより、多数派の専制化をチェックし、支持候補者以外の政策や意見にも耳を傾ける効果がもたらされる。ポズナー／ワイルが二次の投票を考案したのは、多数決モデルから帰結する「多数者の専制」に対抗するためであり、多数決制度が必ずしも公益を促進しないことおよび民主主義を弱体化させることに対する挑戦のためである（Posner and Weyl 2015）。

現状では、国政選挙や地方議会選挙でこの方法が採用されたという報告はない。主として、政策選択肢の優先順位を決める投票に使用されている程度である。二次の投票を選挙に利用することが現実的に可能か否かは、十分に吟味する必要がある。そのためには、実際の現場、例えば区市町村レベルでの議員選挙の実証実験――それが可能か否かも含めて――を繰り返してみることが求められる。

4 デジタル民主主義へ（II）——Pol.is あるいは合意形成のためのプラットフォーム

民主主義のもう一つの弱点は民意を機敏に反映させる対話、討議、合意形成の仕組みが整っていないことである。Pol.is はそれを解決するためのプラットフォームである。これはC・メギル、C・スモール、M・ビョルケグレンが、アラブの春（二〇一〇—二〇一二年にかけて、アラブ世界で発生した大規模な反政府デモの総称）とウォール街占拠運動（二〇一一年ウォール街において発生した、アメリカ政財界に対する抗議運動）に触発されて考案したシステムである。そのホームページによると、Pol.is とは「高度な統計学と機械学習によって、大勢の人々が何を考えているかを言葉で収集、分析、理解するためのリアルタイム・システムである」（https://pol.is/home 二〇二一年七月五日検索）。

Pol.is は、ある課題について参加者が自身の意見を短い文章（一五〇字程度）で投稿する。これに対して他の参加者が「賛成」「反対」「パス」のいずれかをクリックして自分の立場を表明する。人工知能（AI）を内蔵した機械学習を用いて、同内容の投稿をグルーピングして視覚化（オピニオン・マップを作成）する。意見のグループは複数になるのが一般的であるが、自身の意見がオピニオン・マップのどこに位置するかを確認できるため、全体の意見分布を俯瞰しながら再投稿や賛否のボタンを押しなおすことができる。これによりデジタルな対話や討議を通じて相互了解が可能な意見形成を促進する可能性が拓ける。

Pol.is の重要な特徴は投稿に対する返信機能の廃止にある。通常のＳＮＳ（ネット上の交流サイト）では、個人的な非難が炎上したり不謹慎な発言でサイトが荒れたりする。しかしPol.is では返信機能がないので他者から直接批判されることはなく、安心して自身の意見を表明できる。参加者は課題について意見を投稿したり、他の参加者の意見に「賛成」「反対」「パス」したりするだけである。Pol.is はオンラインでの政治的討議を主たる目的にしているので、討議の場が荒れないようにする工夫は不可欠なのである。

ＳＮＳでの議論の場合、エコーチェンバーという現象がしばしば起きる。これは心理学用語で、本来は閉鎖的な場でコミュニケーションを繰り返すと偏った見解が増幅して、集団浅慮に陥ってしまうことを表す。これにならいネット上の会話では、同意見の人が会話を続けることでそれが増幅し、異なる意見の人を排除する傾向が強くなることを表す。しかしPol.is では、エコーチェンバーが発生しないよう工夫されている。先に述べたように、自身の意見が全体の議論のどこに位置しているかを示すオピニオン・マップに置き換えられ、それをもとに意見を修正したり、他の参加者の意見への反応を変えたりすることができるため、異なる意見グループ同士であっても対立や排除だけでなく、合意形成へ向けた配慮の可能性が高まる。また、Pol.is では少数意見を尊重する。異なる意見を持つ少数派を切り捨てるのではなくマップに視覚化する。そうすることで、少数派の意見がどのようなものであるかを理解し、議論を交わすことが可能になり、多数派の専制をできる限り抑止することにつながる。

Pol.is に参加可能な人数はプラットフォームの容量と処理能力に依存するが、現時点で数十万人の参加が可能とされている。条件さえ整えば、人数の上限なく会話の処理ができる。ただ、現実的には、一気に国民全体を巻き込んだ議論をおこなうのではなく、また国政にかかわる重大な事案を取り上げるのでもなく、都道府県ないし市区町村レベルで、例えば「鳥害・獣害への対処問題」や「新設住宅への太陽光パネル設置の義務化について」などのテーマで討議するのが妥当である。そのうえで、全国規模の政治事案、例えば国のエネルギー政策や年金制度改革などについて国民的議論を喚起し、合意形成の参考となるオピニオン・マップづくりを試みてみる。国もこれに応答して、方針を検討する制度を整える。そうすれば国会の委員会で政策論議をするだけでなく、Pol.is によるオンタイムのオピニオン・マップにもとづいた市民参加型政治を目指すことができる。その結果、国民の政治的有効性感覚も高まり、機能する民主主義に寄与することが可能となるだろう。

これまで対話や討議は限定された規模の集団でおこなわれるのが通常であった。Pol.is では、コンピュータの処理能力に依存するものの、大衆レベルのユーザー参加が可能である。また、Pol.is という言葉から連想されるように、これは古代ギリシアの都市国家ポリスでの直接民主主義を念頭に置いたものと考えられる。その現代版が Pol.is プラットフォームなのであり、間接民主主義（代議制民主主義）と直接民主主義の融合を図るためのツールとして位置づけうる。第1節で、代議制民主主義の弱点を補完するために、市民参加の熟議デモクラシーの試みを紹介したが、Pol.is の活用によって、その困難と限界を乗り越える可能性が高まるはずである。

二次の投票と Pol.is はデジタル民主主義のベンチマークとなるであろう。民主主義は民意を尊ぶが、一方で多数者の専制という難点を持つために、少数意見が貶められ排除される傾向がある。二次の投票とPol.isは民主主義が持つ難点を克服するための工夫として、デジタル時代における政治風景の一角を占めるようになるに違いない。

【注】

(1) V-demの二〇一七年以来の各年の「デモクラシー・レポート」は、以下のURLに掲載されている。https://v-dem.net/democracy_reports.html(二〇二二年六月一五日検索)。

(2) すべてがオンライン投票ではなく、投票日の一〇~四日前までの期日前投票期間に実施される。二〇一九年三月に実施されたエストニア議会選挙では、投票の半数近くがオンラインでなされた。

【参考文献】

安中進 2021「民主主義は権威主義に劣るのか?——コロナ禍における政治体制の実証分析」『中央公論』九月号、七四—八一頁。

Campbell, Angus, Gerald Gurin and Warren E. Miller 1954 *The Voter Decides*, Row Peterson.

Posner, Eric A. and E. Glen Weyl 2015 "Voting Squared: Quadratic Voting in Democratic Politics," *Vanderbilt Law Review*, 68(2): 441-500.

ポズナー、E・A/E・G・ワイル 2020(安田洋祐監訳・遠藤真美訳)『ラディカル・マーケット——脱・私有財産の世紀』東洋経済新報社。

【付記】 本稿は拙論 2022「持続可能な民主主義へ」『学術の動向』二七(九)、三〇—三四頁、特にデジタル民主主義の二つの節、に大幅な加筆修正をおこなったものである。

15章 ウィズコロナ、ウィズAI時代の民主主義と社会学5・0の誕生

佐藤　嘉倫

本章では、コロナ禍とAIの社会進出が社会的分断を進め、民主主義を危機に陥らせていること、しかしオンラインでもオフラインでも異質な人々が結びつくことが可能になればその危機を回避できることを示す。

1　コロナ禍とソーシャル・キャピタルの毀損

二〇二〇年冬に勃発したコロナ禍は社会のあり方を大きく変えた。大くくりで言えば「ステイホーム」だが、個々の社会領域ではさまざまな変化が見られた。企業ではテレワークの推奨とオンライン会議の導入、学校では学校閉鎖と代替策としてのオンライン授業の導入、繁華街では飲食店利用の自粛、病院や老人ホームでは高齢の入院患者や入居者と家族との面会の制限、交通面では県境をまたぐ人の移動の自粛、エンターテイメント業界ではコンサートや劇場公演の中止、などなど枚挙にいとまがない。

二〇二二年一一月現在では当時のような大幅な行動制限はないが、いつ復活するかは分からない。

このような行動制限に対して人々からは不満の声が上がった。経済学の専門家からは大幅な行動制限は国の経済活動を止めてしまうという批判が出された。たとえば二〇二〇年五月に新型コロナ対策に関する「基本的対処方針等諮問委員会」委員に就任した経済学者たち（竹森俊平慶應義塾大学教授、大竹文雄大阪大学大学院教授、小林慶一郎慶應義塾大学客員教授、井深陽子慶應義塾大学教授（所属・職位は当時のもの））は専門的な立場から感染防止と経済活動継続のバランスを取ることの重要性を主張した。

社会学の視点から行動制限を見ると、やはり社会関係、より一般的にはソーシャル・キャピタルの毀損が問題となる。ソーシャル・キャピタルという概念は単に社会関係を示すものではなく、その社会関係が人々や社会にとってプラスの効果（場合によってはマイナスの効果）をもたらすことに着目した概念である。それゆえ「キャピタル（資本）」という言葉で表現されている。

J・S・コールマンの例を紹介しよう（Coleman 1988=2006）。AはBの親、DはCの親、子どものBとCは友人同士である。親であるAとDの関心は子どもが逸脱行動（飲酒や喫煙など）に走らないように監視することである。しかし図15-1の右側の図のように、AとDの間に何の社会関係もなかったら、Aは自分の子どものBのことは分かるが、Cのことはよく分からない。同様に、Dは自分の子どものCのことは分かるが、Bのことは分からない。このためAとDはBとCがつるんで逸脱行動をしても分からない。

しかしAとDが友人同士だったならば、四人の社会関係は図15-1の左側の図のようになる。この社

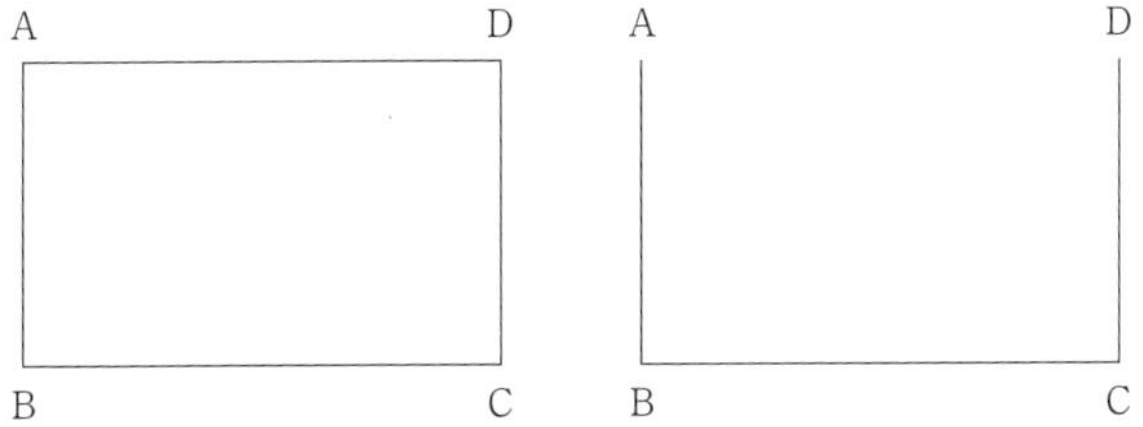

図 15-1　高校生（B, C）と親（A, D）の社会的ネットワーク
出所：Coleman（1988: S107, Fig. 2）を改変.

会関係ではAとDは自分たちの子どもBとCの行動について情報を共有できることになり、子どもたちの逸脱行動を抑止することができる。この意味でこの社会関係は親のAとDにプラスの効果を持つ。つまり社会関係がソーシャル・キャピタルになっている。ただし逸脱行動を取りたい子どものBとCにとってはマイナスの効果を持つソーシャル・キャピタルである（Sato 2013）。

ソーシャル・キャピタルが教育や健康、孤独回避をはじめとしてさまざまな社会の領域でプラスの効果を有していることが報告されている（稲葉（2011）参照）。しかしコロナ禍はこのような有用なソーシャル・キャピタルを毀損している。

この毀損について詳細に検討するために、ソーシャル・キャピタルを結束型ソーシャル・キャピタルと橋渡し型ソーシャル・キャピタルに分類しよう（Putnam 2000=2006）。結束型ソーシャル・キャピタルは比較的同質な人々の密な社会関係から生じる。家族や親族、近隣住民、学校の部活動の仲間、会社の同僚などが典型例である。これに対して、橋渡し型ソーシャル・キャピタルは比較的異質な人々の疎な社会関係から生じる。たとえば、異なる会社の社員同士が名刺交換会や異業種交流会で知り合ったり、異なる大学のサークルメンバー同士がさまざまな大学サークルが参加するイベントで知り合ったりして橋渡し型ソーシャル・キャピタルの元になる社会関係が生まれる。

これら二つの種類のソーシャル・キャピタルは一長一短の特性を持つ。結束型ソーシャル・キャピタルはその中にいる人々の間で協調行動を生み出す。図15-1の例で挙げた親のAとDが子どもたちの情報を共有して共同で逸脱行動を抑止するような場合である。しかし結束型ソーシャル・キャピタルの中にいる人々はその外部から情報を得るのが難しくなる。いつも同じ人々と付き合っているので、同じ情報が内部を巡るだけで外部から新しい情報が入ってこない（Burt 2005）。また場合によっては外部の人々を差別したり排除したりすることも起こりうる（Aldrich 2012=2015）。

一方、橋渡し型ソーシャル・キャピタルは異なる結束型ソーシャル・キャピタルを結びつけるので、結束型ソーシャル・キャピタルの内部の人々に新しい情報をもたらしたり、別の結束型ソーシャル・キャピタルの人々とつながることで世界を拡張したりする。しかし弱いつながりなので維持するのが難しいことがある。

コロナ禍はこれら二種類のソーシャル・キャピタルに対して別々のマイナスの影響をもたらした。結束型ソーシャル・キャピタルはその形成が難しくなった。二〇二〇年四月に入学した生徒や学生は学校へ行けないので、同級生と交流することやサークル活動をすることができなくなった。ただしコロナ禍以前に存在していた結束型ソーシャル・キャピタルはかろうじて維持されたと考えられる。オンライン飲み会などはそのために考案されたと言ってもいいだろう。オンライン飲み会はコロナ禍以前に既に付き合っていた人々が参加するからである。他にも電話、メール、SNSで人々は既存の結束型ソーシャル・キャピタルを維持してきた。

橋渡し型ソーシャル・キャピタルもこのような形で維持されてきたと考えられる。しかし橋渡し型ソーシャル・キャピタルの場合、その形成自体がほとんど不可能になった。名刺交換会や異業種交流会、複数の大学サークルが参加するイベントは中止となったからである。このような会合では見知らぬ人でも気楽に話をしてつながることができる。しかしオンライン飲み会に見知らぬ人が入ってきたら「こいつは誰だ?」といった疑いの目で見て警戒するだろう。

2 AIの社会進出と社会的分断

コロナ禍以前から急速に進行した社会変動にAIの社会進出がある。投資アドバイスをするAI、カスタマーサービスをするAI、家庭に入ってきたスマートスピーカーや掃除機のルンバ、iPhone に搭載されている Siri、などなど枚挙にいとまがない。本節ではそれらの中でもAIによるレコメンド機能が社会的分断を促進する可能性について検討する。

インターネットやSNSが社会的分断を促進することは多くの研究で指摘されている。たとえば**図15-2**は保守派ブログとリベラル派ブログのリンクの貼り方を図で表したものである(Lazer *et al.* 2009)。右側の塊は保守派ブログ同士がリンクしあっていることを表していて、左側の塊は逆にリベラル派ブロ

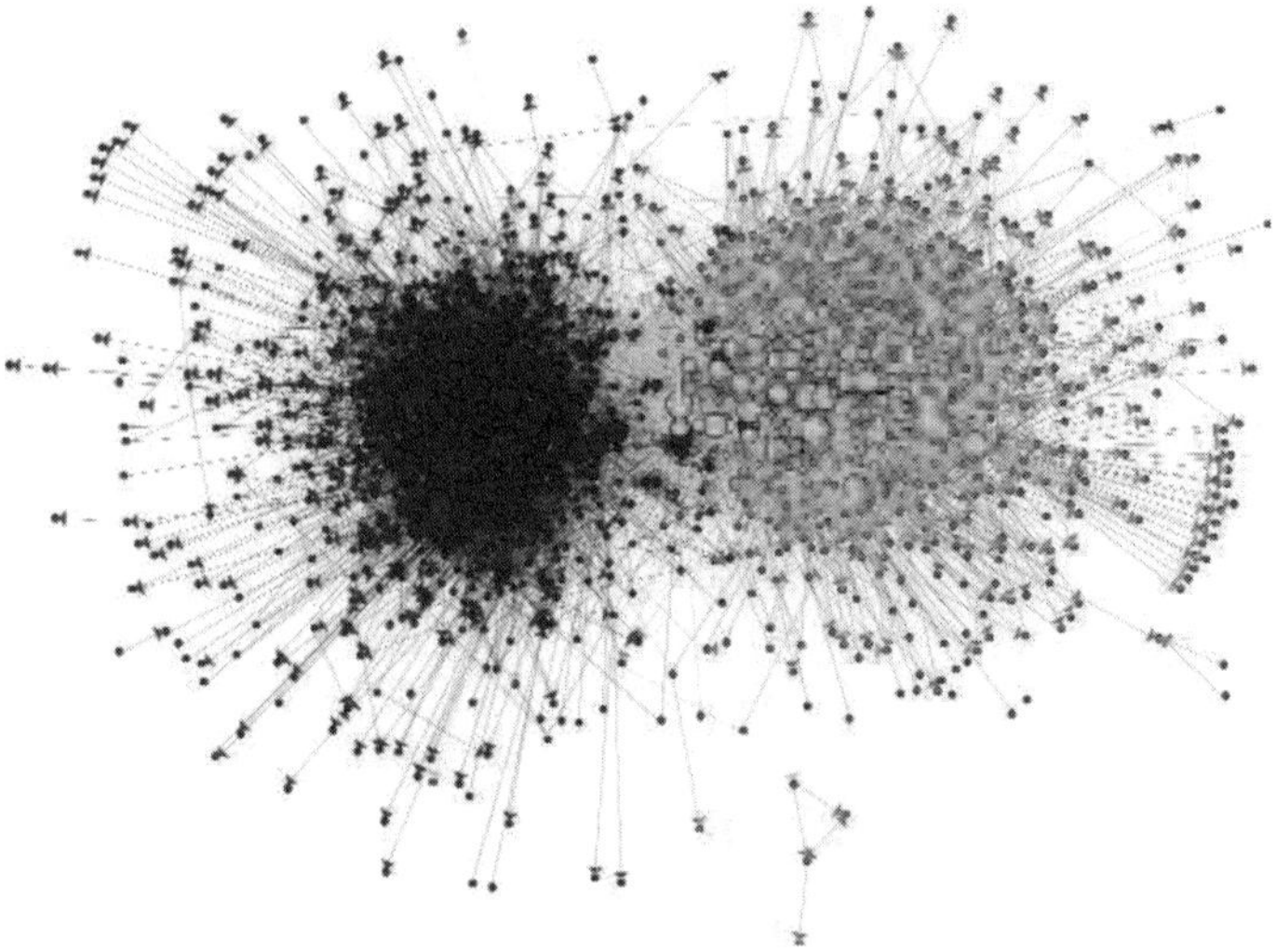

図 15-2　ブログのリンクから見る政治的二極分化
出所：Lazer *et al.* (2009: 721).

グ同士がリンクを貼りあっていることを表している。両者の間にあるリンクは保守派ブログとリベラル派ブログがつながっているものである。

このような現象は Twitter データの分析からも明らかになっている。図 15－3 は政治的なリツイートのつながりを図で表したものである（Conover *et al.* 2011）。ここでも二極分化が見られる。

これらの図から社会的分断がインターネット上やＳＮＳ上でも生じていることが分かる。ユリウス・カエサルは「人は自分が見たいと欲する現実しか見ていない」と言ったが、インターネットやＳＮＳが普及した現代社会では彼の言ったことがエコーチェンバー現象（似たような意見を持った人々同士がネット上で交流することでその意見が強化される現象）

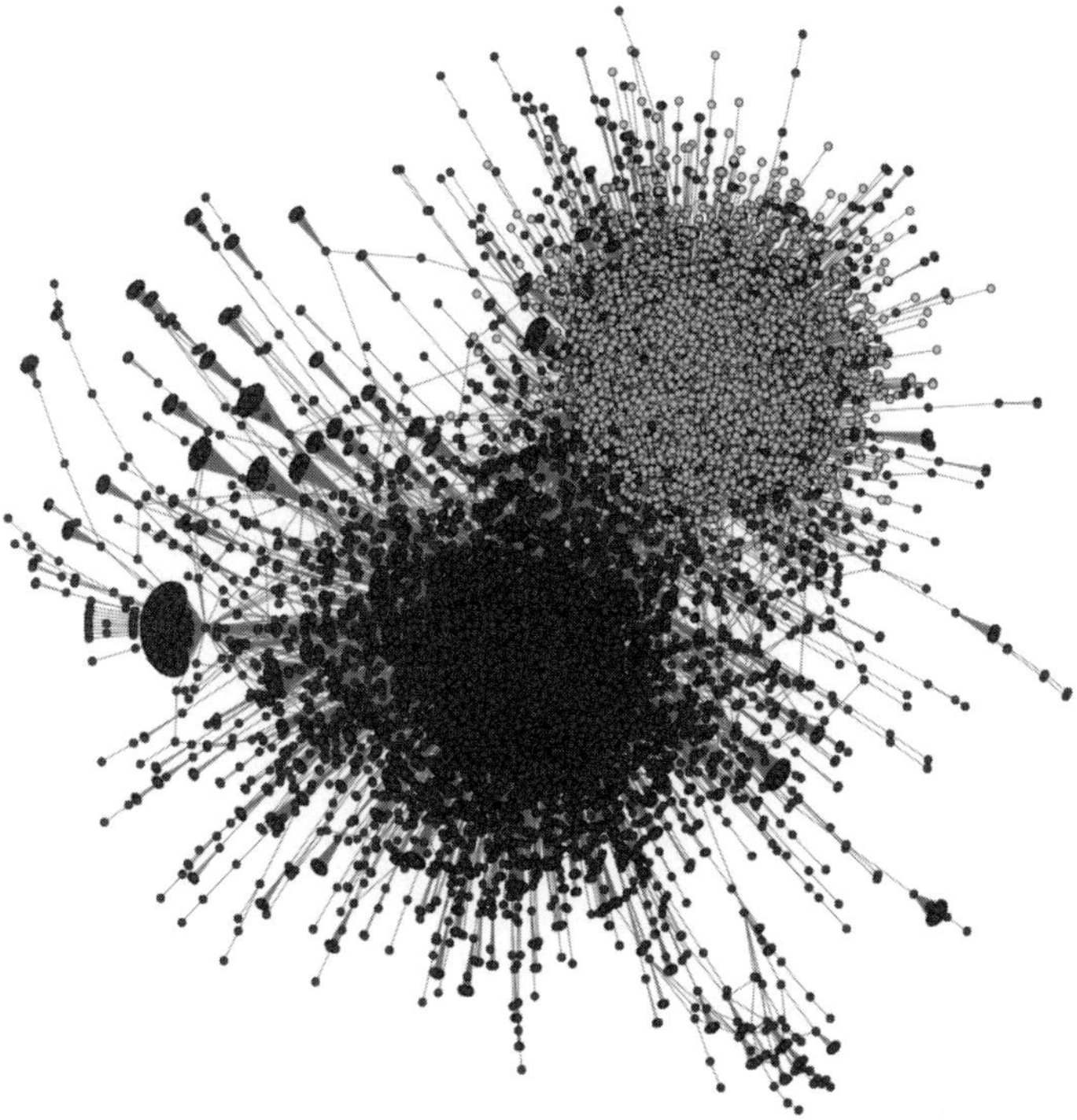

図 15-3　リツイートのつながりから見る政治的二極分化

出所：Conover *et al.* (2011: 92, Figure 1).

としてより過激に現れている。

　そしてこの社会的分断を加速する可能性を秘めているのがＡＩによるレコメンド機能である。アマゾンなどでインターネット・ショッピングをしたことのある人ならば誰でも経験するが、ある商品を購入した後に「○○さんにおすすめの商品です」といってさまざまな商品が画面に現れる。これがレコメンド機能である。

　ただここではＳＮＳのレコメンド機能に注目する（高木 2022）。たとえば FacebookやLINEでは、「知り合いかも」といってさまざまな人が紹介される。これらのSNSのアルゴリズムはさまざまな特性が類似した人々をクラスター化し、自分と類似した特性を持っている人々を「知り合いかも」とレコメンドする。高木（2022）が指摘するように、このレコメンド機能は物理的に離れた人々をオンラインでつなぐ機能を持っている。たとえばある人がある地方で高校まで行ってその後に大都市の大学に入ったとしよう。その人はSNSのレコメンド機能によって遠く離れた出身地にいるかつての同級生（場合によっては小学校時代の同級生）とつながりうる。また進学先の大学でも同じ大学の在校生とつながりうる。現に私の勤務している京都先端科学大学では、二〇二〇年四月に入学した学生がオンライン授業ばかりで友人ができなかったが、SNSのレコメンドにより同級生とつながったという学生が複数いる。

このようにSNSのレコメンドは人と人の新しいつながりを生み出しうる。新しいソーシャル・キャピタルの創出といってもいいだろう。しかしここで注意すべきことは、ソーシャル・キャピタルといっても結束型ソーシャル・キャピタルの創出である。何らかの共通基盤を持っている人々がSNSのレコメンドによって効率的につながることになる。決して名刺交換会や異業種交流会のようにまったく無関係だった人が知り合うわけではない。

このことは何を意味するのだろうか。多くのSNS利用者がレコメンドにしたがってそれぞれ固有の共通基盤を持った結束型ソーシャル・キャピタルを形成していく。その結果として相互のつながりがないか弱いものとなる（図15-4）。そうすると、各結束型ソーシャル・キャピタル内でエコーチェンバル現象が起こり、オンライン社会の、そしてその結果としてオフライン社会の分断が生じる可能性がある。

3　民主主義の危機とその解決のための方策(1)

ここまで一方でコロナ禍によるソーシャル・キャピタルの毀損、他方でAIのレコメンド機能による社会的分断の進行を指摘してきた。本節では両者が相互に絡まりあって民主主義の危機を生み出していることを指摘する。

前節までで指摘してきたことは、コロナ禍とAIのレコメンド機能では結束型ソーシャル・キャピタルの維持や強化は可能であるが、橋渡し型ソーシャル・キャピタルの生成はあまり促進されないか逆に阻害されうる、ということである。その結果として、**図15-4**の島宇宙のような社会的分断が生じうる。

そしてこの分断は民主主義の危機につながる。「民主主義とは何か?」という定義の問題は本章の守備範囲を超えるが、ここでは議論を進めるために、社会の成員がその社会の集合的な意思決定に参加し、その決定に基づいて適切に社会が統治される制度、と定義しておこう。このように定義すれば、民主主義は、国や地方自治体のような政治の領域だけでなく、学校や企業、NPO・NGO、町内会・自治体、スポーツクラブ、趣味の会などあらゆる社会(ないしは集団)に存在することになる。

このように定義された民主主義が健全に機能するためには、人々の間でおおまかな合意が形成される

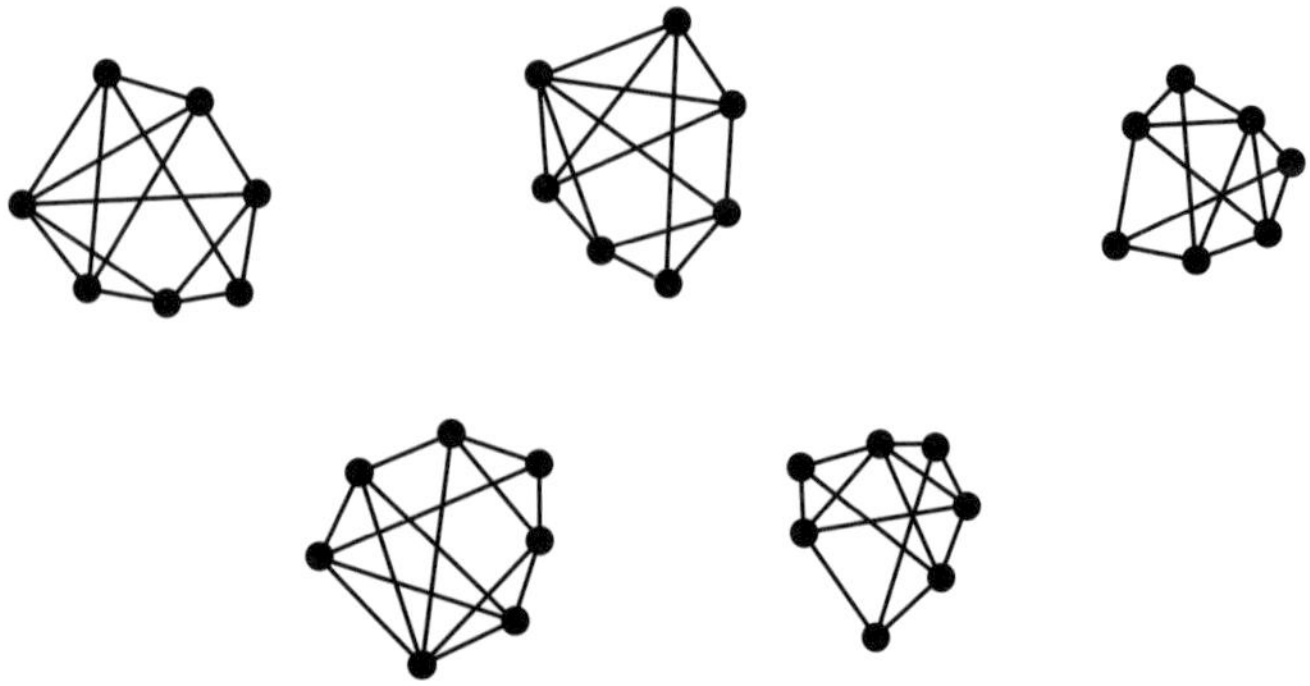

図 15-4　分断された結束型ソーシャル・キャピタル

必要がある。たとえ自分にとって望ましくない決定だとしても「みんなで決めたなら受け入れよう」という合意である。

コロナ禍とAIのレコメンドによってもたらされた社会的分断は参加と統治に基づく民主主義を機能不全にする危険がある。なぜなら上述した合意形成が困難になるからである。図15－4のような分断された社会だと、それぞれの結束型ソーシャル・キャピタル内での合意形成は可能だが、結束型ソーシャル・キャピタル間では「自分たちとあいつらは違う」という考えが生じ、合意形成は不可能になる(2)。

イギリスにおける移民政策が多文化主義から地域統合（community cohesion）に転換したのもこの文脈で理解できる（Cantle 2005; 安達 2013）。多文化主義はそれがうまく機能しないと「あなたたちはあなたたち、私たちは私たち、お互いの文化は尊重するけれど、お互い干渉するのは止めましょう」という考え方となり、移民と地元住民とが分離してしまう。この問題を解決するために考案された政策が地域統合である。この政策では、移民と地元住民がお互いの文化を尊重しつつ相互につながることを目指している。そして相互につなげる役割をＮＰＯ・ＮＧＯなどが担っている。

ここに**図15－4**のような島宇宙を克服して参加と統治に基づく民主主義を回復するヒントがある。イギリスの地域統合政策のように、バラバラになっている結束型ソーシャル・キャピタルを結びつける橋渡し型ソーシャル・キャピタルを形成できれば、結束型ソーシャル・キャピタルの間にゆるやかな結びつきができ、社会的分断の悪影響を緩和できるだろう。

そのようなことはいかにして可能だろうか。一般的に言って、人間は同類原理に基づいて社会関係を形成する傾向がある。同類原理とは、同じような特性を持った人同士の方がそうでない人同士よりも結びつきやすいという原理である。かつては血縁関係や地縁関係が人々を結びつける強い契機となっていた。現代社会ではこれらに加えて学歴、職業、趣味など多様な特性によって人々は結びつく。**図15－2**や**図15－3**のように、政治的立場によって結びつくこともある。

逆に言えば、橋渡し型ソーシャル・キャピタルが自然に作られることはあまりない。むしろ意図的に作り出す必要がある。上述した名刺交換会や異業種交流会は意図的に橋渡し型ソーシャル・キャピタルを生み出すことを目的としている。このようなことは一般社会でも可能なのだろうか。

地域統合で移民と地元住民を結びつけるＮＰＯ・ＮＧＯは地域社会で橋渡し型ソーシャル・キャピタルを形成することに成功している。したがって不可能というわけではない。また二〇〇七年に発生した中越沖地震後に被災地に入ったボランティアと被災者の関係について興味深い事例が報告されている（松井 2012）。ボランティアが被災者の家を訪問しても、最初のうちは、被災者は見知らぬ他人を家に入れることに抵抗を感じていたり、経費や食事が必要だと誤解していたりして、支援を断った。そこで町内会の副会長などの役員が間に入ってボランティアと被災者を結びつけた。コールマンのいう「信頼の連鎖」である（Coleman 1990=2004）。被災者はボランティアを信頼していなかったが町内会役員は信頼していた。町内会役員はボランティアを信頼していた。この信頼の連鎖によってボランティアと被災者の間に橋渡し型ソーシャル・キャピタルが形成された。さらにボランティアを受け入れた被災者がボランティアがよく働いてくれることを口コミで他の被災者にも伝えることで多くの被災者がボランティアを受け入れるようになった。

これら二つの事例は心理学の単純接触仮説（Zajonc 1968）の視点からも理解できる。本章の文脈でこの仮説を解釈すると、人は他の人と接触する頻度が高くなるほど、その人に対して好意を抱くようになる、というものである。分離した二つの集団（移民と地元住民、ボランティアと被災者）の間にいったん橋渡し型ソーシャル・キャピタルが形成されれば、この仮説が想定する状況が生まれ、両者はつながっていく。

ここまでは分離した集団間に第三者が入って橋渡し型ソーシャル・キャピタルを形成する可能性について検討してきた。しかし社会学の巨匠ゲオルク・ジンメルの社会圏（Simmel 1890=2011）という概念を活用することで、当事者同士で橋渡し型ソーシャル・キャピタルを形成しうる。社会圏とは簡単に言えば人々が所属する社会集団のことである。たとえば結婚している会社員は家庭と会社に所属している。町内会や趣味の会のメンバーならばそれらもその人にとっての社会圏である。

このように近代社会では一人の人が複数の社会圏に属している。そして私の考えでは、このことが橋渡し型ソーシャル・キャピタルを形成しうる。たとえばこの会社員が政治的にリベラルなグループに属していたとしよう。そしてこの人の会社の同僚は保守的なグループに属していたとしよう。こうして、二人を通じてリベラルなグループと保守的なグループはつながりうる。

ここまでオフライン社会において分離した結束型ソーシャル・キャピタルの間に橋渡し型ソーシャル・キャピタルが生まれ、社会的分断を緩和する可能性を示してきた。それではオンライン社会ではどうだろうか。人々がＡＩのレコメンド機能に頼るようでは分離した結束型ソーシャル・キャピタルは分離したままである。しかしＡＩが進化して利用者とは異なる特性を持った人や集団をレコメンドするようになったらどうだろうか。(3) 今でもFacebookなどでほとんど知らない人がレコメンドされることがある。しかし多くの人はそのような人に友だち申請しないだろう。しかしＡＩの性能がさらに高度化して利用者がＡＩのレコメンドを信頼するようになったら、信頼の連鎖により利用者はレコメンドされた異質な他者や集団とつながるだろう。多くの利用者がそのような行動を取れば、分離した結束型ソーシャル・キャピタルがつながり、社会的分断が緩和されるだろう。

4　社会的分断緩和のための社会学に向けて

本章では、コロナ禍とＡＩの進出が異なる側面から社会的分断を促進し、結果として民主主義を危機的状態に陥らせていることを示し、その対策としてオフライン社会でもオンライン社会でも橋渡し型ソーシャル・キャピタルを形成することの重要性を指摘し、現実にそのようなことが可能であること（ないしは可能になるだろうということ）を示した。

もちろん分断した社会の中に橋渡し型ソーシャル・キャピタルを実装するのは容易なことではない。しかし橋渡し型ソーシャル・キャピタルが人々に、そして社会に有用な機能を持っているという報告は枚挙にいとまがない。そしてＡＩの社会進出が急速に進んでいる現代社会では人とＡＩの間にソーシャル・キャピタルが生まれつつある（佐藤 2022）。

私たちが日常生活で実感しているように、オフライン社会よりもオンライン社会での分断の方が激しい。それは、後者では電子化されたテキスト、画像、映像のみで意見交換がなされるからである。そこには生身の人間が持っている「質感」というものがない。このため分断が過激化してしまう。

しかし人間とＡＩの間でソーシャル・キャピタル（この場合は結束型ソーシャル・キャピタル）が生まれ、ＡＩのレコメンドを信頼した人が異質な他者とつながっていくならば、オンライン社会の橋渡し型ソーシャル・キャピタルがオフライン社会のそれを促進する可能性がある。

社会学にとっても、人間とＡＩとの間のソーシャル・キャピタル生成の可能性、オンライン社会とオフライン社会のソーシャル・キャピタルの関係、など興味深いテーマが生まれている。これらのテーマを正面から研究する、いわば社会学５・０が生まれつつあると言っていいだろう[4]。この社会学５・０はこのようなテーマを実証的に研究するだけでなく、本章で示した橋渡し型ソーシャル・キャピタルを社会実装するための一種の社会工学的な研究も進める必要がある。分断した社会、それによってもたらされた民主主義の危機を克服するための処方箋を提示することが社会学5・0のミッションである。

【注】

（1） 本節はSato（2022）で提示したアイディアを展開したものである。
（2） 結束型ソーシャル・キャピタルが「われわれ意識」を強化することについてはAldrich（2012=2015）を参照されたい。
（3） この可能性については佐藤（2022）でも簡単に触れた。
（4） 日本における社会学5・0の先駆的研究として片桐（2022）をあげることができる。

【参考文献】

安達智史 2013『リベラル・ナショナリズムと多文化主義——イギリスの社会統合とムスリム』勁草書房。

Aldrich, Daniel P. 2012 *Building Resilience: Social Capital in Post-Disaster Recovery*, University of Chicago Press.（石田祐・藤澤由和訳 2015『災害復興におけるソーシャル・キャピタルの役割とは何か——地域再建とレジリエンスの構築』ミネルヴァ書房）。

Burt, Ronald S. 2005 *Brokerage and Closure: An Introduction to Social Capital*, Oxford University Press.

Cantle, Ted 2005 *Community Cohesion: A New Framework for Race and Diversity*, Palgrave Macmillan.

Coleman, James S. 1988 "Social Capital in the Creation of Human Capital," *American Journal of Sociology*, 94 (Supplement): S95-S120.（金光淳訳 2006「人的資本の形成における社会関係資本」野沢慎司編・監訳『リーディングス　ネットワーク論——家族・コミュニティ・社会関係資本』勁草書房）。

Coleman, James S. 1990 *Foundations of Social Theory*, Belknap Press of Harvard University Press.（久慈利武監

訳 2004『社会理論の基礎（上）』青木書店）。
Conover, M. D. *et al.* 2011 “Political Polarization on Twitter,” *Proceedings of the Fifth International AAAI Conference on Weblogs and Social Media*, pp. 89–96.
稲葉陽二 2011『ソーシャル・キャピタル入門——孤立から絆へ』中央公論新社。
片桐雅隆 2022『人間・ＡＩ・動物——ポストヒューマンの社会学』丸善出版。
Lazer, D. *et al.* 2009 “Computational Social Science,” *Science*, 323（February 6）: 721–723.
松井克浩 2012「防災コミュニティと町内会——中越地震・中越沖地震の経験から」吉原直樹編『防災の社会学〔第二版〕』東信堂。
Putnam, Robert D. 2000 *Bowling Alone: The Collapse and Revival of American Community*, Simon & Schuster.（柴内康文訳 2006『孤独なボウリング——米国コミュニティの崩壊と再生』柏書房）。
Sato, Yoshimichi 2013 “Social Capital,” *Sociopedia*（https://www.bing.com/search?q=yoshimichi+sato+social+capital&cvid=758fd07947b547f09d67fc62e2aea2ab&aqs=edge..69i57.7243j0j4&FORM=ANAB01&PC=LCTS 二〇二二年一一月二四日取得）。
佐藤嘉倫 2022「ＡＩ、社会的格差、ソーシャル・キャピタルの関係に関する総合的考察」佐藤嘉倫・稲葉陽二・藤原佳典編『ＡＩはどのように社会を変えるか——ソーシャル・キャピタルと格差の視点から』東京大学出版会。
Sato, Yoshimichi 2022 “Social Capital in the Creation of Governance, Participation, and Inequality in Big Cities,” 中国社会学会中日社会学会年次大会国際シンポジウム「大都市のガバナンスと参加」（二〇二二年一一月一日）。
Simmel, Georg 1890 *Über sociale Differenzierung: sociologische und psychologische Untersuchungen*, Duncker & Humblot.（石川晃弘・鈴木春男訳 2011『社会的分化論——社会学的・心理学的研究』中央公論新社）。
高木大資 2022「ＡＩによるレコメンドと社会関係」佐藤嘉倫・稲葉陽二・藤原佳典編『ＡＩはどのように社会を変えるか——ソーシャル・キャピタルと格差の視点から』東京大学出版会。
Zajonc, Robert B. 1968 “Attitudinal Effects of Mere Exposure,” *Journal of Personality and Social Psychology*

Monograph Supplement, 9(2), Part 2: 1-27.

16章 災禍の時代を超えて

孤立から語り合う世界へ

遠藤　薫

1　コロナ・パンデミックを歴史的に捉える

二〇一九年末、新型コロナウイルスの発生が確認されたとのニュースが世界を駆けめぐった。当初、それは遠隔の地での出来事であり、日本国内への影響はほとんどないと考えられた。しかし、そんな楽観とは打ってかわって、新型コロナウイルスは瞬く間に世界に感染拡大し、パンデミック（世界的感染爆発）と認められた。驚きと怖れは世界に広がり、日本にもその影響はすぐに現れた。

注意しなければならないのは、このコロナ禍は、単にある疫病が突発的に世界を襲っただけではないということである。背景には、人類史、とくに一九世紀半ば以降（人新世）、とりわけ二〇世紀末以降（大加速）の大きな歴史のダイナミズムがある。

「人新世」「大加速」とは、近年新たに提唱された年代概念である。前者は、地球史の中で、人類が自然環境に重大な影響を及ぼすようになった年代を意味し[1]、産業革命以降の「近代」と呼ばれてきた時代に対応する。また後者は、人類による環境への干渉が加速した年代を意味し、インターネット、ＡＩなど情報技術が生活空間に浸透するようになった時代にほぼ対応する。

ではこの大加速の時代、何が起こっただろうか。一九八九年ベルリンの壁崩壊、一九九一年ソビエト連邦解散などの一連の流れの中で、第二次世界大戦後五〇年近くにわたって世界を覆ってきた東西冷戦構造が終結した。この事態についてアメリカの政治経済学者であるＦ・フクヤマは、著書『歴史の終わり』で自由主義的民主主義が最も永続的な政治体制であると論じた。「歴史の終わり」仮説はその後さまざまな修正を受けることとなるが、一九九〇年代以降、「パクス・アメリカーナ」とも呼ばれるアメリカ一極体制のもと、グローバリゼーションの潮流が加速した。

グローバリゼーションとは、最大公約数的理解では、「市場の世界化、国家主権の相対化、電子的技術の発達による通信・交通・情報処理の高速化・低価格化にもとづく、資本、サービス、情報、人の国境を越える大量の移動、及びそれによる経済、政治、社会の構造の再編成を指す」とされる（宮島・舩橋・友枝・遠藤編著 2013）。

結果としてこの潮流は、「民主主義の世界化」よりもむしろ、市場の世界化を促進し、地球規模でのヒト・モノ・カネの移動の増大および日常化をもたらした。人間による自然への介入や野生動物との接触機会を拡大した。これが、従来、発生しても限定的な流行にとどまっていた動物由来感染症が、世界規模の感染拡大をもたらすようになった一因であるといわれる。二〇〇二年から二〇〇三年頃に発見さ

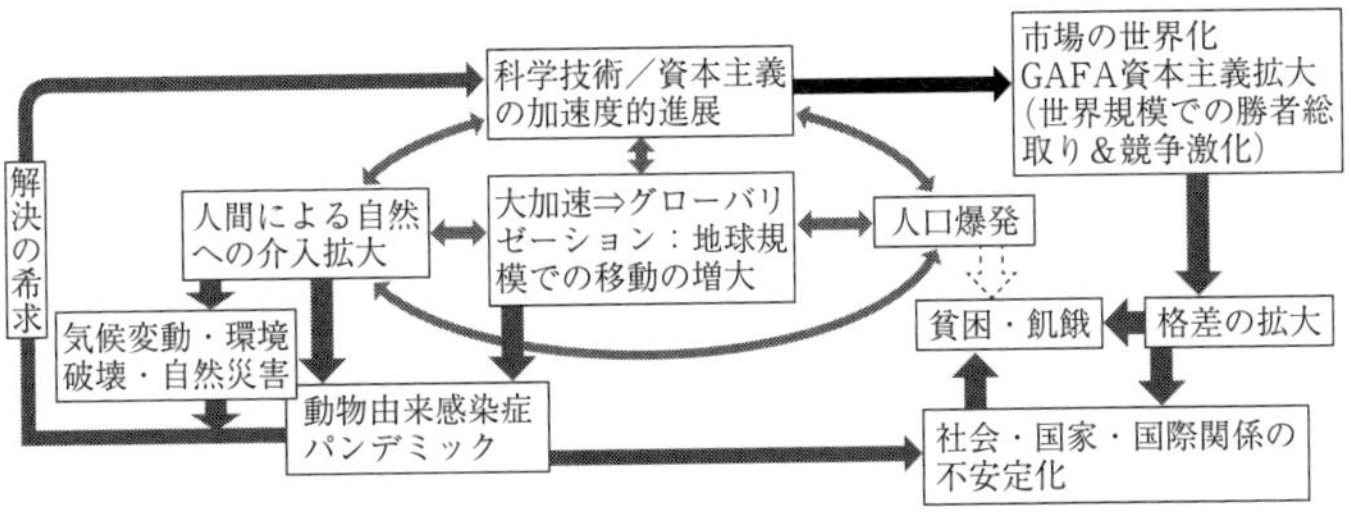

図 16-1　大加速と動物由来感染症パンデミック

れたSARSや二〇一二年に発見されたMERSなどもその例であり、コロナ禍もまたこうした情況のなかで発生した。

図16-1は、そのダイナミズムを図化したものである。

2　ソーシャル・ディスタンス（社会的懸隔）と心理的孤立

二〇二〇年に入って、地球全域を巻き込むパンデミックとなったコロナ禍は、先述したように、世界的な移動・相互交流の増大を背景として発生したが、その感染防止策として、人びとに厳しい行動制限を強いることとなった。マスク着用やソーシャル・ディスタンスの確保、対面での交流などが禁じられ、出勤や通学さえも制限された。昨日まであれほど目まぐるしく騒がしく動いていた世界から、人びとは突然、遮断され、自室に閉じ込められることになったのである。

国家による行動制限は、リベラル・デモクラシーの一つの重要な柱である「個人の自由」との軋轢を生じさせた。一時期、「自由」を重視する欧米諸国で感染拡大の抑制が十分に機能せず、国民の自由制限を厭わない権威主義的な国家で感染が効果的に防止されたとの観察から、「民主主義」に対する「権威主義」の優位性を唱える議論もあった（ただし、二〇一〇年代半ば頃から、民主主義の機能不全が語られ、「民主主義国」アメリカにおいてさえ、トランプ第四四代大統領のように権威主義的な指導者たちが国民の支持を得る例が増えていた）。

日本では、国家による「強制」ではなく「要請」によって、また「世間の空気」への慮《おもんぱか》りによって、人びとは行動を「自粛」した。感染防止に関してそれは一定の効果を挙げたといえる。しかし、見えない他人の視線を気にして、娯楽はもとより、会いたい人にも会えず、婚儀や葬儀さえできない生活が、きわめて辛い体験であったことが調査データ（図16-2）からうかがわれる。それは単に「不自由」というにとどまらず、「体調の悪化」や「心理的な落ち込み」を引き起こしさえした。

さらに、コロナ・パンデミック下において自殺件数が増大していることも報告されている。例えば、東京都医学総合研究所のＷＥＢサイト[2]で紹介されている堀田と森口の研究では、二〇二〇年度の人口一〇万人当たりの実際の自殺件数が、二〇〇九年度から二〇一九年度までの実績に基づく予測値に比べて、男性で一七%、女性で三一%増加しており、コロナ禍による外出禁止令により社会的行動が制限され、不安や寂寥感が増すことにより、特に若年者の自殺の危険性が増したと結論している（Horita and Moriguchi 2022）。

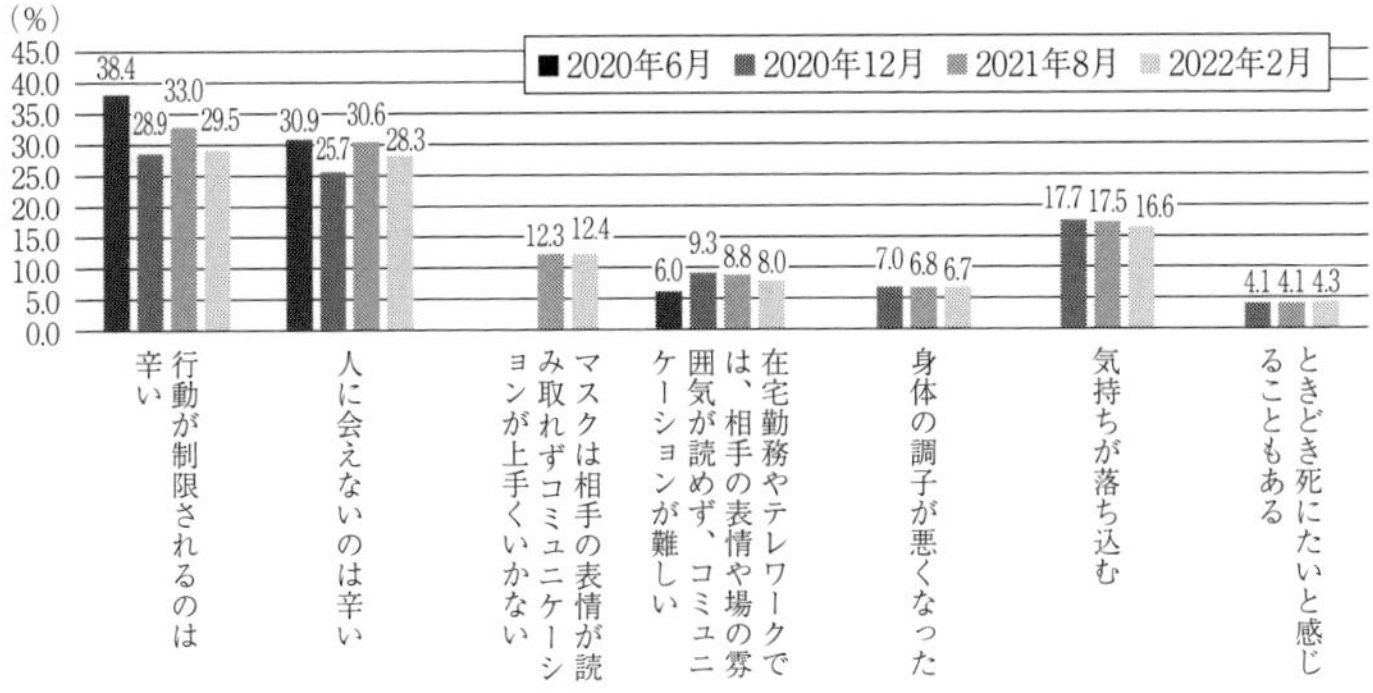

図16-2　コロナ・パンデミックの影響

出典：2020年6月調査，2020年12月調査，2021年8月調査，2022年2月調査．

3　日常のオンライン化と不信のコミュニケーション

しかも、コロナ・パンデミックのなかで、人間同士が場を共有することがリスクと見なされ、仕事や学業も急遽オンライン化されることとなった。オンライン化自体はすでに二〇世紀後半から進んできた潮流であるが、コロナ禍によって強くアクセルが踏まれることになった。急激な変化には、上手く適応できない人びとも少なくない（図16-2）[3]。

一方で、先に述べた「自粛」という行動様式は、暗黙のルールに従わないものに対する「不寛容」の表出にも繋がった。マスクを付けていない人、県外に出かける人など「感染症対策をしない人」を見つけては、激しいバッシングを行うなどの行為が頻発した。事態を重く見た法務省は、公式WEBサイト[4]で、「自粛警察と誤った正義感」と題する記事を載せ、「自らの主張を実現するために他人を傷つけることは、絶対に許されません」との注意喚起を行っている。

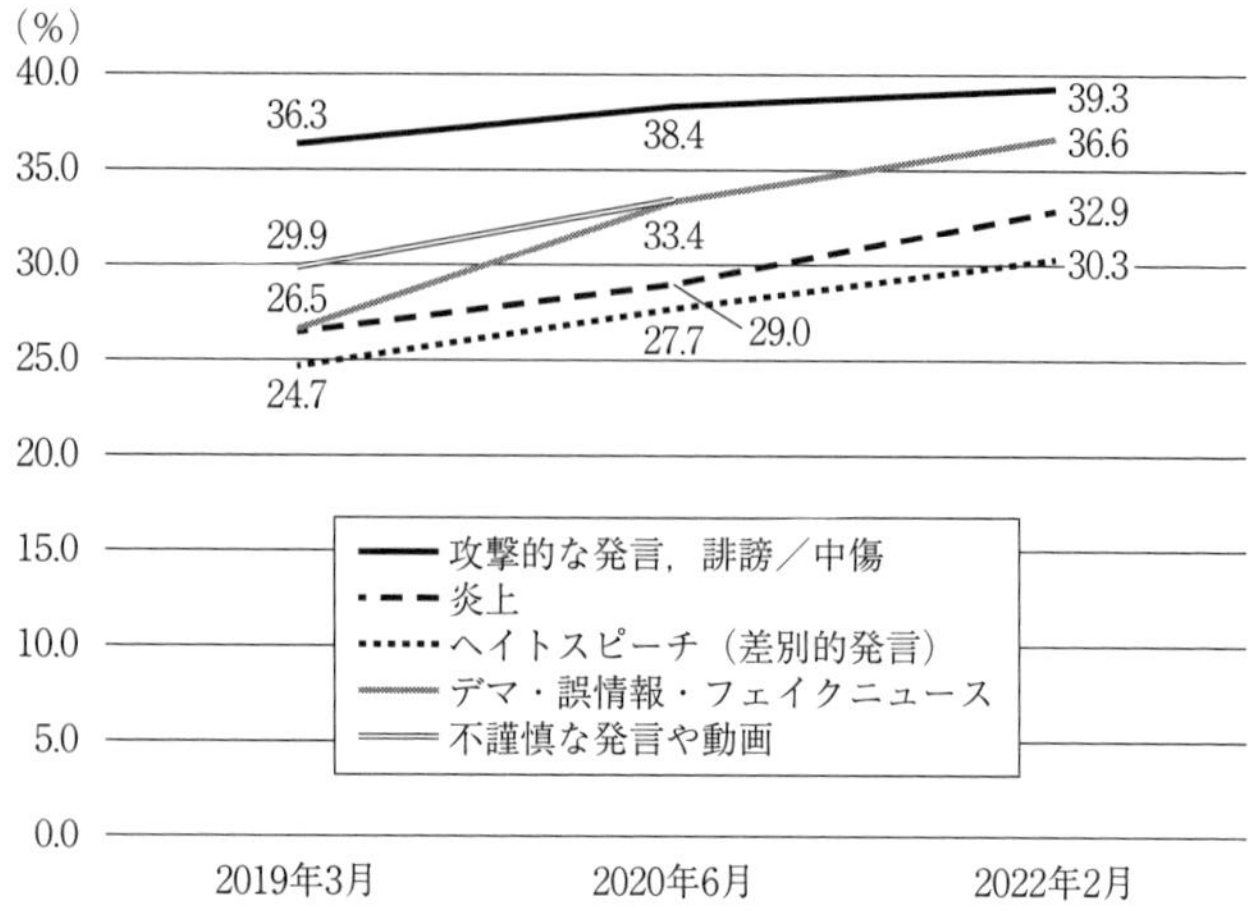

図 16-3　各種問題投稿を「見たことがある」人の割合

出典：2019 年 3 月調査，2020 年 6 月調査，2022 年 2 月調査．

同記事はまた、コロナ禍におけるヘイトスピーチについても厳しく注意している。感染への不安が高まるとともに、感染者を排除したり、コロナ禍の発生を特定の国に帰責したり、日本に滞在している外国人を排斥したりする言説が増大することを問題視したものである。コロナ禍におけるヘイトスピーチの激化は、世界中でみられる現象でもあり、国際的な人権NGOであるヒューマン・ライツ・ウォッチも警鐘を鳴らしている。

しかも、日常がオンライン化されていく情況では、こうした「不寛容な正義」はネット上でも可視化が進んでいった（図16－3）[5]。その標的とされた人のなかには、体調を崩したり、心理的に追い詰められる例も多い。たとえば、女子プロレスラーの木村花さんは、リアリティ番組の『テラスハウス』での（おそらくは演出された）振舞いについて激しい誹謗中傷を受け、それが自死につながったと疑われている。

コロナ禍のなかでは、関連したデマやフェイクニュース、陰謀論などの跋扈も目立った。他者に対する不信や悪意を基調としたこれらのメッセージは、社会への信頼感を損ない、個々人の孤立感を強める。

4　孤立感を抱く人びと、語ることのできない社会

くりかえしになるが、コロナ禍の中で露わになった上記諸問題は、必ずしもコロナだけが原因ではない。むしろ、二〇世紀後半からの「大加速」[6]の過程で指摘されてきた長期的な潮流でもある。アメリカの社会学者R・パットナムは、人と人とのつながりが持つ価値を「ソーシャル・キャピタル（社会関係資本）」として概念化し、その低落傾向が現代の諸問題――格差の拡大や民主主義の揺らぎの根幹にあると論じている。

筆者が継続的に行っている調査でも、人生で問題が起こったときに「頼りにできる人・組織はない」との回答が、年々増える傾向にある（**図16-4**）[7]。他者との関係性（社会関係資本）が弱体化しつつあるのである。

また**図16-5**[8]に示したのは、社会的孤立感を訴える回答の割合だが、全体の四分の一近くの人が「自分は孤立している」と感じており、また全体の三割近くの人が「他の人は上手くやっている」と感じている。しかもそのように感じる人の割合は、年代の若い層ほど、世帯年収の低い層ほど、そして社会関

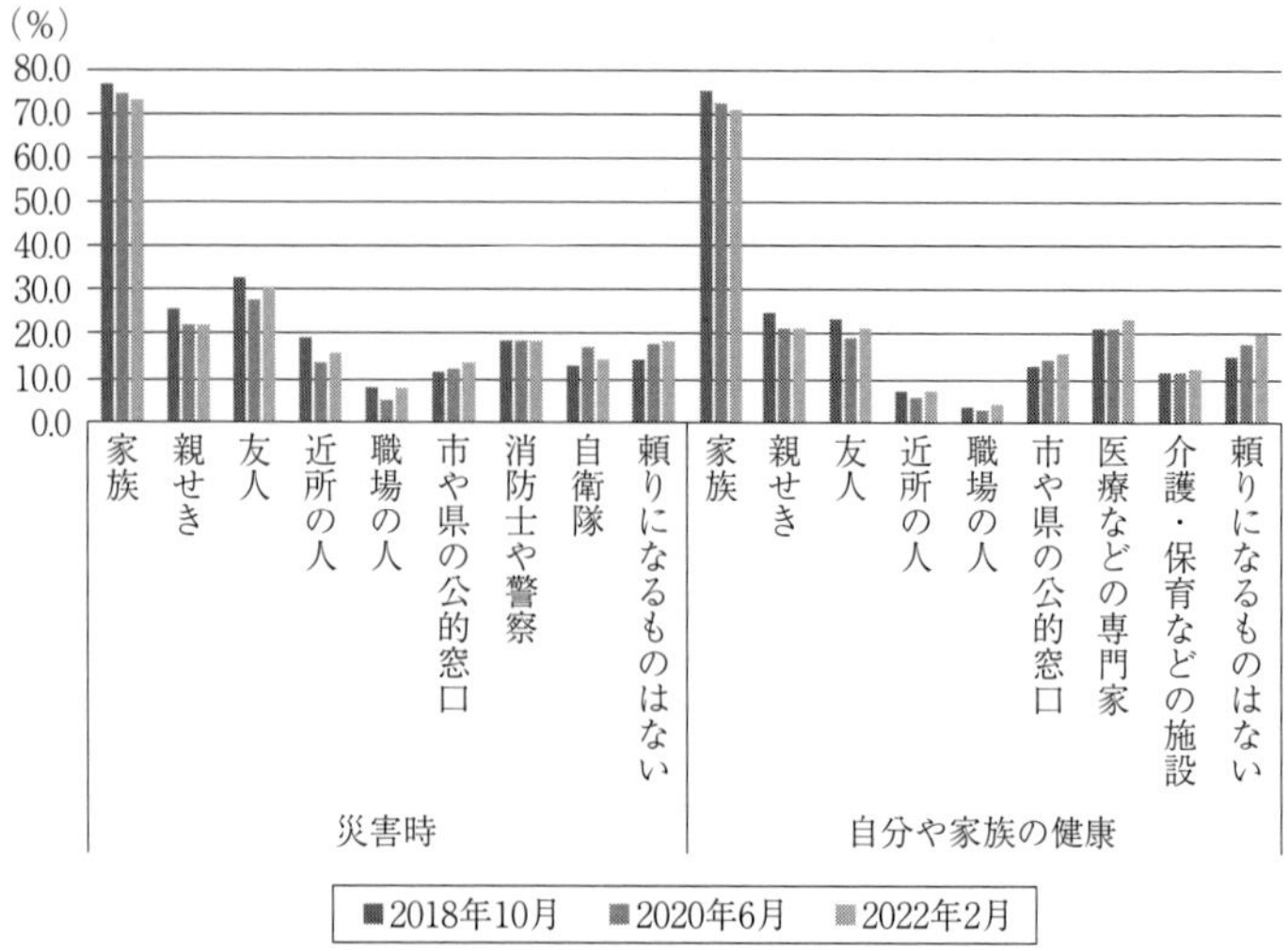

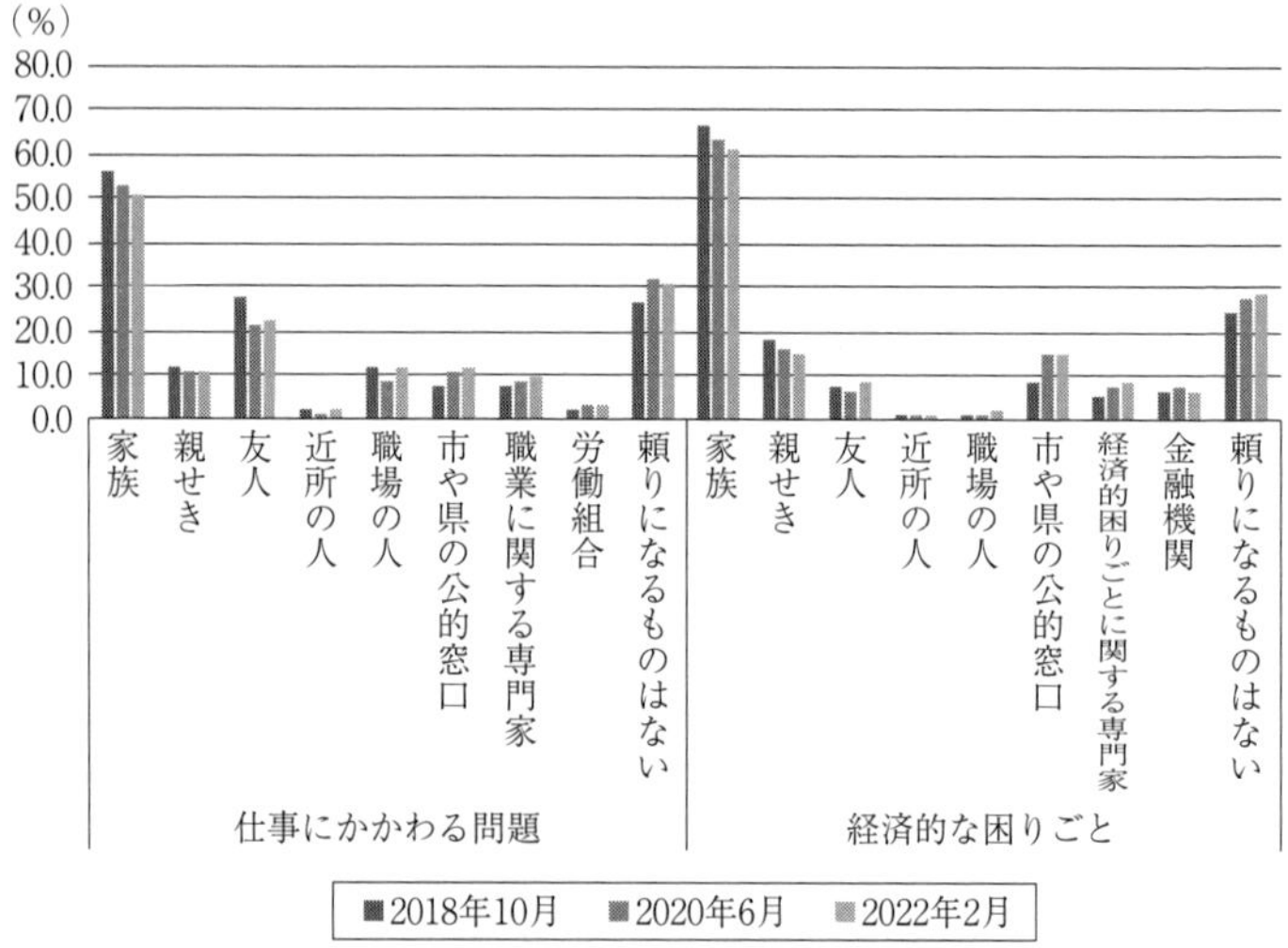

図 16-4　各種困りごとを相談できる人や組織

出典：2018 年 10 月調査，2020 年 6 月調査，2022 年 2 月調査.

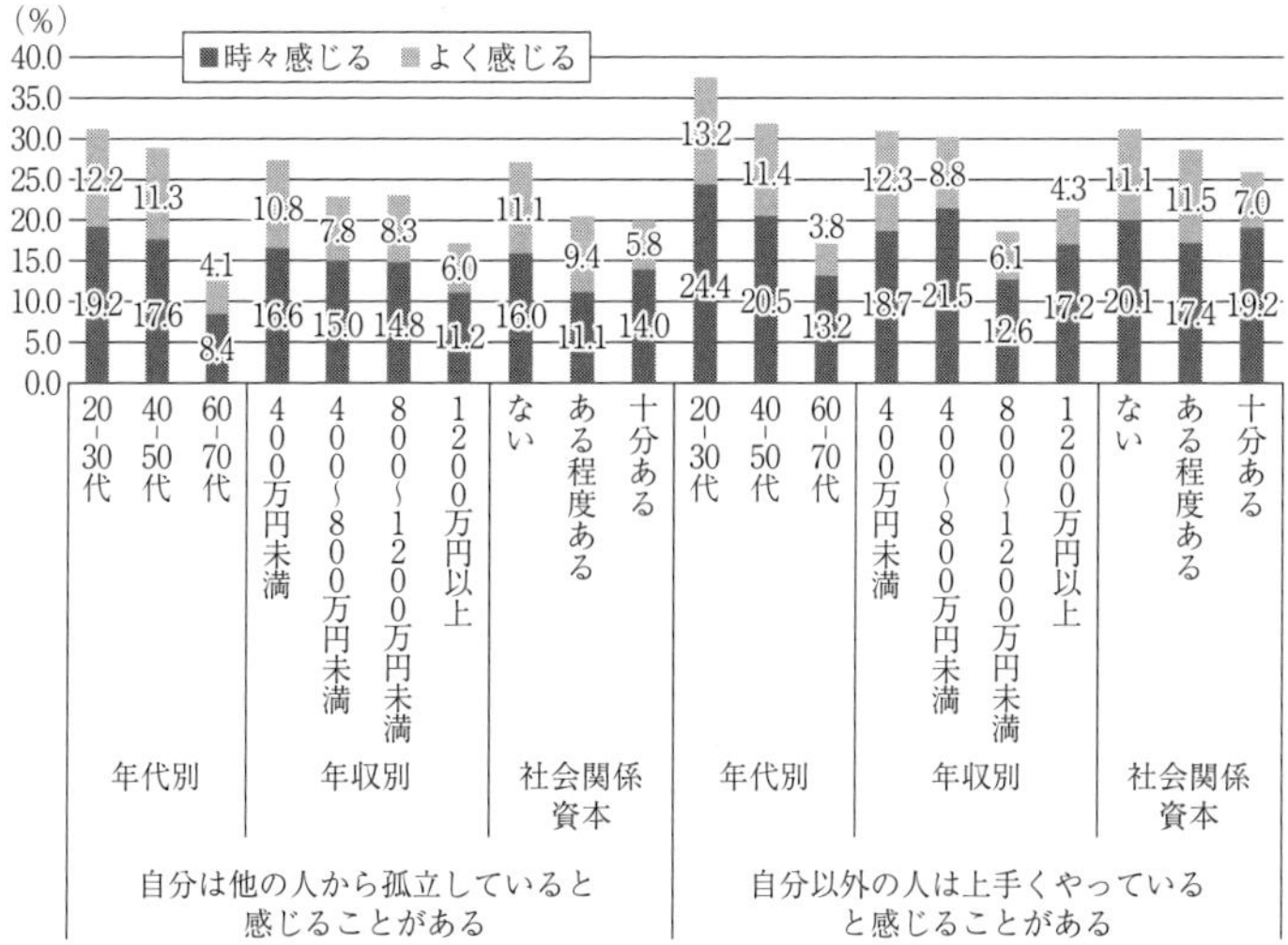

図 16-5　社会的孤立感を訴える人の割合

出典：2022 年 2 月調査.

係資本が少ない[9]層ほど、高くなっている。

では、このような社会的属性や孤立感と、社会へのコミットメントとの間には何らかの関係があるだろうか。社会的関心と選挙行動に関する調査結果を図16-6[10]に示す。全体としてみれば、「社会のことに関心がある」「選挙にはできるだけ行くようにしている」と答える人は、「非常にあてはまる」「どちらかといえばあてはまる」を合わせると、全世代ではそれぞれ、七〇・〇%、七〇・八%である。低いとはいえない。年代が下がるほどこの割合は下がるが、二〇―三〇代でも五割は超えている。

ただし、この調査によれば、「自分の意見をはっきり言う」ことが難しいと感じている人が、筆者が考えていた以上に多い。家族や親しい友人に対してさえ、二〇―三〇代では、「自分の意見をはっきり言う」人は五割に満たない。会社

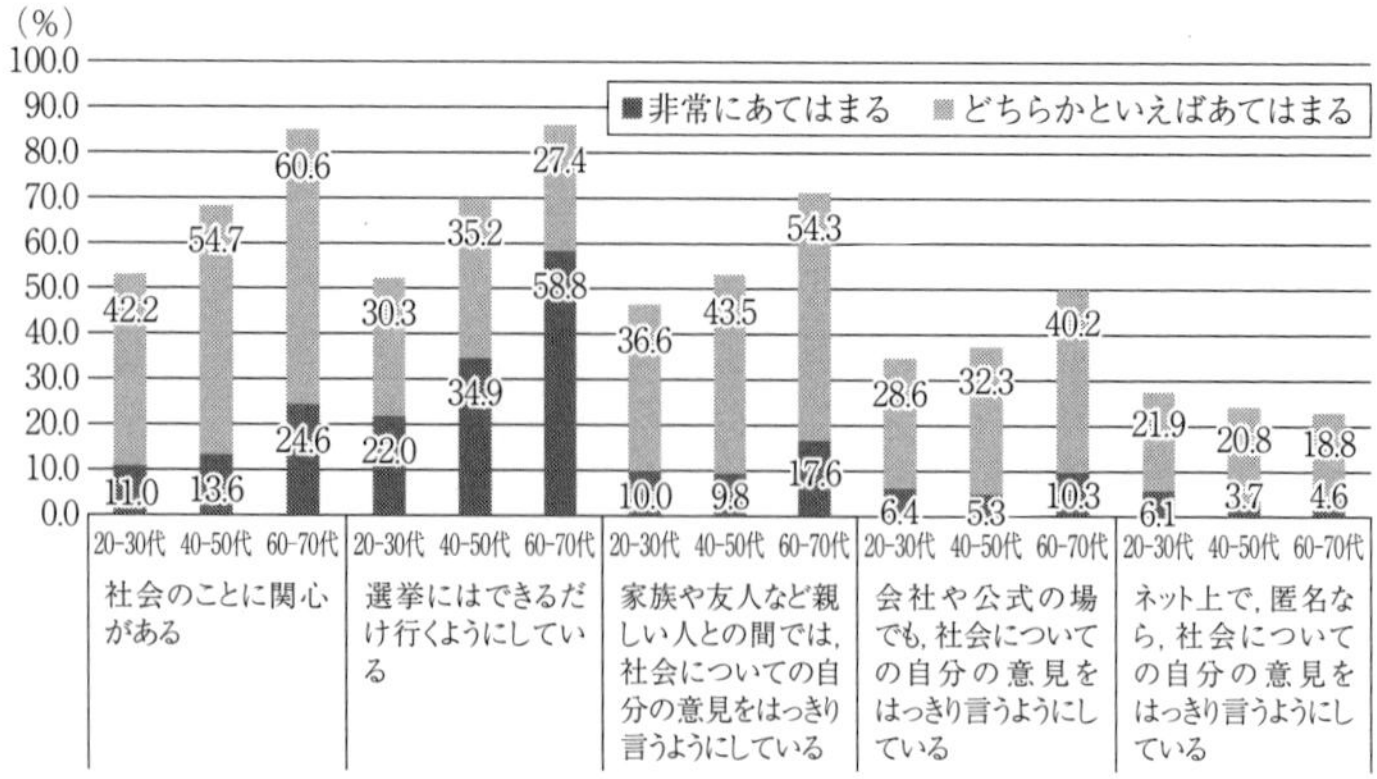

図 16-6　社会的関心に関する意識調査結果

出典：2022 年 2 月調査.

や公式の場では、二〇—五〇代では四割に満たず、六〇—七〇代でも五割をわずかに超えるだけである。ネットでの匿名発言は、年代が低い層の方が「はっきり言う」割合は増えるとはいうものの、最も多い二〇—三〇代でも三割に満たない。

つまり、現代日本人は、社会に対する関心や選挙に対する意思はそれなりにあるにもかかわらず、自分の意見を他者にはっきり言うことには、親しい間柄においてさえもかなり抑制的であり、言いたい放題と見なされることの多いネット上でさえ、多くの人は「自分の意見をはっきり言う」ことは少ないことがわかった。

さらに分析すると、**表16-1**に示したように、孤立感の強い人ほど、社会への関心は低く、選挙に行かなくてもいいと考え、自分には社会を動かす力はないと考える傾向にある。興味深いのは、孤立感と、公式の場で意見を言うことへの積極性は負の関係があるが、ネットでの匿名発言への積極性とは正の関係が見られるという点である。このこ

表 16-1　社会的孤立感と社会参加意識・意見表出意思の相関関係

	社会のことに関心がある	選挙で自分ひとりくらい投票しなくてもいい	自分には，社会のことを左右する力はない	会社や公式の場でも，自分の意見をはっきり言う	ネット上で，匿名なら，自分の意見をはっきり言う
自分は他の人から孤立している	負	正	正	負	正
自分は正当に評価されていない	負	正	正	負	正
自分以外の人は上手くやっている	負	正	正	負	正
自分が生きていることに意味はないと感じることがある	負	正	正	負	正

出典：2022 年 2 月調査.

とから、「ネットでの匿名発言は偏っている」と否定的に考えることもできるが、「公式の場でいえない人がネット上に発言の場を見いだしている」と捉え、それをポジティブに活用する方向を模索することも重要だろう。

5　孤立を脱け、語り合うところから始めよう

コロナ・パンデミックは、確かに、民主主義の抱える脆弱性を露わにしたかもしれない。しかしだからといって、一部の指導者の強権に依存する権威主義体制が長期的に持続可能な体制であるかは疑わしい。権威主義的傾向の強いトランプ政権、プーチン政権、習政権などは、コロナ禍に対して必ずしも有効な対策を打つことができなかったうえ、議事堂襲撃事件、ウクライナ侵攻、香港問題などで権威主義がかかえる危うさを見せつけた。

いま権威主義が一部で支持されるのは、本章で述べてきたような人新世—大加速によって蓄積されてきた諸問題が

災禍として人間たちに降りかかり、しかもその解決があまりにも複雑で困難に見えるとき、「強い指導者」なら（だけが）事態を上手く処理してくれるはずだという、願望が見せる幻影なのかもしれない。それは人びとをカルトやヘイトクライムや陰謀論に駆り立てるのと同じ、いわば「非合理な目的合理性」であるかもしれない。

しかし、現代の諸問題を膨張させてきたのが、まさに、経済の最大化を唯一の目的とするという「非合理」に基づいた「目的合理性」であるならば、権威主義はその暴走をさらに加速することはあっても、決して問題を解決はしないだろう。

「目的合理性」至上主義に対して、「コミュニケーション合理性」を主張したのはドイツの社会学者ユルゲン・ハバーマスである。「コミュニケーション合理性」とは、端的には「生活者たちのコミュニケーションにもとづく問題解決」である。このようなコミュニケーションは、水上（1999）の言葉を借りるなら「私たちが自分たちの自明な生活世界の妥当性を吟味しより適切なものに修正していくという意味で学習過程をもたらすもの」で、「実践的諸問題は、どこか外部の視点から回答が与えられるものではなく、私たち自身がみずから見いだす必要があり、その取り組みのための必要不可欠な前提条件の一つ」なのである。

かつて、第二次世界大戦が終わって、改めて民主主義社会を創ろうとしたとき、民俗学者の柳田國男は次のように述べた。「言論の自由、誰でも思った事を思った通りに言えるという世の中を、うれしいものだと悦ぼうとするには、まず最初に『誰でも』という点に、力を入れて考えなければならない。もしもたくさんの民衆の中に、よく口の利ける少しの人と、多くの物が言えない人々とが、入り交っていたとすればどうなるか。事によると一同が黙りこくっていた前の時代よりも、かえって不公平がひどくなることがあるかも知れない。自由にはぜひとも均等が伴なわなければならぬ。ゆえに急いでまず思うことの言える者をできるだけたくさんに作り上げる必要がある」(柳田 1946=1990: 534)。

戦後八〇年近くを経て、私たちはまだ、柳田の掲げた目標を達成できていない。「大加速」のなかで、むしろ遠ざかってさえいるかもしれない。確かに、「語り合う」ことだけで問題が解決するわけではない。「語り合う」こと自体がさまざまな困難を孕んでいることも明らかである。しかしだからといって、「語り合う」ことさえしないで、暴走する「世界列車」の個室に閉じこもることしかできないのだろうか。コロナ禍の経験を踏まえて、「孤立感」の殻をのりこえ、他者を信頼し、語り合うことから始めたい。

6 私たちは何者か、私たちはどこへ行くのか
――アイデンティティ・ポリティクスとポスト・ヒューマンの時代

最後にもう一つ、考えるべき問題を提起しておきたい。「誰でも」とは誰のことか、という問題である。

コロナ禍がいまだ収束しない二〇二二年二月、突如、世界が震撼した。ロシア軍が隣国ウクライナに

軍事侵攻を開始したのである。国力の圧倒的な差から、短期間でウクライナは陥落すると予測された。しかし、ウクライナのゼレンスキー大統領は、断固抗戦を唱え、アメリカや近隣ヨーロッパに独特の「演説外交」を展開、NATOに加盟申請するなどし、戦闘開始からすでに九カ月以上経過した現在（二〇二二年一一月末）も持ちこたえ、むしろロシア軍の劣勢とさえ評価する識者もいる。

遠藤（近刊）では、この軍事行動をめぐるプーチン、ゼレンスキー、バイデンの三大統領の演説の内容分析を行った。その結果から明らかになったのは、彼らが自分の判断の正当性を「われわれ」と「彼ら」の線引きによって語ることである。プーチンは「ウクライナはわれわれである」と主張し、ゼレンスキーは「われわれはロシアではない」と反論するのである。このような対立は、解決や調停がきわめて困難である。「自分（自国）とは何か」という自己アイデンティティにかかわるからである。

冒頭にも述べたように、現代のわれわれの困難は、「大加速」と呼ばれる、「冷戦構造の終結」を画期とした時代に、まさに大加速してきたのである。冷戦終結は「歴史の終わり」（F・フクヤマ）と期待されたが、現実にはその後、まさに国家アイデンティティの対立が世界を絶え間ない紛争の時代へと導いたのである。現在のウクライナ危機もまさにその現われである。一方、本章で述べてきた個人の孤立と社会の分断という現象は、まさにこの国家レベルでの対立構造と同じダイナミズムが個人レベルで作動しているといえる。結局、現在の諸問題は、個人レベル、組織レベル、国家レベルなどさまざまなレベルで同型の問題が並行的に発現し、相乗効果によって爆発的に進行していると考えることができる。

だからこそ、「誰も取り残さない」というフレーズが重要なのである。国籍、民族、性別などの「アイデンティティ」にかかわらない対話が必要なのである。

しかし、それだけだろうか。コロナ禍をはじめ、人新世—大加速の時代、人類は、他の生物種や生態系、自然環境を、自らのために利用し、搾取してきた。「人間」というアイデンティティの繁栄を、唯一無二の至高の価値と前提し、「人間以外」に対する（必ずしも望ましくない）影響を「ないもの」と見なしてきたのである。

その結果が、生態系の破壊や、巨大災害の襲来、気候変動、そしてコロナのような人獣共通感染症の爆発である。いま私たちは、人類だけではない、地球あるいは宇宙の「誰でも」との謙虚な会話を始めなければならないのではないだろうか。

【注】

（1）異説もある。
（2）https://www.igakuken.or.jp/r-info/covid-19-info106.html.
（3）いずれの調査も遠藤が実施したインターネットモニター調査。対象は日本全国の二〇—七九歳の男女。国勢調査による都道府県別・性別・年代別割当て。サンプル数は、それぞれ、二〇〇三、二二〇六、二五四五、二一三二。
（4）https://www.moj.go.jp/JINKEN/jinken05_00055.html.
（5）注(3)に同じ。二〇一九年三月調査サンプル数は五〇〇〇。
（6）社会経済システムと地球システムの各一二の指標が、二〇世紀後半から急速に上昇（悪化）傾向にあるという現象。

(7) 注(3)に同じ。二〇一八年一〇月調査のサンプル数は五〇〇二。
(8) 注(3)に同じ。
(9) **図16-4**に示した調査結果を指標化した。
(10) 注(3)に同じ。

【参考文献】

遠藤薫編著 2018『ソーシャルメディアと公共性——リスク社会のソーシャル・キャピタル』東京大学出版会。
遠藤薫 2022「『フランケンシュタインの怪物』との『善き社会』をめざして——AI、デジタル技術との共育とケア」『教育学年報13　AIと教育』。
遠藤薫 近刊「言葉と戦争——間メディア社会におけるアイデンティティ・ポリティクスとウクライナ侵攻」『社会言語科学』二六巻一号。
Fukuyama, Francis 2020 *After the End of History*, Georgetown University Press.（山田文訳 2022『「歴史の終わり」の後で』中央公論新社）。
Habermas, Jürgen 1981 *Theorie des kommunikativen Handelns*, Frankfurt am Main: Suhrkamp.（河上倫逸ほか訳 1985-1987『コミュニケイション的行為の理論』（上・中・下）未來社）。
Horita, N. and S. Moriguchi 2022 "Trends in Suicide in Japan Following the 2019 Coronavirus Pandemic," *JAMA Netw Open*, 2022; 5(3): e224739.
宮島喬・舩橋晴俊・友枝敏雄・遠藤薫編著 2013『グローバリゼーションと社会学——モダニティ・グローバリティ・社会的公正』ミネルヴァ書房。
水上英徳 1999「コミュニケーション合理性再考」『大分県立芸術文化短期大学研究紀要』第三七巻、八七—九九頁。
柳田國男 1946=1990「喜談日録」『柳田國男全集22』ちくま文庫。

【付記】　本章は拙稿　2022「ウィズ／ポストコロナ社会と民主主義」『学術の動向』二七（九）、五三―五七頁に大幅な加筆修正をおこなったものである。

あとがき

本書は、日本学術会議の社会学委員会の中に設置された社会理論分科会の研究活動を基盤にして、共同で執筆されたものである。

社会理論分科会の設置は二〇〇六年の秋に遡り、それから今日に至るまで、時代の大きな転換期にあたって社会理論なるものがいかなる意義・意味を持つのかについて根源的な探究を行ってきた。ここ十数年の間、社会は変わり続けており、そしてそれを適切に捉えるための社会理論の大切さもいっそう増すばかりである。社会理論分科会はこれまで「社会学理論の復興をめざして」（二〇一四年）、「現代社会への応答性を備えた総合的社会理論の振興のために」（二〇二〇年）の二つを公式的な「報告」として発表した。また毎年、数々の公開シンポジウムを開催することで、その成果を広く社会へと発信し続けている。さらに書籍としては、宮島喬・友枝敏雄・遠藤薫・船橋晴俊編『グローバリゼーションと社会学――モダニティ・グローバリティ・社会的公正』（ミネルヴァ書房、二〇一三年）を刊行した。本書の出版はそれに続くものである。

二〇二〇年から世界はコロナ禍に見舞われ、それとともに社会は大変動をきたしている。またこの間、民主主義というものの見直しも進んだ。そうした変化には、コロナ禍の前からあってそのスピードが増したものから、コロナ禍によって新たにもたらされたものまで、さまざまな種類が認められる。社会諸科学はその現実に真剣に取り組みつつあるが、本書は社会学の立場からの探究の一つにほかならない。

第二五期日本学術会議（任期：二〇二〇年一〇月〜二〇二三年九月）における社会理論分科会は、その活動の一環として二〇二二年三月一五日に《学術フォーラム「コロナ禍を共に生きる#6　ウィズ／ポストコロナ時代の民主主義を考える――「誰も取り残されない」社会を目指して》をオンラインで開催した。その成果は日本学術会議の機関誌『学術の動向』二〇二二年九月号の特集に結実している。また同年一一月一三日には日本社会学会との共催で公開シンポジウム《コロナ・パンデミックと格差・分断・貧困――現状と今後》を開いた。本書は、これらを受け、社会学委員会・社会理論分科会が総力を挙げてコロナ禍をめぐる諸問題に取り組んだものである。

コロナ禍が社会の分断をいっそう深いものにしたというのは事実であり、この世界を共に生きるというのは容易ではない。しかしこれほどまでに全ての人々を覆っている禍いというものも滅多になく、その意味では今こそ世界について、社会について、生き方について共同で考えを巡らす絶好の機会とも言える。日本学術会議の重要な使命の一つとして、市民社会との対話を通じて科学への理解を深めるということがある。本書を通じて、社会と社会学の世界とがさらに意味のある結びつきを果たすことを執筆者一同切に念じている。

＊

こうした共同での活動の途上、岩間暁子委員がご逝去されました。この場を借りて、社会理論分科会委員一同、岩間委員のご冥福を心よりお祈り申し上げます。

本書の刊行にあたっては、東京大学出版会の宗司光治さんに大変お世話になりました。社会と社会学をつないでくださった宗司さんに厚く御礼申し上げます。

本書が読者のみなさまの考える糧、生きる刺激となることを願ってやみません。

編者一同

二〇二三年六月

吉原　直樹　（よしはら・なおき）
東北大学名誉教授
[主要著作]『都市社会学』（東京大学出版会，2018 年），『モビリティーズ・スタディーズ』（ミネルヴァ書房，2022 年）．

今田　高俊　（いまだ・たかとし）
東京工業大学名誉教授
[主要著作]『数理社会学事典』（数理社会学会 数理社会学事典刊行委員会編・編集委員長，丸善出版，2022 年），『核のごみをどうするか――もう一つの原発問題』（共著，岩波ジュニア新書，2023 年）．

佐藤　嘉倫　（さとう・よしみち）
京都先端科学大学人文学部学部長・東北大学名誉教授
[主要著作]『少子高齢社会の階層構造 2　人生中期の階層構造』（共編，東京大学出版会，2021 年），『AI はどのように社会を変えるか』（共編，東京大学出版会，2022 年）．

＊遠藤　　薫　（えんどう・かおる）
学習院大学名誉教授
[主要著作]『ソーシャルメディアと公共性』（編，東京大学出版会，2018 年），『〈猫〉の社会学』（勁草書房，2023 年）．

園田　茂人　（そのだ・しげと）
東京大学東洋文化研究所教授
[主要著作]『アジアの国民感情』（中公新書，2020 年），『日中関係 2001-2022』（共編，東京大学出版会，2023 年）.

町村　敬志　（まちむら・たかし）
東京経済大学コミュニケーション学部教授
[主要著作]『開発主義の構造と心性』（御茶の水書房，2011 年），『都市に聴け』（有斐閣，2020 年）.

友枝　敏雄（ともえだ・としお）
関西国際大学社会学部教授
[主要著作]『リスク社会を生きる若者たち』（編，大阪大学出版会，2015 年），『社会学の力［改訂版］』（共編，有斐閣，2023 年）.

渡邉　雅子　（わたなべ・まさこ）
名古屋大学大学院教育発達科学研究科教授
[主要著作]『納得の構造』（東洋館出版社，2004 年），『「論理的思考」の社会的構築』（岩波書店，2021 年）.

＊山田　真茂留　（やまだ・まもる）
早稲田大学文学学術院教授
[主要著作]『制度と文化』（共著，日本経済新聞社，2004 年），『集団と組織の社会学』（世界思想社，2017 年）.

盛山　和夫　（せいやま・かずお）
東京大学名誉教授
[主要著作]『社会学の方法的立場』（東京大学出版会，2013 年），『協力の条件』（有斐閣，2021 年）.

落合　恵美子　（おちあい・えみこ）
京都産業大学教授・京都大学名誉教授
[主要著作]『近代家族とフェミニズム［増補新版］』（勁草書房，2022 年），『親密圏と公共圏の社会学』（有斐閣，2023 年）.

執筆者一覧（執筆順，＊印編者）

＊有田　伸（ありた・しん）
東京大学社会科学研究所教授
[主要著作]『就業機会と報酬格差の社会学』（東京大学出版会，2016年），『少子高齢社会の階層構造3　人生後期の階層構造』（共編，東京大学出版会，2021年）．

＊筒井　淳也（つつい・じゅんや）
立命館大学産業社会学部教授
[主要著作]『社会学』（岩波書店，2021年），『数字のセンスを磨く』（光文社新書，2023年）．

中村　高康（なかむら・たかやす）
東京大学大学院教育学研究科教授
[主要著作]『大衆化とメリトクラシー』（東京大学出版会，2011年），『暴走する能力主義』（ちくま新書，2018年）．

村上　あかね（むらかみ・あかね）
桃山学院大学社会学部准教授
[主要著作]「誰が持家に移行するのか」（石田浩・有田伸・藤原翔編『人生の歩みを追跡する』勁草書房，2020年），「未婚・離死別女性の親子関係からみる現代日本の世代間関係」（小池誠・施利平編『家族研究の最前線5　家族のなかの世代間関係』日本経済評論社，2021年）．

江頭　大蔵（えがしら・だいぞう）
広島大学大学院人間社会科学研究科教授
[主要著作]「〈統合と規制〉から〈聖と俗へ〉」（濱口晴彦・夏刈康男編『日仏社会学叢書1　デュルケーム社会学への挑戦』恒星社厚生閣，2005年），「個人と社会の異質性とディシプリンの変容」（『広島法学』41巻3号，2018年）．

災禍の時代の社会学
コロナ・パンデミックと民主主義

2023年 6 月30日　初　版

［検印廃止］

編　者　遠藤《えんどう》 薫《かおる》・山田《やまだ》真茂留《まもる》
　　　　有田《ありた》 伸《しん》・筒井《つつい》淳也《じゅんや》

発行所　一般財団法人　東京大学出版会
　　　　代表者　吉見 俊哉
　　　　153-0041 東京都目黒区駒場 4-5-29
　　　　電話 03-6407-1069　Fax 03-6407-1991
　　　　振替 00160-6-59964

組　版　有限会社プログレス
印刷所　株式会社ヒライ
製本所　牧製本印刷株式会社

ISBN 978-4-13-053034-7　Printed in Japan